MAINZER HYMNOLOGISCHE STUDIEN
Band 25 · 2012

Herausgegeben von Hermann Kurzke

in Verbindung mit dem Interdisziplinären Arbeitskreis Gesangbuchforschung der Johannes Gutenberg-Universität Mainz und der Internationalen Arbeitsgemeinschaft für Hymnologie

Albrecht Greule

Sakralität

Studien zu Sprachkultur und religiöser Sprache

Herausgegeben von
Sandra Reimann und Paul Rössler

francke
VERLAG

Bibliografische Information der Deutschen Nationalbibliothek

Die Deutsche Nationalbibliothek verzeichnet diese Publikation in der Deutschen Nationalbibliografie; detaillierte bibliografische Daten sind im Internet über http://dnb.dnb.de abrufbar.

Umschlagbild: „O Haupt voll Blut und Wunden“
(Text: Paul Gerhardt 1656, Melodie: Hans Leo Hassler 1601)

Melodie: „Mitten wir im Leben sind mit dem Tod umfangen“
(Text: Salzburg 1456, Melodie: Salzburg 1456)

Dischingerweg 5 · D-72070 Tübingen

Gedruckt auf säurefreiem und alterungsbeständigem Werkdruckpapier.

Internet: http://www.francke.de
E-Mail: info@francke.de

Einbandgestaltung: Atelier Reichert, Stuttgart
Printed in Germany

ISSN 1862-2658
ISBN 978-3-7720-8442-3

Inhalt

Vorwort

„Der vorliegende Band entstand zu Ehren Albrecht Greules, langjähriger Inhaber des Lehrstuhls für Deutsche Sprachwissenschaft an der Universität Regensburg, anlässlich seines 70. Geburtstags. Er enthält seine wichtigsten – also bei weitem nicht alle – Schriften zur „Theolinguistik/Sakralsprache" aus den Jahren 1990 bis 2010 und soll somit die jahrzehntelange Arbeit des Jubilars mit einem in der sprachwissenschaftlichen Forschung vorher vernachlässigten Themenbereich dokumentieren. Die unermüdliche und kontinuierliche Auseinandersetzung und Weiterentwicklung des Gegenstands hat die Schaffung eines solchen Teilgebietes der Sprachwissenschaft und dessen Sichtbarkeit heute in der germanistischen Forschung überhaupt erst ermöglicht. Wer Albrecht Greule kennt, weiß, dass er die fachliche Diskussion seiner Thesen und Ergebnisse im In- und Ausland nicht nur nicht gescheut, sondern des Fachs und der Inhalte wegen stets geradezu gesucht hat.

Die Arbeit zur Sakralität fügt sich in das Profil des Jubilars, da seit jeher sowohl die Interdisziplinarität als auch die Anbindung an die außeruniversitäre Welt sein Verständnis von Wissenschaft spiegelt. Dass er bei seinen Forschungen immer auch an die Studierenden dachte, zeigt beispielsweise die Abhaltung des Hauptseminars „Sprache und Religion" (Sommersemester 2004), aus dem aufgrund der großen Motivation der Teilnehmerinnen und Teilnehmer 2006 die Publikation „Studien zu Sprache und Religion" (unter Mitarbeit von Sabine Hackl-Rössler und Gerhard Janner) hervorging. Die 2008 von Albrecht Greule und Elżbieta Kucharska-Dreiß ins Leben gerufene Publikationsreihe „Theolinguistica" sowie spezifisch ausgerichtete Arbeitsgruppen bei Tagungen sind ebenfalls aufzuführen, um einen Einblick in die Aktivitäten des Jubilars auf diesem Gebiet zu geben. Der Praxisbezug zeigt sich besonders deutlich an seiner langjährigen Tätigkeit in der Internationalen Studienkommission „Meßbuch" (Arbeitsgruppe 3: Deutsche Gebetstexte) des Deutschen Liturgischen Instituts in Trier (siehe den Aufsatz 13 im vorliegenden Band „Wie Beten zur Sprache kommt"); die Hinzuziehung eines Sprachwissenschaftlers war 1989 ein absolutes Novum. Dass diese Arbeit steinig war, spricht Albrecht Greule in seinen Beiträgen an (vgl. Aufsatz 13 und 15); es verwundert natürlich nicht, dass er seine Forschungen zur Sakralität dennoch, vielleicht umso mehr vorangetrieben hat.

Die Ursprünge seiner Beschäftigung mit der Sakralität sind in der Sprachkulturforschung zu suchen. Die Integration der Sakralsprache in die Erforschung der Sprachkultur war und ist sein Anliegen, wie sich in den Beiträgen immer wieder zeigt. „Geistig" kommt der Jubilar dabei vom Mainzer Graduiertenkolleg „Geistliches Lied und Kirchenlied interdisziplinär" und vom dortigen Gesangbucharchiv, das er mitbegründet hat (vgl. www.gesangbucharchiv.uni-mainz.de). So ist auch einer der Themenschwerpunkte dieser Publikation der Beschäftigung Albrecht Greules mit dem geistlichen Lied gewidmet.

Die Publikation ist in vier Teile gegliedert, die unterschiedliche Facetten und inhaltliche Ansätze der Beschäftigung Albrecht Greules mit religiöser Sprache deutlich machen sollen: „Sprachkultur, Sprachkultivierung, Sakralität", „Sprachkultur der Sakralsprache: historisch", „Sprachkultur und Sprachkultivierung der Liturgie der Gegenwart" sowie „Das geistliche Lied: Sprachkultur und Gesang in der Liturgie". Neben der inhaltlichen Breite ist die Berücksichtigung einer Fülle an sprachwissenschaftlichen Teilgebieten, wie Semantik (z. B. zur Bedeutung von *widersagen*), Etymologie (nhd. *weih*), Syntax (z. B. zur Parenthese bei Otfrid von Weißenburg) und Textgrammatik (u. a. an einem geistlichen Lied Luthers) erkennbar; auch Emotionen in der Sakralsprache werden thematisiert. Die Einbettung in einen größeren Rahmen - Berücksichtigung der jeweiligen Kommunikationssituation und Zielgruppe, Behandlung von Textsortencharakteristika - ist für den Verfasser selbstverständlich. Zwei bisher unveröffentlichte Beiträge (Nr. 2 und 5) haben wir in den Band aufgenommen.

Der erste Block der Publikation behandelt den Themenbereich „Sprachkultur, Sprachkultivierung, Sakralität". Dabei geht es im ersten Beitrag um die Anfänge deutscher Sprachkultur. Die Aussage Stefan Sondereggers, Althochdeutsch und Altniederdeutsch seien an den Anfang zu stellen, lehnt Albrecht Greule ab, weil zu dieser Zeit noch keine einheitliche Kultursprache Deutsch existiert. Ein bedeutender Bestandteil der damaligen Überlieferung kommt der „Sakralität" zu. Der zweite Beitrag - „Annäherung an Sakralsprache" - ist vorrangig der Terminologiediskussion gewidmet (Theolekt, Sakralsprache, Liturgiesprache), womit sich Albrecht Greule auch in weiteren Aufsätzen immer wieder befasst (z. B. in Beitrag 15). Er macht dabei wiederum deutlich, dass zur Sprachkultur die Sakralität gehört, was sich vor allem sprachgeschichtlich gut zeigen lässt (z. B. Luthers Bibelübersetzung im Deutschen). Es ist dabei anzufügen, dass der Verfasser den Terminus „Sakralsprache", als durch die Kommunikationssituation des Gottesdienstes definiert und auf die dort vorkommenden Texte bezogen, gegenüber dem mehr philosophischen Terminus „religiöse Sprache" bevorzugt. Der Theolekt - in Anlehnung an andere Formen im Varietätenmodell wie Soziolekt, Dialekt usw. - sei dagegen übergeordnet zu sehen und beziehe sich auf unterschiedliche Kommunikationssituationen, z. B. mediale oder wissenschaftliche. In einem noch unveröffentlichten Vortrag plädierte der Jubilar jüngst für die Begrenzung des Terminus „Liturgiesprache" auf die ausschließlich vom Liturgen (also unter Ausschluss der Gemeinde) verwendete Sprache, die „Sakralsprache" schließe diesen Gottesdienstbereich jedoch ein. Die Sprachkultur im mittelalterlichen Regensburg ist Gegenstand des nächsten Beitrags, wobei die Leistungen der Stadt bei der frühen Verschriftung der mündlichen Stadtsprache und die Orientierung an der überregionalen Schreibsprache an Beispielen gewürdigt werden. Der letzte Aufsatz des Themenblocks nimmt den Textdichter Christian Friedrich Hunold (1681–1721) unter dem Gesichtspunkt seiner sprachpflegerischen Tätigkeit in der Zeit des Übergangs Barock/Aufklärung in den Blick. Albrecht Greules einleitende Überlegungen zur Theorie der „Sprachpflege" werden in anderen Beiträgen weitergeführt, auch zu den damit in Verbindung stehenden Begriffen „Sprachkultur" und „Sprachkultivierung".

Der zweite Teil des Bandes befasst sich mit fünf Beiträgen zu „Sprachkultur der Sakralsprache: historisch". Die sprachwissenschaftlichen Untersuchungsbereiche Etymologie, Textgrammatik und Syntax liegen den Analysen zugrunde. Im Beitrag 5 steht die etymologische Untersuchung des Theolexems *weih-* im Mittelpunkt. Es ist noch bekannt in Wörtern wie *Weihnachten*, *Weihrauch* und Namen wie *Weihenstephan*. Dass es einst Teil des Vaterunsers war und schließlich von *heilig* verdrängt wurde, wird ebenso angesprochen wie die folgende Entwicklung des Lexems vom standardsprachlichen Ausdruck zum Regionalismus. Beitrag 6 hat die Parenthese als syntaktisch-textgrammatisches Phänomen zum Gegenstand. Dabei werden die Besonderheiten, die sich bei der Untersuchung historischer Texte zeigen, am Beispiel des Evangelienbuchs Otfrids von Weißenburg bearbeitet. Der diachronen Textgrammatik sind die Beiträge 7, 8 und 9 zuzuordnen. Im ersten der drei Beiträge werden vier Versionen der Drei-Königs-Erzählung (Matthäus 2,1-12) analysiert. Die historischen Texte sind auf das 9., 13. und 16. Jahrhundert zu datieren; für die gegenwartssprachliche Untersuchung wird die sogenannte „Einheitsübersetzung" der Hl. Schrift von 1980 herangezogen. Da der Inhalt wenig Spielraum zulässt, verwundert die weitgehende Übereinstimmung in der Referenz nicht. Jedoch ermittelt der Autor syntaktische Unterschiede, die sich bei der Einteilung in die für die textgrammatische Analyse notwendigen Minimalen Texteinheiten deutlich zeigen: Albrecht Greule spricht von einer „syntaktischen Entzerrung" im neuhochdeutschen Text. Beitrag 8 befasst sich mit dem Gebenbacher Pfarrbuch (1419-1437) als Quelle des Frühneuhochdeutschen in der Oberpfalz; die Bedeutung des Textes, der zum größten Teil von dem Geistlichen Paul Gössel stammen muss, ist auch vor dem Hintergrund zu sehen, dass die schreibsprachliche Einordnung Oberpfälzer Texte vorher lediglich auf Regensburger Material fußte. Die Analyse der aus 97 Blättern bestehenden Handschrift aus der Gemeinde Gebenbach bei Amberg bestätigt das vorausgehende Ergebnis, nämlich dass die Oberpfalz einen Sonderweg bei der Entwicklung der (bayerischen) Schriftsprache zwischen 1450 und 1800 geht, indem sie oberdeutsche Varianten zugunsten mitteldeutscher meidet. Beitrag 9 legt der textgrammatischen Analyse die 103 Gebete des *Gebethbuchs* der National- und Universitätsbibliothek Ljubljana Ms 224 zugrunde; sie mündet in eine intertextuelle Untersuchung über die Frage, ob sich die Verbindung der Kleintexte auch sprachlich zeigt.

Im dritten Block geht es um „Sprachkultur und Sprachkultivierung der Liturgie der Gegenwart". Die ersten drei der sechs Beiträge behandeln Texte aus dem Gottesdienst. Der Aufsatz „Liturgische Textsorten und ihr ‚Sitz im Leben'" bettet das behandelte Korpus in die Kommunikationspraxis der Messe ein und berücksichtigt die jeweilige Funktion sowie die medial mündliche (auch gesangliche) Umsetzung. Die Texte werden einer pragmalinguistischen Klassifikation unterzogen. In Beitrag 11 „Sprachkultur und Sprachkultivierung in der muttersprachlichen Liturgie" geht der Verfasser der Frage nach, wie sich sprachkulturelle Aspekte auch bei der muttersprachlichen Pflege der Liturgie in jedem Gottesdienst umsetzen lassen, und zwar im Sinne der jeweiligen Funktion und der Verständlichkeit gegenüber der Zielgruppe, d. h. vorrangig den Gottesdienstbesuchern. In Beitrag 12 befasst sich der Autor mit Frauengottesdiensten, frauengerechter Formulierung und entsprechender thematischer Ausrichtung. Im Beitrag 13 „Wie Beten zur Sprache kommt" berichtet Albrecht Greule von seiner Arbeit in der AG 3 „Gebetstexte" der Studienkommission „Meßbuch" zur Zeit der zweiten Überarbeitung (1. Aufl. 1975, 2., leicht geänderte Aufl. 1988). Die in den Leitlinien erarbeiteten (leider nur vorläufigen) Ergebnisse werden an Beispielen der Gebetsrevision des Meßbuchs zu zahlreichen sprachwissenschaftlichen Aspekten (u. a. Beseitigung veralteter Lexik, Vereinfachung komplexer Syntax, Reduzierung von Referenzobjekten, Veränderungen in der Syntax) gezeigt. Beitrag 14 befasst sich diachron mit der Bedeutung von *widersagen* in der Abrenuntiation, der Absage an den Teufel. In Beitrag 15 wird die Emotionalität in der Sakralsprache beleuchtet, wofür stellvertretend ausgewählte Texte des Gottesdienstes herangezogen wurden. Neben der exemplarischen Analyse, die ja vorrangig die Emotionen derer aufgreift, von denen in den Texten, u. a. den Psalmen, die Rede ist, zeigt der Autor vor allem Desiderata auf dem Gebiet von „Sakralsprache und Emotion" auf und formuliert künftige methodische Fragestellungen, beispielsweise zur emotionalen Reaktion der Gottesdienstteilnehmer/innen.

Der letzte Block hat die sprachwissenschaftliche Erforschung des Kirchenlieds zum Gegenstand. In Aufsatz 16 werden exemplarisch drei Lieder nach unterschiedlichen Gesichtspunkten untersucht mit dem Ziel, ein sprachwissenschaftliches Analysemodell für das Kirchenlied zu entwickeln (siehe die Beiträge 21 und 22). Was Kirchenlieder in Böhmen zur Erforschung des Frühneuhochdeutschen beitragen können, wird im zweiten Aufsatz (Nr. 17) gezeigt. In Beitrag 18 untersucht Albrecht Greule mit textgrammatischen Mitteln die Kohärenz der Luther-Fassung des Lieds „Mitten wir im Leben sind", das eines der ältesten deutschsprachigen Kirchenlieder ist. Textgrammatisch, syntaktisch und hinsichtlich der Lexik befasst er sich in Beitrag 19 mit dem Paul-Gerhardt-Lied „O Haupt voll Blut und Wunden", und zwar vor dem Hintergrund der sprachkulturellen Bedeutung des Textes. Im nächsten Beitrag steht das Kettelersche Gebet- und Gesangbuch der Diöcese

Mainz von 1865 im Mittelpunkt der Ausführungen; dabei wird auch sein Platz in der Mainzer Gesangbuch-Geschichte beleuchtet. Es folgen schließlich zwei Beiträge zur Sprache des „Neuen Geistlichen Liedes" (NGL); exemplarisch werden zunächst ein „altes" und ein „neues" Lied ganzheitlich sprachwissenschaftlich analysiert. Eine Fortführung dieser Arbeit auf breiterer empirischer Grundlage erfolgt im letzten Beitrag, der in Zusammenarbeit mit Martina Meyer entstanden ist.

Es sei noch angemerkt, dass der Band zwar einen Überblick über zwanzig Jahre der Auseinandersetzung Albrecht Greules mit der Sakralsprache bietet; es handelt sich jedoch nicht um eine abschließende Sammlung seiner Beiträge zum Thema. Seine Forschungen dazu gehen weiter.

Beim vorliegenden Band handelt es sich nicht um Reprints im engeren Sinne. Behutsame Anpassungen wurden zur formalen Vereinheitlichung und aus Gründen der Verständlichkeit vorgenommen. Hingegen wurde die Orthographie der Originalbeiträge beibehalten.

Für die Erarbeitung der Druckfassung danken wir Katharina Knocke, Katrin Schubert und Manuel Wille (Universität Paderborn) sowie Philipp Geitner (Universität Regensburg), die als studentische Hilfskräfte mit unermüdlichem Einsatz technische Hürden überwunden und das Layout vereinheitlicht haben. Für die Einwilligung, die Beiträge zum Wiederabdruck zur Verfügung zu stellen, danken wir sämtlichen betroffenen Verlagen und Herausgebern. Unser Dank gilt auch Frau Susanne Fischer und Frau Karin Burger vom Gunter Narr Verlag für die angenehme Zusammenarbeit.

Mit den besten Wünschen zum Geburtstag und für den weiteren Lebensweg überreichen wir diesen Sammelband unserem geschätzten Lehrer bzw. Kollegen Albrecht Greule, dessen Verdienste um das sprachwissenschaftliche Teilfach Theolinguistik/Sakralsprache wir auf diese Weise würdigen wollen.

Regensburg im April 2012 Sandra Reimann und Paul Rössler

Sprachkultur, Sprachkultivierung, Sakralität

Über die Anfänge deutscher Sprachkultur und Sprachkultivierung

Einführung

„Althochdeutsch als Anfang deutscher Sprachkultur" – so lautet der imposante (teils stabende) Titel, mit dem Stefan Sonderegger 1997 den Vortrag anlässlich seiner Wolfgang-Stammler-Gastprofessur an der Universität Freiburg/Schweiz überschrieb.[1] Im Vortrag selbst wird der Begriff der Sprachkultur eingekreist durch Ausdrücke wie „Buchkultur", „Klosterkultur", „Schriftkultur", „kultivierte Sprache", „Bildungskultur"; er wird aber nicht konfrontiert mit der in der Sprachkulturforschung diskutierten Begriffs-Trias „Sprachkultur", „Sprachkultivierung", „Sprachpflege". Dies ist angesichts der noch immer herrschenden diesbezüglichen Unklarheiten auch nicht verwunderlich. Dennoch liegt es geradezu in der Luft, im Rahmen einer erst allmählich beginnenden Beschäftigung mit der Geschichte der deutschen Sprachkultur sich über die Rolle des Althochdeutschen Gedanken zu machen und die grundsätzliche Frage aufzuwerfen, ob das Althochdeutsche tatsächlich am Anfang deutscher Sprachkultur steht. Dazu bietet der runde Geburtstag von Heinrich Tiefenbach einen gelungenen Anlass, und der Respekt vor seinem wissenschaftlichen Werk verlangt, dass nicht nur das Althochdeutsche, sondern auch das Altsächsische (oder Altniederdeutsche) in die Betrachtung einbezogen wird.

1. Sprachkultur, Kultursprache und Sprachkultivierung

Nina Janich hat sich jüngst erneut mit der Begriffsbestimmung von Sprachkultur auf sprachphilosophischer Grundlage auseinandergesetzt und dabei den Terminus „Sprachkultiviertheit" eingeführt.[2] Sprachkultiviertheit versteht sie als eine personale Fähigkeit der Sprecherindividuen. Darüber kann der Sprachgeschichtler allerdings wenig sagen, es sei denn vermittelt über die (historischen) Texte als Emanation der historischen (personalen) Sprachkultiviertheit. Allerdings lehnt Nina Janich konsequenterweise die Auffassung, dass Texte Sprachkultiviertheit besäßen, ab.[3] Texte repräsentieren für sie die (unterschiedliche) Sprachkultur im engen Sinn. Sprachkultur i. e. S. ist an eine historische Einzelsprache gebunden. Der Sprecher, dem Sprachkultiviertheit zugesprochen werden kann, verfügt über sprachliche und

---

1 Sonderegger, Stefan (1997): Althochdeutsch als Anfang deutscher Sprachkultur. Freiburg/Schweiz (Wolfgang-Stammler-Gastprofessur, Vorträge Heft 2).

2 Janich, Nina (2003): Die bewusste Entscheidung. Eine handlungstheoretische Theorie der Sprachkultur. Regensburg (Habilitationsschrift).

3 Janich (2003), 68-71, 154.

moralische Kompetenzen bzw. bemüht sich um sie und um deren Ausbau.[4] Den Sprachteilhabern müssen entsprechende Mittel zur Verfügung stehen, z. B. Mittel der sprachlichen Differenziertheit, auf deren Grundlage sich das Kommunikationspotenzial einer historischen Einzelsprache ausbildet.

Neuerdings kommt durch die Einführung des Begriffs der Kultursprache ein neues Problem auf, nämlich die Frage, wie man die spiegelbildlichen Komposita „Sprachkultur" und „Kultursprache" aufeinander beziehen kann. Nach Ingo Warnke resultiert „Kultursprachlichkeit" aus dem Ausbau und der historisch fortschreitenden Vernetzung der kultursprachlichen Einzelmerkmale zu einem Merkmalbündel: „Eine vollständig ausgeprägte Kultursprache erfüllt (...) acht in derartig konnektiven Relationen stehende Kriterien ...".[5] Diese acht Kriterien bestehen aus drei zentralen und fünf peripheren Merkmalen.

Zentrale Merkmale von Kultursprachen:

1. Literalität
2. Überregionalität
3. Polyfunktionalität.

Periphere Merkmale von Kultursprachen:

4. Literarizität
5. Intersozialität
6. Philologität
7. Institutionalität
8. Internationalität.

Die notwendigste Voraussetzung von Kultursprachigkeit ist - nach Ingo Warnke - die Existenz eines Schriftsystems. Begründet wird diese Auffassung damit, „dass das Entstehen kultureller Institutionen parallel zur Literalisierung der Kommunikation verläuft".[6] In direktem Zusammenhang mit der Literalisierung steht die Überregionalität als weiteres Merkmal von Kultursprachen. Die Polyfunktionalität ist eine Bedingung für die Ausbildung überregionaler Strata und damit fundamentales Merkmal von Kultursprachen.

> „Unter Polyfunktionalität wird (...) die kommunikative Leistungsfähigkeit einer Sprache in unterschiedlichsten Domänen gesellschaftlicher Organisation verstanden, also die horizontale Differenziertheit einer Sprache".[7]

---

4 Janich (2003), 199.

5 Warnke, Ingo (1999): Wege zur Kultursprache. Die Polyfunktionalisierung des Deutschen im juridischen Diskurs (1200-1800). Berlin/New York (Studia linguistica Germanica 52), 13 ff.

6 Warnke (1999), 16.

7 Warnke (1999), 17 f.

Unter den peripheren Merkmalen bezieht sich Literarizität auf sprachliche Realisationen in epischen, dramatischen und lyrischen Texten.[8] Unter Intersozialität will Ingo Warnke die Eigenschaft einer Sprache verstanden wissen, „weitreichende, die kommunikativen Grenzen sozialer Schichten überschreitende Informationsübermittlung zu ermöglichen".[9] Das Merkmal Philologität nimmt seinen Ausgang bei der Frage, zu welchem Zeitpunkt und in welcher Form die Reflexion auf die eigene Sprache einsetzt und „in welchem Zusammenhang diese zur Ausbildung volkssprachlichen Bewußtseins steht".[10] Die Philologisierung macht Ingo Warnke an der Existenz von Wörterbüchern, Grammatiken, Stillehren, Editionen usw. fest.[11] Unter Institutionalität wird „die Organisation lingualer Handlungsverfahren im Rahmen sozialer Ordnungsentwürfe" verstanden, oder (weniger kompliziert) „die Existenz von Universität, Wissenschaft, Schule, Exekutive usw."[12] Das Merkmal Internationalität kennzeichnet schließlich den „generell herausgehobenen kommunikativen Rang einer Sprache im interkulturellen Bereich".[13]

Unklar bleibt bzw. gar nicht diskutiert wird die Rolle von Sprachpflege und Sprachkritik, die zumindest seit dem 17. Jahrhundert die Geschichte der deutschen und anderer europäischer Sprachen nicht unwesentlich bestimmen. Wohin gehören in Warnkes Merkmalgeflecht Sprachpflege, Sprachkritik und Sprachgesellschaften? Gehören sie zur Philologität und/oder zur Institutionalität, obwohl diese, bezieht man sich auf die Sprachgesellschaften, nur schwach ausgeprägt war?[14] Oder gehören sie zur Internationalität, weil hier der von Ingo Warnke[15] bei diesem kultursprachlichen Merkmal hervorgehobene Aspekt des interkulturellen Vergleichs von Sprachen (Deutsch vs. Französisch) und der Aufwertung der eigenen besonders deutlich hervortritt? Oder sollte aus all dem auf ein eigenes Merkmal geschlossen werden?

Darüber hinaus findet man bei Ingo Warnke nichts zur Bedeutung der Sakralität von Sprache als Konstituente von Kultursprachlichkeit. Zumindest in vielen europäischen Kultursprachen ist die Existenz von Sakralsprachlichkeit ein nicht allzu peripheres, sondern noch vor der Literarizität einzuordnendes sprachkulturelles Merkmal. Darunter soll in erster Linie die Existenz heiliger bzw. sakraler Schriften in der entsprechenden Kultursprache und ein daraus gespeister Wortschatz verstanden werden. Es verbietet

---

8 Warnke (1999), 19.

9 Warnke (1999), 20.

10 Warnke (1999), 21.

11 Warnke (1999), 21.

12 Warnke (1999), 24.

13 Warnke (1999), 24.

14 Vgl. z. B. Wells, Christopher J. (1990): Deutsch: eine Sprachgeschichte bis 1945. Aus dem Englischen von Rainhild Wells. Tübingen (Reihe Germanistische Linguistik 93), 306-313, 335-365.

15 Warnke (1999), 24.

sich, Sakralsprache als eine Fachsprache zu klassifizieren. Als Beispiel aus der deutschen Sprachgeschichte erinnere ich an die nicht nur religionsgeschichtliche, sondern auch kultur-, sprach- und literaturgeschichtliche Bedeutung der Bibelübersetzung Martin Luthers. Parallelen finden sich in zahlreichen europäischen Sprachen.

Bei Warnke werden die Merkmale der Kultursprachlichkeit gesetzt und diskursiv erklärt, nicht nur am Deutschen, sondern auch an anderen europäischen Sprachen.[16] Es wird aber nicht zusammenhängend thematisiert, wie eine Kultursprache im Verlauf ihrer Geschichte die als Eigenschaften formulierten kultursprachlichen Merkmale gleichsam erwirbt. Sie fallen ihr ja nicht irgendwie zu, sondern gründen sich auf sprachschöpferische, sprachkritische, sprachpflegende oder sprachplanerische Aktivitäten einzelner Sprecher und Schreiber oder ganzer Gruppen innerhalb der Kommunikationsgemeinschaft. Dies sollte bei aller prinzipiellen Zustimmung zu den Festsetzungen Ingo Warnkes nicht vergessen werden.

Ich fasse daher alle Aktivitäten, die im Verlauf der Geschichte einer Sprachgemeinschaft zur Schaffung von kultursprachlichen Merkmalen von Sprechern oder Sprechergruppen innerhalb dieser Sprachgemeinschaft aufgewandt werden, zusammen unter dem Terminus „Sprachkultivierung". Sprachkultivierung sind demnach die actiones, durch die die kultursprachlichen Merkmale einer Sprache als factum geschaffen wurden und werden. Sprachkultivierung führt zur „Sprachkultur i. e. S." (nach Nina Janich) als Qualität einer Einzelsprache: eine Sprache, der Sprachkultur i. e. S. zugeschrieben werden kann, ist eine „Kultursprache".

2. Zur Geschichte der Sprachkultivierung

Identifizieren wir Sprachkultivierung der Einfachheit halber mit Sprachpflege, ohne auf die terminologische Diskussion um diesen Begriff erneut einzugehen, dann gibt es im Wesentlichen zwei Ansichten, wann die Geschichte der deutschen Sprachpflege bzw. Sprachkultivierung beginnt. Auch die damit in engem Zusammenhang stehende Frage, ab wann die deutsche Sprachgeschichte beginnt, lasse ich unbeantwortet und verweise auf Heinrich Tiefenbach, der vor kurzem das Problem auf den Punkt gebracht hat.[17] Wichtig ist für unsere Zusammenhänge die Feststellung, dass der Ausdruck „Althochdeutsch" (unter Einbeziehung des Altniederdeutschen oder Altsächsischen), den die Sprachwissenschaft für die Anfangsperiode des Deutschen vom 8. Jh. bis in die Mitte des 11. Jh. verwendet,

---

16 Warnke (1999), 26-38.

17 Tiefenbach, Heinrich (2002): Zur sprachlichen Christianisierung im frühen Deutschen. In: O doskonałoci. Materiały z konferencji 21-23 maja 2001 r., Band l. Łódz, 342.

> „ein wissenschaftlicher Kunstbegriff (ist), der verschiedene Schreibsprachen mit bestimmten Gemeinsamkeiten zusammenfasst und der auch aus dem Wissen um die spätere konvergente Entwicklung dieser Sprachen gespeist wird".[18]

Die Mehrzahl der Forscher, die allerdings noch mehr unter dem Einfluss des Sprachpflege-Begriffs stehen, lassen den Beginn der Sprachpflege bzw. Sprachkultivierung in der frühneuhochdeutschen Zeit beginnen, sei es bei Luther oder bei den Sprachgesellschaften.[19] Lediglich Rudolf Köster versteht das Begleitschreiben Otfrids von Weißenburg an Erzbischof Liutbert von Mainz als einen Akt der „Sprachpflege vor 1100 Jahren".[20] Auch Erich Straßner lässt, wenn auch wesentlich später, die deutsche Sprachkultur mit Otfrids von Weißenburg Begleitschreiben und mit Notkers des Deutschen Brief an Bischof Hugo von Sitten beginnen.[21] Stefan Sonderegger hat dann – wie einleitend vermerkt – das Althochdeutsche auf wesentlich breiterer Basis an den Anfang deutscher Sprachkultur gestellt (Sonderegger: „Althochdeutsch"). Die Bemerkungen, die Ingo Warnke zum Althochdeutschen tätigt,[22] beziehen sich zwar nicht auf die Anfänge der deutschen Sprachkultivierung, aber er sondiert, wann die kultursprachlichen Merkmale erstmals auftreten. Wenn wir Sprachkultivierung und Kultursprache, wie oben, zueinander in Beziehung setzen, dann geht es bei diesen Bemerkungen implicite auch um die Anfänge deutscher Sprachkultur.

3. Stand der Sprachkultur zur althoch- und altniederdeutschen Zeit

Dank dem Geflecht der sprachkulturellen Merkmale sind über den sprachkulturellen Zustand und über die Anfänge der Sprachkultur einer Sprache genauere Aussagen möglich. Ich versuche in der gebotenen Kürze herauszufinden, inwieweit die kultursprachlichen Merkmale in der althoch- bzw. altniederdeutschen Phase vorhanden sind.

---

18 Tiefenbach (2002), 342.

19 Koelwel, Eduard/Ludwig, Helmut (1962): Gepflegtes Deutsch. Sprachhilfe, Spracherziehung, Sprachpflege gestern und heute. Leipzig, 9-64; Hofmann-Wellenhof, Otto (1969): 350 Jahre deutsche Sprachpflege. In: Wiener Sprachblätter 19, Heft 5, 133-134; Greule, Albrecht/Ahlvers-Liebel, Elisabeth (1986): Germanistische Sprachpflege. Geschichte, Praxis und Zielsetzung. Darmstadt (Germanistische Einführungen), 6-52; Scharnhorst, Jürgen (1990): Sprachkultur. Geschichte und Perspektiven. In: Deutschunterricht 43 (1990), 223-231. Roth, Klaus-Hinrich (1998): Positionen der Sprachpflege in historischer Sicht. In: Besch, Werner u. a. [Hrsg.]: Sprachgeschichte. Ein Handbuch zur Geschichte der deutschen Sprache und ihrer Erforschung. 2. Aufl. Halbband 1. Berlin/New York (Handbücher zur Sprach- und Kommunikationswissenschaft 2, 1), 383-396, bietet keine Geschichte der Sprachpflege, sondern eine Geschichte des Begriffs.

20 Köster, Rudolf (1958): Sprachpflege vor 1100 Jahren. In: Muttersprache 68 (1958), 270-271.

21 Straßner, Erich (1995): Deutsche Sprachkultur. Von der Barbarensprache zur Weltsprache. Tübingen, 1-15.

22 Warnke (1999), 39-41.

Literalität. Ingo Warnke betont selbst, dass die Literalisierung des Deutschen seit dem späten 8. Jahrhundert im Zuge der karolingischen Reichsreformen erfolgte,

> „wobei die wesentliche Funktion der Ablösung lateinischer Schriftlichkeit in der allgemeinen Verbreitung, und d. h. in der volkssprachlichen Vermittlung, der elementaren katechetischen Texte (...) bestand".[23]

Obwohl unter den Sprachhistorikern zu dieser Feststellung kaum abweichende Meinungen existieren, sollen dennoch einige neuere Forschungen dazu zitiert werden: Elisabeth Feldbusch,[24] Stefan Sonderegger[25] und Klaus Grubmüller.[26] Besonders eindrucksvoll ist hierunter das Modell von Stefan Sonderegger, das in fünf Stufen von den Einzelnamen[27] und Einzelwörtern in lateinischen Texten zur Buchwerdung führt.[28]

Überregionalität. Dieses kultursprachliche Merkmal spricht Warnke sowohl dem Alt- als auch dem Mittelhochdeutschen ab, da in den dem 16. Jahrhundert vorhergehenden Jahrhunderten „das Deutsche noch stark regional differenziert war und von einem überregionalen Stratum keine Rede sein kann".[29] Dem widersprechen die Versuche Sondereggers, der schon 1978 „Tendenzen zu einem überregional geschriebenen Althochdeutsch" feststellt[30] und auch später über die „erste Phase einer vereinheitlichten deutschen Sprache" handelt.[31] Seine Beobachtungen gipfeln in der Feststellung:

> „das Althochdeutsche ist die erste Stufe eines Einigungsprozesses und einer durchgehenden Vereinheitlichungstendenz der deutschen Sprache, mit Auswirkungen bis ins Altsächsische hinein".[32]

---

23 Warnke (1999), 39.

24 Feldbusch, Elisabeth (1985): Geschriebene Sprache. Berlin/New York, 169-335: „Die Anfänge der geschriebenen deutschen Sprache".

25 Sonderegger (1997), 14-34: „Erste volkssprachliche Schriftlichkeit".

26 Grubmüller, Klaus (1998): Sprache und ihre Verschriftlichung in der Geschichte des Deutschen. In: Besch, Werner u. a. [Hrsg.]: Sprachgeschichte. Ein Handbuch zur Geschichte der deutschen Sprache und ihrer Erforschung. 2. Aufl. Halbband 1. Berlin/New York (Handbücher zur Sprach- und Kommunikationswissenschaft 2, 1), 301-310: „Die deutsche Schriftlichkeit und ihre Ausbildung im Althochdeutschen".

27 Vgl. dazu für das Altsächsische: Tiefenbach, Heinrich (1999): Die Werdener Namenüberlieferung des 9. Jahrhunderts als Quelle der altsächsischen Grammatik. In: Namenkundliche Informationen 75/76 (1999), 85-97.

28 Sonderegger (1997), 10-24.

29 Warnke (1999), 16.

30 Sonderegger, Stefan (1978): Tendenzen zu einem überregional geschriebenen Althochdeutsch. In: Beumann, Helmut/Schröder, Werner [Hrsg.]: Nationes. Historische und philologische Untersuchungen zur Entstehung der europäischen Nationen im Mittelalter. Band 1. Sigmaringen, 267.

31 Sonderegger (1997), 39-48.

32 Sonderegger (1978), 273.

Polyfunktionalität. Die kommunikative Leistungsfähigkeit des Althoch-/Altniederdeutschen in unterschiedlichen Domänen ist vorhanden. Erinnert sei nur an die „althochdeutschen Texte zum Gebrauch der Schule",[33] an die Ausbildung einer Rhetorik-Terminologie durch Notker den Deutschen,[34] an die „pastorale Gebrauchsliteratur"[35] oder an die Ausbildung der medizinischen Fachsprache im Deutschen.[36] Die Verwendung des Althochdeutschen in der Domäne des Rechts nimmt sich allerdings bescheiden aus.[37]

Literarizität. Die Literarizität des Althoch-/Altniederdeutschen wird eindrücklich dokumentiert durch die Beschreibung Wolfgang Haubrichs in den Kategorien „literarisches Erbe der Adelskultur", „Literatur der Geistlichen" und „Literatur im Kontakt zwischen Laien und Klerus".[38] Die Gipfel der Literarizität dieser Zeit werden sicherlich durch die Bibeldichtung erreicht: durch die altsächsischen „Heliand" und „Genesis" und durch das Evanglienbuch Otfrids von Weißenburg.[39]

Intersozialität. Den Ausbau von sozial weit gefächerten Varietäten sieht Ingo Warnke erst als wesentlichen Prozess bei der Konstituierung des Neuhochdeutschen, „denn bekanntlich kann weder für die ahd. noch für die mhd. Dialekte von sozial verbindlichen Kommunikationsverfahren ausgegangen werden".[40] Zu fragen bliebe aber, ob nicht wenigstens den – im Althochdeutschen quantitativ bescheidenen – alt- und mittelhochdeutschen Rechtstexten allgemeine soziale Verbindlichkeit zukam.

Philologität. In der althoch- und altniederdeutschen Zeit kann dieses kultursprachliche Merkmal zugespitzt werden auf die interessante „Frage nach dem volkssprachlichen Bewusstsein in ahd. Zeit".[41] Den Durchbruch der Bezeichnung „deutsch" seit dem späten 8. Jahrhundert wertet Stefan Sonderegger als Indiz für die Existenz eines übermundartlichen volkssprachlichen Bewusstseins.[42] Auch wenn wir Sprachpflege zur Philologität rechnen, gibt es außer in Otfrids Brief an Liutbert (s. o.) Hinweise auf

---

33 Haubrichs, Wolfgang (1995): Die Anfänge: Versuche volkssprachiger Schriftlichkeit im frühen Mittelalter (ca. 700-1050/60). 2. Aufl. Tübingen (Geschichte der deutschen Literatur von den Anfängen bis zum Beginn der Neuzeit, Band 1, Teil 1), 228-279.

34 Sieber, Armin (1996): Deutsche Rhetorik-Terminologie in Mittelalter und früher Neuzeit. Baden-Baden, 47-104.

35 Haubrichs (1995), 280-311.

36 Riecke, Jörg (2002): Die Frühgeschichte der medizinischen Fachsprache im Deutschen. Zu den volkssprachlichen Anfängen des Schreibens über Körper, Krankheit und Heilung. Gießen (Habilitationsschrift).

37 Vgl. Haubrichs (1995), 189-195.

38 Haubrichs (1995), 228-279.

39 Haubrichs (1995), 330-377.

40 Warnke (1999), 20.

41 Sonderegger (1978), 236 ff.

42 Sonderegger (1997), 34-38.

sprachpflegerische, auf die Volkssprache („barbara et antiquissima carmina", „iuxta propriam linguam") gerichtete Intentionen Karls des Großen, wie aus dem Kapitel 29 von Einhards Vita Karoli Magni hervorgeht.[43]

Institutionalität. Die „Organisation lingualer Handlungsverfahren" ist für das Althoch- und Altniederdeutsche eindeutig in den Klöstern institutionalisiert. In Klöstern gibt es Bibliotheken, Schulen und Skriptorien.[44]

Internationalität. Auf eine gewisse Internationalität des Althochdeutschen wenigstens innerhalb des Frankenreichs könnten einige Texte hindeuten, die für das rudimentäre Erlernen des Althochdeutschen durch Romane bestimmt waren.[45]

4. Sakralität als Merkmal althoch- und altniederdeutscher Sprachkultur

Große Teile der althoch- und altniederdeutschen Überlieferung stehen eindeutig im Zeichen der Sakralität. Von daher kann die Einschätzung, ob und wie diese Sprachperiode den Anfang der Kultursprache Deutsch prägt, auf die Berücksichtigung der Sakralität als sprachkulturelles Merkmal nicht verzichten. Unter Sakralität als kultursprachlichem Merkmal verstehe ich die Ausprägung einer Sakralsprache, die die heiligen Schriften - in unserem Fall des Christentums, seine Ethik, Eschatologie usw. - für die Glaubensunterweisung und den Gottesdienst in der Volkssprache zugänglich macht. Nur am Rande ist darunter eine kirchliche Fachsprache (etwa die Bezeichnungen von liturgischen Gegenständen) zu verstehen. Die Literalität ist in der althoch- und altniederdeutschen Periode untrennbar mit der Sakralität verbunden: Die Entstehung der Buchkultur bleibt

> „bei allen Germanen aufs engste mit der Aneignung der christlichen Kultur verbunden - so auch bei den althochdeutschen Sprachträgern der verschiedenen Stämme, wo seit dem 8. Jahrhundert die karolingische Klosterkultur aus verschiedenen Missionierungsimpulsen heraus (...) entstand".[46]

---

[43] Sonderegger (1978), 260.

[44] Feldbusch (1985), 254-335; Haubrichs (1995), 210-228; Schildt, Joachim (1998): Deutsche Sprachgeschichte und Geschichte von Institutionen. In: Besch, Werner u. a. [Hrsg.]: Sprachgeschichte. Ein Handbuch zur Geschichte der deutschen Sprache und ihrer Erforschung. 2. Aufl. Halbband 1. Berlin/New York (Handbücher zur Sprach- und Kommunikationswissenschaft 2, 1), 55-62. - Speziell zum Kloster Werden an der Ruhr als altsächsische Schreibstätte: Tiefenbach (1999) und Tiefenbach, Heinrich (2002): Zu den Personennamen der frühen Werdener Urkunden. In: Geuenich, Dieter/Haubrichs, Wolfgang/Jarnut, Jörg [Hrsg.]: Person und Name. Methodische Probleme bei der Erstellung eines Personennamenbuches des Frühmittelalters. Berlin/New York (Ergänzungsbände zum Reallexikon der Germanischen Altertumskunde 32), 280-304.

[45] Haubrichs (1995), 196-198.

[46] Sonderegger (1997), 49.

Stefan Sonderegger sieht vier Grundströmungen der Verchristlichungsbewegung: den Aufbau einer volkssprachlichen Katechetik (darunter das altsächsische Taufgelöbnis), die Übersetzung von Teilen der Bibel (hierzu gehören auch der Heliand und die altsächsische Genesis), die Schaffung eines kirchenorganisatorischen Wortschatzes und die theologische Erörterung in der Volkssprache (markantestes Beispiel: die Übersetzung des Isidor-Traktats „De fide catholica").[47]

Abgesehen vom kirchenorganisatorischen Wortschatz tragen alle anderen Grundströmungen zum Aufbau einer deutschen Sakralsprache wesentlich bei. Wie grundlegend die althoch- und altniederdeutsche Periode der Sprachgeschichte für die Ausbildung der christlichen deutschen Sakralsprache war, wird – auch wenn es leider noch immer keine Geschichte der deutschen Sakralsprache gibt – überaus deutlich an Heinrich Tiefenbachs Darstellung der „sprachlichen Christianisierung im frühen Deutschen".[48] Ich greife zur Illustration aus den von Tiefenbach dargestellten Formen der sprachlichen Umsetzung der christianitas in die Sprache der germanischsprachigen Völker die Behandlung der Übersetzung des Paternoster in St. Gallen – nur eine von mehreren althochdeutschen Übersetzungen des zentralen christlichen Gebets – heraus und weise besonders auf Tiefenbachs treffende Diskussion der Übersetzung der Bitte *sanctificetur nomen tuum* durch ahd. *uuihi namun dinan* ‚heilige deinen Namen' hin, die nicht als Fehlübersetzung, sondern als Folge bereits volkssprachlich verfasster Exegese des Paternoster zu verstehen ist.[49] Die „sprachliche Christianisierung" ist zweifellos ein bedeutender Akt der Sprachkultivierung und ein nicht zu ignorierendes kultursprachliches Merkmal des frühen Deutsch.

5. Gesamteinschätzung

Nicht weil ein großer Teil der sprachkulturellen Merkmale sich in der Zeit vom 8. bis ins 11. Jahrhundert erst zu entwickeln beginnt, fällt es mir schwer, das Althoch- und Altniederdeutsche – mit der gleichen Überzeugungskraft wie Stefan Sonderegger – an den Anfang deutscher Sprachkultur zu stellen, sondern weil wir uns in dieser Zeit noch nicht auf e i n e historische Einzelsprache beziehen können. Wir beziehen uns vielmehr auf ein Ensemble germanischer Stammessprachen im östlichen Teil des Frankenreiches, für das wir in der – an der Idealvorstellung einer Nationalsprache geprägten – Theorie gar kein Modell haben. Davon hängt aber ab, wann wir den Anfang der Kultursprache Deutsch setzen wollen. Vielleicht sollten wir in Analogie zu Konrad Burdach die althoch- und altniederdeutsche Periode besser als das „Vorspiel" zur Kultursprache Deutsch bezeichnen. Letztlich ist eine verlässliche Antwort auf diese offen bleibende Frage erst dann zu

---

47 Sonderegger (1997), 49-58.

48 Tiefenbach (2002), 342.

49 Tiefenbach (2002), 355-356.

geben, wenn auch untersucht ist, welche sprachkulturellen Merkmale die wichtige mittelhochdeutsche Periode der Sprachgeschichte aufweist.

Annäherung an Sakralsprache

Einführung in die Fachtagung „Sakrale Sprache in Geschichte und Gegenwart“ Regensburg 24.-26.09.1997

1. Definitionsversuche

In ihrer Arbeit „Reden zu Gott“ von 1985 kommt Elisabeth Hug zu dem lapidaren Schluß, daß der „Begriff Sakralsprache nicht mehr gebraucht werden sollte, weil er zu belastet und zu vieldeutig“ sei (Hug 1985, 52).

Warum finden wir uns dann in Regensburg zu einer dreitägigen Tagung zusammen, die der Sakralsprache gewidmet ist?

Ein wichtiger Grund scheint mir zu sein, daß Elisabeth Hug ihre Ablehnung aufgrund einer Auffassung von Sakralsprache ausspricht, die von Christine Mohrmann 1968 mit beachtlichen sprachwissenschaftlichen Kriterien vorgetragen wurde und bislang unwidersprochen geblieben ist, obwohl sich die Lage nach der Liturgiereform in der katholischen Kirche und die Einbeziehung der lebenden Volkssprachen wesentlich geändert hat. Hinzu kommt, daß die linguistische Basis, von der aus Christine Mohrmann argumentierte, durch die damalige amerikanische Forschung geprägt war und universalistische Züge trägt. Nach der geänderten Situation sollten aber auch die germanistische Forschung und die neueste Theoriebildung zu Wort kommen.

Christine Mohrmanns Auffassung lässt sich durch folgende Theoreme verdeutlichen (Mohrmann 1968, 344-351): Sakralsprache hebt sich deutlich von der Alltags- und Umgangssprache ab. In den Sakralsprachen spielt die religiöse Erfahrung eine sprachgestaltende und sprachverändernde Rolle; Sakralsprache ist eine Sprachvarietät, wo – unter dem Einfluß religiöser, kollektiver Erfahrungen und Bedürfnisse – eine tiefgreifende Stilisierung stattfindet. Im Rahmen dieser Tradition wird eine künstliche, archaisierende Sprachform gebildet. Sie verringert in ihrer isolierten Stellung die Verständlichkeit zugunsten anderer Elemente. Sakralsprachen sind zum Beispiel die Sprache des griechischen Orakels, das Hebräische des jüdischen Gottesdienstes, das Kirchenslawische, das Latein der römischen Kirche. Tendenzen der Stilisierung, die alle bezwecken, die Sakralsprache von der Alltagssprache abzuheben, sind Konservativismus, Fremdwortverwendung und syntaktische bzw. lautliche Stilisierung. – Sakralsprachen können primärer Art sein, das heißt, sie sind von Anfang an als solche gebildet. Sie können aber auch sekundär sein, das heißt, bestimmte Sprach- und Stilformen können in sekundärer Weise im Laufe der Zeit als sakral und hieratisch erfahren werden. Ein für die Germanistik wichtiges Beispiel dafür sind die Bibelübersetzung Martin Luthers und deren Revisionsversuche. Luther wollte wohl keinen Sakralstil schaffen. Aber die Ablehnung moderner Revisionen seines Übersetzungstextes zeigt, daß er mit Formulierungen wie „Maria aber behielt alle diese wort und bewegte sie in ihrem Herzen" (vgl. Stolt 1981, 119 ff.) als sakral empfunden wird. - Schließlich hat der Ursprung der Sakralsprachen nach Christine Mohrmann etwas mit magischer Sprachbetrachtung zu tun, mit der „primitiven Magie des Wortes", wie sie sagt (Mohrmann 1968, 351).

Obgleich man an nicht wenigen Punkten dieser Theorie Fragezeichen anbringen möchte und obgleich sich die Theorie zu wenig mit der Spezifik christlicher Sakralsprachen auseinandersetzt, möchte ich doch zwei Punkte in eine eigene Theorie übernehmen: nämlich den der Stilisierung und den der primären bzw. sekundären Herausbildung von Sakralsprachen.

2. Von der Sakral- zur Liturgiesprache - ein sprachwissenschaftlicher Versuch

Ich setze dort ein, wo Christine Mohrmann 1968 endete, nämlich mit der vagen Aussicht, daß sich in den modernen Nationalsprachen - mit Mühe und unter großer Anstrengung - wohl sakrale Sprachen bilden lassen dürften (Mohrmann 1968, 354). Seit der Reformation, besonders seit Martin Luther, und seit dem Zweiten Vatikanischen Konzil wird die deutsche Sprache als „Volkssprache" in zwei nahezu 500 Jahre auseinander liegenden Anläufen als Sakralsprache verwendet. Wie wir gesehen haben, kann man Luthers Sprache heute als „Sekundärbildung", die Übersetzungen der liturgischen Texte der katholischen Kirche nach der Liturgiekonstitution des Zweiten Vatikanischen Konzils aber als Versuche einer „Primärbildung" sakraler Sprache bezeichnen. Die Diskussionen um die Revision der Luther-Sprache zeigen genau, wo der Schuh drückt: Eine Sakralsprache primärer Bildung tendiert durch die Attribute „Archaisierung", „Stilisierung" und „Unantastbarkeit" zur Unverständlichkeit. Dies kann aber die Absicht weder der Reformatoren noch des Zweiten Vaticanums gewesen sein, in dessen Intention eine Liturgiesprache steht, „die dem unmittelbaren Verstehen aller offen ist" (Haunerland 1992, 226).

Eine neue Sicht von Sakralsprache darf diesen Hintergrund, der um den wesentlichen Aspekt ergänzt werden muß, daß die „primäre" Sakralsprache ständiger Revision bedarf (vgl. Haunerland 1992, 233 und 236), nicht aus den Augen verlieren. Sie hätte das Auseinanderfallen von primärer und sekundärer Sakralsprache zu vermeiden.

Ein kommunikationstheoretischer Ansatz geht von der Voraussetzung aus, daß es eine spezifische Kommunikationskonstellation Mensch - Gott gibt. Dabei kann Gott der Inhalt dessen sein, worüber Menschen miteinander kommunizieren, oder Gott ist selbst Adressat menschlicher Rede. Den spiegelbildlichen Fall, daß der Mensch der Adressat von Gottes „Rede" ist, klammere ich hier aus. Die in der Kommunikationskonstellation Mensch -

Gott verwendete Sprache nenne ich Theolekt – in Anlehnung an das sprachwissenschaftliche Varietätenmodell und die dort übliche Terminologie wie Dialekt, Soziolekt, Technolekt usw. Die theolektale Kommunikation findet in sehr verschiedenen, vorgeprägten kommunikativen Rahmen statt, zum Beispiel im Rahmen wissenschaftlicher, katechetischer, massenmedialer oder gottesdienstlicher (liturgischer) Kommunikation. Der in der Wissenschaft verwendete Theolekt entspricht theologischer Fachsprache. So wie die theologische Fachkommunikation sich in unterschiedlichen Text- bzw. Redesorten niederschlägt, unterscheiden wir auch im Gottesdienst eine Fülle verschiedener Redesorten (Gebete, Predigt, Lesung usw.), zu denen noch der Gesang, insbesondere das Lied, kommt.

Oft werden Bibelsprache und Bibelstil als „guter Ausgangspunkt für die Bildung von Sakralsprachen modernen Stils" (Mohrmann 1968, 354) empfohlen. Wenn dies auch nicht unproblematisch ist – denken wir an das Ringen um die Einheitsübersetzung der Heiligen Schrift –, so scheint mir doch wichtig, daß nicht wenige Texte der Bibel aus dem Gottesdienst hervorgegangen sind, und ich meine, daß der primäre Ort der Sakralsprache die Liturgie ist. Hier, in der Liturgie, sehe ich ihren Ursprungsort, hier sehe ich das Ziel, auf das hin wir Sakralsprache formulieren und revidieren sollten. Von den Attributen, die Christine Mohrmann der Sakralsprache zuschreibt (siehe oben), scheint mir allerdings das der Stilisierung das einzige zu sein, das ich für ein neues Verständnis von sakraler Sprache übernehmen könnte. Dabei haben wir mit Rücksicht auf die unterschiedlichen liturgischen Rede- und Gesangssorten auf verschiedene Grade der Stilisierung zu achten: Die Stilisierung wird beim Gebet, besonders beim eucharistischen Hochgebet, eine andere sein müssen als etwa die bei der Predigt oder im Lied. Insgesamt wird es Aufgabe aller derer, die sakrale Sprache revidieren und neu formen, sein, das richtige Maß an sakraler Stilisierung zu finden.

Allzu plump erscheint mir in diesem Zusammenhang indes die Kontrastierung der Sakralsprache mit der Umgangssprache zu sein, in dem Wissen, daß wir eine deutsche Schrift- oder Literatursprache besitzen, in der verschiedene Stilniveaus ausgeprägt wurden. Ich denke, daß wir hier auch von den Literaturwissenschaftlern lernen können.

Ich habe nichts dagegen, wenn jemand künftig den Ausdruck „Sakralsprache" auf die sekundäre Form des in der Liturgie verwendeten Theolekts beschränken will (zum Beispiel im Fall des Kirchenlateins und des Kirchenslawischen); die primäre, volkssprachliche Form des im Gottesdienst verwendeten Theolekts aber als „Liturgiesprache" davon abheben will.

Meine Hoffnung geht dahin, daß es uns durch die Vorträge, die Berichte, die Workshops und die Diskussionen, die uns im Verlauf der Tagung erwarten, gelingt die Tiefe und Weite der Begriffe ‚Sakralsprache' und/oder ‚Liturgiesprache' erneut auszuloten. Bekennen muß ich, daß es mir zu meinem Bedauern nicht gelungen ist, das Problem Mundart als Sakral- oder Liturgiesprache eigens zu thematisieren. Dies ist umso bedauerlicher, als wir uns mit unserer Tagung in einer Region befinden, in der die Mundart eine starke Stellung hat.

3. Anfänge der deutschen Liturgiesprache in Regensburg

Lassen Sie mich - meine Damen und Herren - nach so viel Theorie noch ein Wort zur besonderen Eignung der Stadt Regensburg für diese Tagung sagen. Wir haben versucht, diese durch einen Gottesdienst in der Kirche St. Mang (Stadtamhof), durch ein Konzert in der Alten Kapelle und eine Ausstellung der Proskeschen Sammlung zu substantiieren. Für eine andere Perspektive möchte ich auf Gerhard Hahn verweisen, aus dessen Feder ein anschaulicher Aufsatz über die Anfänge des evangelischen gottesdienstlichen Lebens in Regensburg stammt (Hahn 1994). Er hebt darin das deutschsprachige Lied als wesentliches Kennzeichen reformatorischen Gottesdienstes hervor, womit auf einen alten Brauch zurückgegriffen werden konnte. Bereits für die erste Hälfte des 15. Jahrhunderts ist dieser Brauch auch tatsächlich in einem Pfarrbuch der Gemeinde Gebenbach bei Amberg in der Oberpfalz belegt. Der dortige liturgiebewusste Pfarrer hielt nämlich genau im Pfarrbuch fest, welche volkssprachlichen Lieder von der Gemeinde wann in der Messe zu singen sind (vgl. Greule 1998). Der erste öffentliche evangelische Abendmahlsgottesdienst in Regensburg fand am 15. Oktober 1542 in der Neupfarrkirche statt. Die Beschreibung der Feier macht heute einen eher konservativen Eindruck, auch was die Verwendung der deutschen Sprache betrifft, und das Bild bleibt in der Folgezeit konservativ. „Andererseits sind die Teile des Gottesdienstes, die in unmittelbarer Weise der Verkündigung des Evangeliums, der Vermittlung des Heils an den verstehend-vertrauenden Glauben dienen, auch in Regensburg von Anfang an in deutscher Sprache verfaßt“ (Hahn 1992, 60).

Ich darf Sie bitten, sich diese Anfänge einer deutschen Liturgiesprache in Regensburg zu vergegenwärtigen, wenn Sie im Laufe der Stadtführung vor der Neupfarrkirche auf dem äußerst geschichtsträchtigen Neupfarrplatz stehen, unter dem sich - durchaus symbolisch für unsere Tagung - die Reste der Synagoge befinden.

4. Literatur

Greule, Albrecht (1998): Frühneuhochdeutsch in der Oberpfalz. Die Sprache des Gebenbacher Pfarrbuchs 1418-1437. In: Donhauser, Karin/Eichinger, Ludwig M. [Hrsg.]: Deutsche Grammatik - Thema in Variationen. Festschrift für Hans-Werner Eroms zum 60. Geburtstag. Heidelberg, 381-388.

Greule, Albrecht/Kucharska-Dreiß, Elzbieta/Makuchowska, Marzena (2005): Neuere Forschungen zur Sakralsprache im deutsch-polnischen Vergleich. Erträge - Tendenzen - Aufgaben. In: Heiliger Dienst, Heft 2, 73-91.

Hahn, Gerhard (1994): Luthers Reform des Gottesdienstes und die Anfänge des evangelischen gottesdienstlichen Lebens in Regensburg. In: Schwarz, Hans

[Hrsg.]: Reformation und Reichsstadt. Protestantisches Leben in Regensburg. Regensburg, 54-65.

Haunerland, Winfried (1992): Lingua vernacula. Zur Sprache der Liturgie nach dem II. Vatikanum. In: LJ, 42. Jg., Heft 4, 219-238.

Mohrmann, Christine (1968): Sakralsprache und Umgangssprache. In: Archiv für Liturgiewissenschaft X, Halbband 2, 344-354.

Stolt, Birgit (1981): Sakralsprache - zu Luthers Zeit und heute. In: Linguistische Studien, Reihe A, 77, 113-133.

Sprachkultur im Mittelalter?

Erkundungen in Regensburg

1. Sprachkultur – Sprachkultivierung – Sprachpflege

Sprachkultur können wir heute – nach Jahrzehnten angestrengter Diskussion – folgendermaßen definieren: Sprachkultur ist das Charakteristikum, das eine „Kultursprache" ausmacht. Um einer Sprache den Status einer Kultursprache zusprechen zu können, muss sie – im Idealfall – folgende Merkmale aufweisen: Literalität, Überregionalität, Polyfunktionalität, Literarizität, Sakralität, Intersozialität, Philologität, Institutionalität und Internationalität. Wir unterscheiden unter den Merkmalen zentrale und periphere Merkmale von Kultursprachen (Greule 2004, 133 f.).

Ich gehe genauer nur auf die Merkmale ein, die für uns im Hinblick auf die Sprachkultur im Mittelalter wichtig sind. Literalität bedeutet, dass die Sprache verschriftet ist; es muss sich dabei aber nicht um die Existenz einer allgemein verbindlichen Orthographie im heutigen Sinn handeln. Mit der Literalität eng verbunden ist die Institutionalität; darunter wird verstanden, dass es „Institutionen" gibt, in denen die Sprache „produziert" (geschrieben, gedruckt usw.) wird. Heutzutage sind dies in erster Linie die Stellen, in denen für die Massenmedien produziert wird. Überregionalität erreicht zum Beispiel die deutsche Schreibsprache im Verlauf ihrer Geschichte erst allmählich. Unter Polyfunktionalität verstehen die Fachleute die Forderung, dass eine Sprache in den unterschiedlichsten Gruppen der Gesellschaft gebraucht wird; man könnte dieses Phänomen auch „Fachsprachlichkeit" nennen und es damit von dem Merkmal Intersozialität abtrennen. Das Merkmal Sakralität meint schließlich, dass eine Sprache auch im Gottesdienst und der Religionsvermittlung verwendet wird. Die deutsche Sprachgeschichte ist geradezu geprägt vom „Kampf" der Volkssprache um die Positionen, die das Latein einnahm. Einen ersten Sieg in diesem Kampf erringt Luther. Nach ihm und seiner Bibelübersetzung ist die deutsche Sprache im Urteil der Zeitgenossen eine (die vierte) „heilige Sprache" (Greule 2004, 140 f.).

Alle Aktivitäten, die im Verlauf der Sprachgeschichte von Einzelpersonen (z. B. Martin Luther, Johann Christoph Gottsched), von Institutionen (z. B. von den Sprachgesellschaften) oder gar von der Politik (z. B. durch Sprach- oder Namengesetze) aufgewandt wurden und werden, um die kultursprachlichen Merkmale zu schaffen oder zu festigen, fassen wir unter dem Terminus „Sprachkultivierung" (veraltet: Sprachpflege) zusammen (Janich /Greule 2002, VII-IX).

Wir müssen uns im Klaren sein, dass die Sprachkultivierung ein Phänomen ist, das verstärkt im Zusammenhang mit der Schaffung von Nationalsprachen in Europa auftritt, also im Zusammenhang eines Prozesses, der im 17./18. Jahrhundert beginnt und noch immer nicht ganz abgeschlossen zu sein scheint. Allerdings erkennen die Wissenschaftler, die sich mit Sprachkultur und Sprachpolitik in Europa befassen, dass man Sprachkultur und Sprachkultivierung heute - im Zuge der Europäisierung und der Globalisierung - nicht mehr hermetisch auf eine Nationalsprache beziehen kann. Man denke nur an das Anglizismen-Problem, das von vielen Sprachpflegern als Angriff auf die Substanz aller vermeintlich „reinen" europäischen Nationalsprachen verstanden wird und gegen das unterschiedliche Abwehraktionen aufgebaut werden.

2. Sprachkultur im Mittelalter

Schon deshalb lohnt sich ein Blick auf das Mittelalter mit der Frage: Kann man den Begriff ‚Sprachkultur' überhaupt auf das (deutsche) Mittelalter übertragen? Wenn ja, wie?

Mehrsprachigkeit bzw. eine multilinguale Sprachsituation war im Mittelalter geradezu normal. Werfen wir zum Beispiel einen Blick auf Regensburg, eine Stadt, die der Jubilar aus eigenem Erleben gut kennt und schätzt. Wir haben es damals in dieser Stadt mit mindestens drei Einzelsprachen zu tun: mit dem Latein, dem Bairischen und dem Jiddischen/Hebräischen. Auf die Stellung Regensburgs als führendes jüdisches Zentrum stützt sich die von der Sprachwissenschaft vertretene Auffassung, dass speziell das Mittelbairische des Regensburger Raumes für das Jiddische prägend war (Näßl 2002, 135). Inwieweit auch eine slawische Sprache gesprochen und geschrieben wurde, muss vorerst offen bleiben. Das Bairische bezeichne ich künftig als Volks- oder Muttersprache, eine Sichtweise, die natürlich von heute geprägt ist.

Bei aller Mehrsprachigkeit gab es im Mittelalter doch eine Sprach-Domänen-Verteilung. So ist an der Dominanz des Lateins in vielen Kommunikationsbereichen nicht zu zweifeln. Die deutsche Sprachgeschichte des Spätmittelalters ist aber gerade dadurch gekennzeichnet, dass die Volkssprache mehr und mehr Domänen des Lateins „erobert". Ein erster Höhepunkt in dieser Auseinandersetzung ist mit Luthers Bibelübersetzung von 1522 erreicht. Dass Erfindung und Verbreitung des Buchdrucks der Durchsetzung der Volkssprache Vorschub leisteten, steht außer Frage. Ratsdekrete wurden in Regensburg ab 1527 gedruckt.

3. Warum Regensburg?

Am 13. Juli 2007 wurde die Altstadt von Regensburg in das UNESCO-Welterbe der Menschheit aufgenommen. Das so geschützte Ensemble umfasst 984 Einzeldenkmäler und entspricht der Ausdehnung des mittelalterlichen Regensburgs um 1320. Mit dem Prädikat „Welterbe" werden die Teile des Kultur- und Naturerbes der Menschheit ausgezeichnet, die von außergewöhnlichem universellem Wert sind.

Die Vergabe des Titels und der Diskurs, der sich davor und dazu innerhalb der Stadt entwickelte, veranlassen mich zu der Frage, ob dem Weltkulturerbe Regensburg, das seinen Titel ja aus dem Mittelalter bezieht, im Verlauf seiner langen Geschichte auch Sprachkultur eigen ist; ob also der Titel „Weltkulturerbe" nicht nur 984 Baudenkmäler aus dem Mittelalter, sondern auch das geistige Gut der Sprachkultur umfasst. Allgemein gestellt lautet die Frage: Gibt es Sprachkultur in der Stadt, besonders in der mittelalterlichen Stadt, die man sich gut als geschlossenen Kommunikationsraum vorstellen kann? Darüber hinaus stellt sich für den Philologen und Sprachwissenschaftler die Frage nach den Quellen der Sprachkultur.

4. Stadtsprachgeschichte

Methodisch müssen vor der Klärung dieses Fragenkomplexes die Möglichkeiten geprüft werden, auf deren Grundlage eine Stadtsprachgeschichte geschrieben werden kann. Obwohl die Ausgangsbedingungen in Regensburg dafür erstaunlich gut sind, gibt es noch keine Sprachgeschichte der Stadt Regensburg. Immerhin hat Susanne Näßl vor kurzem in einem Sammelband die Beiträge zusammengefasst, an Hand deren sich die Konturen einer Stadtsprachgeschichte abzeichnen (Näßl 2002). Weitere Forschungsbeiträge stammen aus der Feder von Nikolaus Henkel (Henkel 1995) und von anderen Spezialisten, deren Beiträge in dem Sammelband „Gelehrtes Regensburg" (Altner 1995) vereinigt sind.

Welche Gruppierungen und Institutionen in der mittelalterlichen Stadt wollen und können überhaupt das, was sie kommunizieren, schriftlich festhalten? Mit welchen Medien geschieht das und wo werden die Kommunikate fixiert?

- Klöster, die Texte für den Gottesdienst und die Glaubensverkündigung aufschreiben lassen. Die Schreibstätte war das Skriptorium.
- Die zunächst klösterliche, dann auch städtische Verwaltung. Die Schreibstätten waren die Kanzleien.
- Schule und Wissenschaft. Die Schreibstätten sind in erster Linie die Skriptorien und klösterlichen Kanzleien.
- Privatleute, Bürger und Kaufleute. Die Schreibstätte war vermutlich das Geschäftskontor (Näßl 2002, 201-224).
- Inschriften auf den unterschiedlichsten Schriftträgern, vornehmlich aber auf Steinen, z. B. Grabinschriften (Näßl 2002, 142-151).
- Nach Erfindung des Buchdrucks werden Texte, die zur weiten Verbreitung gedacht waren, gedruckt, z. B. Ratsdekrete (vgl. Näßl 2002, 259). Die Schreibstätte war die Offizin.

In Regensburg sind folgende umfänglicheren Quellentexte, nach Textsorten geordnet, überliefert und können als Grundlage einer (deutschen) Stadtsprachgeschichte herangezogen werden.

- Kirchliche/religiöse Texte: Muspilli (Näßl 2002, 26-28, Otlohs Gebet (Näßl 2002, 15 f.), Kirchenlieder.
- Texte des Rechts- und Verwaltungswesens (Urkunden, Stadtbücher, Rechnungsbücher, Ratsdekrete, Traditionsbücher, Bistumsbeschreibung). Deutschsprachige Urkunden in Regensburg seit etwa 1250 (Näßl 2002, 171-197, 225-247, 259-281; Greule 2000).
- Geschichtsschreibung: Die Kaiserchronik, eine (Welt-)Geschichtsschreibung in Versform, der früheste Versuch eines umfassenden Geschichtskonzepts in deutscher Sprache (Henkel 1995, 304), Johannes Aventinus, Bayerische Chronik, verfasst 1526-1533 (gedruckt 1566) (Altner 1995, 32-35).
- Die Wissenschaften betreffende Texte: Prüler Steinbuch (12 Edelsteine der Apokalypse), Konrad von Megenberg, Matthäus Roritzer, Ulrich Mostl.
- Texte des geistlichen Spiels: Fragmente eines Regensburger Osterspiels aus dem 16. Jh. (Edition: Joseph Poll, Ein Osterspiel, enthalten in einem Prozessional der Alten Kapelle in Regensburg. In: Kirchenmusikalisches Jahrbuch 34, 1950, 35-40).
- Texte der literarischen Erbauung (des Adels): Rolandslied des Pfaffen Konrad, verfasst im 12. Jh. vermutlich am Herzogshof in Regensburg; frühe Minnelyrik des Burggrafen von Regensburg (12. Jh.); der Minneteppich.
- Kaufmannsbuch: Das Runtingerbuch 1383-1407 (Edition: Franz Bastian, Das Runtingerbuch. 3 Bände, Regensburg 1935, 1943/44).

Wir halten fest: Die Volkssprache des Mittelalters in Regensburg war das Bairische. Eine Standardsprache im heutigen Sinn gab es noch nicht, wenngleich die Stadt an deren allmählicher Vorbereitung seit dem 13. Jh. beteiligt war. Aussagen über die gesprochene Sprache, also den in Regensburg gesprochenen Stadtdialekt, sind auf Grund der Überlieferung nicht möglich. Wir haben es also bis in die Neuzeit ausschließlich mit einer Schreib-/Schriftkultur zu tun. In Anbetracht der – trotz aller Vielfalt an Quellentexten und Textsorten – schmalen Quellenbasis sollten nicht nur die in Regensburg verfasste „Literatur" der Prüfung auf sprachkulturelles Niveau unterzogen werden, sondern auch alle anderen Quellen der Volkssprache.

5. Drei Höhepunkte der Sprachkultur in Regensburg

5.1 Otlohs Gebet

Das Gebet Otlohs von Regensburg, in sakraler Sprache und komplexer, kunstvoller Syntax, ist ein herausragendes Zeugnis früher kirchlicher (klösterlicher) Sprachkultur. Nachfolgend der Anfang des Gebets:

Trohtin almahtiger, tü der pist einiger tröst unta euuigiu heila aller dero di in dih gloubant iouh in dih gidingant, tü inluihta min herza, daz ih dlna guoti unta dTna gnäda megi anadenchin, unta mlna sunta iouh mlna ubila, unta die megi so chlagen vora dir, also ih des bidurfi. Leski, trohtin, allaz daz in mir, daz der leidiga vlant inni mir zunta uppigas unta unrehtes odo unsübras, unta zunta mih ze den giriden des euuigin libes, daz ih den also megi minnan unta mih dara näh hungiro unta dursti also ih des bidurfi. Dara näh macha mih also frön unta kreftigin in alle dmemo dionosti, daz ih alla die arbeita megi lldan die ih in deser werolti sculi lldan durh dlna era unta durh dlnan namon iouh durh mlna durfti odo durh iomannes durfti.
(Aus: Braune, Wilhelm/Ebbinghaus, Ernst: Althochdeutsches Lesebuch. 17. Aufl. Tübingen 1994)

5.2 Tuchmacherordnung von 1259

Im mitteleuropäischen Vergleich fällt auf, dass die Volkssprache relativ früh in Regensburger Urkunden auftaucht. Emil Skála fiel bereits 1967 an der ältesten deutschsprachigen Urkunde aus Regensburg – es handelt sich um die Tuchmacherordnung von 1259 (Edition: Friedrich Wilhelm, Corpus der altdeutschen Originalurkunden, Band I, Nr. 46; vgl. Näßl 2002, 156 f.) – auf, dass sie eine Verflechtung von oberdeutschen und mitteldeutschen Schreibformen aufweist und in ihr keine primären bairischen Dialektmerkmale zu finden sind. Skála betont, dass an der Ausbildung der frühneuhochdeutschen Schriftsprache durch Sprachausgleich viele Städte (Erfurt, Augsburg, Nürnberg, Eger) beteiligt waren, Regensburg jedoch unter ihnen „die größte und wirtschaftlich sowie kulturell die bedeutsamste unter ihnen" war (Näßl 2002, 169 f.).

5.3 Praschs Tätigkeit als Sprachpfleger

So wie am Anfang der Sprachgeschichte in Regensburg die volkssprachliche Sprachkultivierung im Vordergrund stand, so wird das Ende der mittelalterlichen Sprachkultur in dieser Stadt durch den als Sprachpfleger agierenden Johann Ludwig Prasch (1637-1690) markiert. Ganz im Sinne seiner Zeit (es war die Zeit der Sprachgesellschaften) markiert Prasch mit seinem Wirken den Beginn der Sprachkultivierung in Regensburg. Er beteiligte sich in barocker Manier an den Bemühungen um die deutsche Hochsprache, genauso wie sein Glossarium Bavaricum als Beginn einer bairischen Mundart-Lexikographie gesehen werden kann (Näßl 2002, 283 ff.). Davon abgesehen, haben sich zu seiner Zeit auch die medialen Ausgangsbedingungen für die Beurteilung der Sprache unter dem Aspekt von Sprachkultur durch das Aufkommen der Massenmedien (voran geht die Zeitung) grundlegend geändert.

6. Sprachkultur in der mittelalterlichen Stadt

Was haben unsere Sondierungen in Regensburg ergeben? Wenn wir die Sprachproduktion in einer Stadt im Verlauf ihrer mittelalterlichen Geschichte unter sprachkulturellem Aspekt beurteilen wollen, müssen wir uns auf die geschriebene Sprache beschränken; zur gesprochenen Sprache können wir nichts Genaues wissen. Bis zur Durchsetzung einer (deutschen) Standard- und Nationalsprache, bis zur allgemeinen Alphabetisierung und zur Erfindung und Verbreitung der Massenmedien muss folglich jede Fixierung von Volkssprache zunächst als Beitrag zur Sprachkultur gelten. Freilich müssen wir mit zunehmender Schreibtätigkeit auch Kriterien entwickeln, die es erlauben, die Spreu vom sprachkulturellen Weizen zu trennen. Ein wichtiges Kriterium ist dabei, welche Inhalte durch das Schriftzeugnis übermittelt und für die Nachwelt festgehalten und welche äußeren Formen dabei entwickelt wurden.

Als besondere sprachkulturelle Leistungen ragen im Falle Regensburgs heraus: die beachtlichen Ergebnisse bei der sehr frühen Schriftwerdung der gesprochenen Stadtsprache, die allmähliche Loslösung aus der Regionalität der Volkssprache hin zu einer überregionalen Schreibsprache und die Ansätze zur Pflege der Sprache durch ihre Beschreibung. Mit anderen Worten: Im Verlauf der Stadtsprachgeschichte Regensburgs werden allmählich und annähernd folgende Kriterien einer Kultursprache erfüllt: Literalität, Sakralität, Literarizität, Institutionalität, Überregionalität und Philologität.

7. Literatur

[Altner, Helmut] Universität Regensburg [Hrsg.] (1995): Gelehrtes Regensburg – Stadt der Wissenschaften. Stätten der Forschung im Wandel der Zeit. Regensburg.

Greule, Albrecht (2000): Das „Gelbe Stadtbuch" von Regensburg. In: Debus, Friedhelm [Hrsg.]: Stadtbücher als namenkundliche Quelle. Mainz/Stuttgart (Abhandlungen der Geistes- und Sozialwissenschaftlichen Klasse. Akademie der Wissenschaften und der Literatur. Einzelveröffentlichung 7), 387-393.

Greule, Albrecht (2004): Über die Anfänge deutscher Sprachkultur und Sprachkultivierung. In: Greule, Albrecht/Meineke, Eckhard/Thim-Mabrey, Christiane [Hrsg.]: Entstehung des Deutschen. Festschrift für Heinrich Tiefenbach. Heidelberg (Jenaer germanistische Forschungen. Neue Folge 17), 133-142.

Henkel, Nikolaus (1995): Literatur im mittelalterlichen Regensburg. In: Angerer, Martin/Wanderwitz, Heinrich [Hrsg.]: Regensburg im Mittelalter. Beiträge zur Stadtgeschichte vom frühen Mittelalter bis zum Beginn der Neuzeit. Regensburg, 301-310.

Janich, Nina/Greule, Albrecht [Hrsg.] (2002): Sprachkulturen in Europa. Ein internationales Handbuch. Tübingen.

Näßl, Susanne [Hrsg.] (2002): Regensburger Deutsch. Zwölfhundert Jahre Deutschsprachigkeit in Regensburg. Frankfurt u. a. (Regensburger Beiträge zur deutschen Sprach- und Literaturwissenschaft B 80).
Steinmeyer, Elias (1916, Nachdruck 1963): Die kleineren althochdeutschen Sprachdenkmäler. Berlin/Zürich.

Sprachpflege am Übergang von Barock und Aufklärung

Christian Friedrich Hunold alias Menantes

Die Relecture von Hans Joachim Kreutzers Aufsatz „Johann Sebastian Bach und das literarische Leipzig der Aufklärung" – in der neuesten Fassung von 1994[1] – lenkt die Aufmerksamkeit des Sprachwissenschaftlers auf die Gestalt Christian Friedrich Hunolds (1681-1721), „vielleicht den einzigen Bachschen Textdichter, der über einen traditionell unangefochtenen Platz in unseren Literaturgeschichten verfügt".[2] In der Sprachgeschichte, wo man Christian Friedrich Hunold, nämlich als Sprachpfleger, zwischen den Sprachgesellschaften des 17. Jahrhunderts und der Gottsched-Epoche vermuten würde, erscheint er so gut wie nicht.[3] Die folgenden Zeilen versuchen daher, Hunold als Sprachpfleger zu würdigen und mit ihm die ganze „galante Stilepoche"[4] hinsichtlich ihrer sprachpflegerischen Stärken und Schwächen zu bewerten.

1. Was ist „Sprachpflege"?

Das moderne Verständnis von Sprachpflege im Sinne der Kultivierung von Sprachgebrauch und Sprachnorm ist nicht direkt auf alle Phasen der Sprachpflegegeschichte des Deutschen übertragbar. Während wir in der Gegenwart bei der Kultivierung des Sprachgebrauchs im wesentlichen über die unterschiedlichen Modi „schulmäßige", „durch Institutionen der Sprachberatung ausgeübte" und „massenmediale Sprachpflege" sowie „Sprachkritik" und bei der Kultivierung der Sprachnorm über „Sprachbeobachtung" und „Kodifikation" verfügen,[5] liegen diese Modi bei den unter-

---

1 Kreutzer, Hans Joachim (1994): Johann Sebastian Bach und das literarische Leipzig der Aufklärung. In: Kreutzer, Hans Joachim: Obertöne: Literatur und Musik. Neun Abhandlungen über das Zusammenspiel der Künste. Würzburg, 9-40.

2 Kreutzer (1994), 11.

3 Literatur zum sprachwissenschaftlichen Werk Hunolds verzeichnet: Brekle, Herbert E./Dobnig-Jülch, Edeltraud/Höller, Hans Jürgen/Weiß, Helmut [Hrsg.] (1996): Bio-bibliographisches Handbuch zur Sprachwissenschaft des 18. Jahrhunderts. Band 4. Tübingen, 381.

4 Mit dem Ausdruck „galante Stilepoche" lehne ich mich an Wendland, Ulrich (1930): Die Theoretiker und Theorien der sog. galanten Stilepoche und die deutsche Sprache. Ein Beitrag zur Erkenntnis der Sprachreformbestrebungen vor Gottsched. Leipzig (Form und Geist, 17) an.

5 Greule, Albrecht (1998): Sprachkultivierung – Theorie und Praxis in Deutschland. In: Greule, Albrecht/Lebsanft, Franz [Hrsg.]: Europäische Sprachkultur und

schiedlichen Phasen der deutschen Sprachpflege nicht in gleicher Ausprägung vor. Das hat seinen Grund nicht nur darin, daß es früher bestimmte Massenmedien oder die allgemeine Schulpflicht noch nicht gab, sondern vor allem auch im Fehlen einer allgemein anerkannten Standardsprache, von deren Existenz wir erst ab dem 19. Jahrhundert reden können. Davon hängen auch die dominanten Ziele der jeweiligen Sprachpfleger ab. Will man nämlich übergreifend das Ziel von Sprachpflege definieren, dann kommt man um die vage Feststellung, es handele sich letztlich um Aktivitäten, die den Gebrauch einer Sprache bzw. einer Sprachvarietät unter konkreten Kommunikationsbedingungen zu fördern (um nicht zu sagen: durchzusetzen) versuchen, nicht herum. Was fördern im Zusammenhang mit Sprache genau heißt, ist nicht generell zu sagen, sondern von der jeweiligen Sprachsituation abhängig.[6] Daraus erhellt, daß Sprachpflege zu Zeiten vor der Existenz einer deutschen Standardsprache seit etwa Mitte des 19. Jahrhunderts anders gestaltet gewesen sein muß als danach. Vor deren Existenz richtet sich der sprachpflegerische Impetus auf ihre Schaffung und Durchsetzung, danach auf ihre Erhaltung oder - nicht selten dramatischer ausgedrückt - auf ihre Rettung. So werden wir unten sehen, daß sich auch noch die Sprachpfleger der galanten Stilepoche mit dem Problem der Schaffung einer deutschen Schriftsprache herumschlagen.

2. Hunold als Sprachpfleger: Leben und sprachpflegerisches Schrifttum

Die Vita Christian Friedrich Hunolds hat Wilhelm Voßkamp in vorbildlicher Weise zusammengefaßt,[7] so daß sie hier nur kurz referiert zu werden braucht, wobei Charakteristika, die Hunold als Sprachpfleger hervortreten lassen, herausgestellt werden. Hunold wird 1681 in Wandersleben (Thüringen) geboren. Er besucht die Schule in Arnstadt, das Gymnasium in Weißenfels und absolviert das Studium - hauptsächlich Jurisprudenz, daneben Sprachen, Rhetorik, Poesie und Geschichte - in Jena, durch das er sich unter anderem eine ungewöhnliche Fähigkeit des Briefeschreibens erwirbt. Unter seinen Lehrern nimmt August Bohse (genannt Talander; 1661-1742), der erfolgreichste Briefsteller-Autor des 17. und 18. Jahrhunderts und Verfasser

---

Sprachpflege. Akten des Regensburger Kolloquiums, Oktober 1996. Tübingen, 28-32.

6 Greule, Albrecht (1992): Sprachpflege, Sprachkultur, Sprachkritik. In: Ágel, Vilmos/Hessky, Regina [Hrsg.]: Offene Fragen - offene Antworten in der Sprachgermanistik. Tübingen, 173 f.

7 Voßkamp, Wilhelm (1984): Christian Friedrich Hunold (Menantes). In: Steinhagen, Harald/von Wiese, Benno [Hrsg.]: Deutsche Dichter des 17. Jahrhunderts. Ihr Leben und Werk. Berlin, 852-870.

stil- und gesellschaftspädagogischer Schriften in hohen Auflagen,[8] eine herausragende Stellung ein. Da sich Hunolds Hoffnung auf eine Sekretariats-Stelle am Weißenfelser Hof nicht erfüllt, reist er 1705 nach Hamburg. Dort schlägt er sich als Schreiber für einen Winkeladvokaten durch und erzielt Erfolge mit seinem ersten Roman „Die Verliebte und Galante Welt". Durch den Verleger Liebernickel ermuntert, lebt er fortan als „freier Schriftsteller", hält aber auch Vorlesungen über Stilprobleme, Rhetorik und Poesie ab. Nach einem Skandal, den sein „Satyrischer Roman" 1706 auslöst, verläßt Hunold fluchtartig Hamburg und kehrt nach Wandersleben zurück. Schließlich erhält er in Halle die Erlaubnis, Vorlesungen unter anderem über Rhetorik, Poesie und Stilprobleme zu halten. Er beschäftigt sich mit literaturtheoretischen Werken und arbeitet bis zu seinem Tod an einem unvollendet gebliebenen „Oratorisch-Epistologisch-Poetischen Lexicon". Während die literarischen Werke vornehmlich in Hamburg entstanden, gehören die Poetiken, Brieftheorien und Anleitungsbücher hauptsächlich der Zeit in Halle an.

Der Sprachpfleger Hunold wird uns direkt faßbar in einer Reihe von Sprachratgebern, die, wie aus den erstaunlichen Auflagenzahlen hervorgeht, auf große Nachfrage bei den Konsumenten gestoßen sein müssen.[9] In der neueren Forschung wird den Sprachratgebern als einer eigenen „Buchsorte" unter dem Aspekt der (massen)medialen Sprachkultivierung vermehrt Aufmerksamkeit geschenkt.[10] Dabei geht man von der Rahmendefinition aus, daß es sich bei einem Sprachratgeber um ein Buch handelt, in dem Ratschläge zum Gebrauch der Muttersprache gegeben werden bzw. in dem zum Gebrauch der Muttersprache angeleitet wird. Die Definition berücksichtigt auch die Tatsache, daß es derartige Anleitungen in Buchform bereits seit Mitte des 15. Jahrhunderts gibt; sie sind also nicht etwa eine Erfindung der Zeit Hunolds, wenngleich sie im 17. und 18. Jahrhundert eine erste Blüte erleben. Gemäß der Definition muß sich in einem Sprachratgeber die Funktion der Anweisung einer Sprache unter spezifischen Kommunikationsbedingungen in einer bestimmten sprachlichen Form manifestieren; ich nenne

---

8 Nickisch, Reinhard M. G. (1969): Die Stilprinzipien in den deutschen Briefstellern des 17. und 18. Jahrhunderts. Mit einer Bibliographie zur Briefschreiblehre (1474-1800). Göttingen (Palaestra, 254), 115.

9 Beetz, Manfred (1990): Frühmoderne Höflichkeit. Komplimentierkunst und Gesellschaftsrituale im altdeutschen Sprachraum. Stuttgart, 106 f., hält die Auflagenzahlen populärer deutschsprachiger Komplimentier- und Anstandsbücher im 17./18. Jahrhundert fest. Für Ch. F. Hunold gibt er folgende Zahlen an: „Die allerneueste Art höfflich und galant zu schreiben": zwischen 1702 und 1755 19 Auflagen; „Die beste Manier in honnéter Conversation": zwischen 1707 und 1742 zehn Auflagen; „Die Manier höflich und wohl zu reden": zwischen 1710 und 1752 sieben Auflagen; „Einleitung zur teutschen Oratorie und Brief=Verfassung": zwischen 1709 und 1726 drei Auflagen.

10 Vgl. Greule, Albrecht (1997): Die „Buchsorte" Sprachratgeber. Definition, Subsorten, Forschungsaufgaben. In: Simmler, Franz [Hrsg.]: Textsorten und Textsortentraditionen. Bern u. a., 239-269.

sie „laienlinguistische Anweisung". Wie Ch. F. Hunold dieser Anforderung gerecht wird, ist das Thema des nächsten Kapitels.

Als die Hauptwerke unter den sprachratgebenden Schriften Hunolds können die folgenden gelten:[11]

1. Die Allerneueste Art Höflich und Galant zu Schreiben / Oder Auserlesene Briefe in allen vorfallenden / auch curieusen Angelegenheiten / nützlich zu gebrauchen / Nebst einem zulänglichen Titular- und Wörter-Buch. Hamburg 1702.[12]

2. Die beste Manier in Honnêter Conversation sich Höflich und Behutsam aufzuführen und in Kluger Conduite zu Leben. Aus recht schönen Frantzösischen Maximen und eigene Einfällen verfertiget. Hamburg 1707.

3. Einleitung zur Teutschen Oratorie und Brief-Verfassung. Halle und Leipzig 1709.

4. Die Manier Höflich und wohl zu Reden und zu Leben / Mit hohen / vornehmen Personen / seines gleichen und Frauenzimmer / Als auch / Wie das Frauenzimmer eine geschickte Aufführung gegen uns gebrauchen könne. Hamburg 1710.

Die Hauptwerke lassen sich relativ eindeutig den bekannten Sprachratgeberkategorien zuordnen.

Das sprachpflegerische Erstlingswerk Hunolds „Die allerneueste Art höflich und galant zu schreiben" (Nr. 1) ist nicht von ungefähr ein Briefsteller. Briefe zu schreiben - zur stilistischen und gesellschaftlichen Schulung, zur Unterhaltung, zum Vergnügen, aus Klatschsucht - war große Mode.[13] Der Brieflehre Hunolds gerecht zu werden versucht R. M. G. Nickisch.[14] Sein Urteil gipfelt in der Aussage: „(...) daß Hunold-Menantes als erster deutscher Brieflehrer das Natürliche als Stilwert mit in das Zentrum seiner theoretischen Überlegungen zum Briefstil rückt, muß nachgerade als eine bahnbrechende Leistung gewürdigt werden."

Die „Einleitung zur Teutschen Oratorie" (Nr. 3), „Die beste Manier ..." (Nr. 2) und „Die Manier Höflich und wohl zu Reden ..." (Nr. 4) vertreten jeweils die Sprachratgeber-Genera „Redelehre" (Nr. 3), „Gesprächsbuch" (oder „Konversationslehre") (Nr. 2) und „Komplimentierbuch" (Nr. 4).

Eine „Dichtkunst" als Werk sehr spezifischer Sprachratgebung hat Hunold trotz des folgenden Titels nicht verfaßt:

---

[11] Vgl. Dünnhaupt, Gerhard (1991): Personalbibliographien zu den Drucken des Barock. III. Teil. Stuttgart, 2184-2213.

[12] Werkbeschreibung in: Brekle u. a. (1996), 375 f.

[13] Wendland (1930), 156 ff.

[14] Nickisch (1969), 131-136.

5. Die Allerneueste Art / Zur Reinen und Galanten Poesie zu gelangen. Allen Edlen und dieser Wissenschafft geneigten Gemüthern / Zum Vollkommenen Unterricht / Mit überaus deutlichen Regeln / und angenehmen Exempeln ans Licht gestellet / Von Menantes. Hamburg 1707.

Von Menantes alias Ch. F. Hunold stammt lediglich die umfangreiche Vorrede; der Autor der Poetik selbst ist Erdmann Neumeister.[15]

Zu der in Sprachratgebern faßbaren „direkten" Sprachpflege kommen Werke Hunolds hinzu, die ich als „indirekte Sprachpflege" bezeichnen möchte. Es handelt sich um die Briefsammlungen, Übersetzungen und die literarische Produktion, in denen der Sprachpfleger nicht direkt zum Gebrauch der Sprache unter spezifischen Kommunikationsbedingungen anleitet, sondern durch eigene Umsetzung des in den Sprachratgebern Gelehrten vorbildhaft wirken will. Hunold befindet sich damit in einer durch die Sprachgesellschaften des Barock geschaffenen Tradition der deutschen Sprachpflege.

Die geistige Grundlage, aus der die Sprachpflege Hunolds erwächst, ist von Wilhelm Voßkamp bereits deutlich herausgearbeitet worden. Die sprachpflegerischen Schriften sind wie die literarischen Werke nach Voßkamp bestimmt durch das Stil- und Verhaltensideal des Galanten, das die innerweltlichen Maximen der Lebenskunst und Weltklugheit betont. Es ist vom Hof und von höfischen Spielregeln gelungener Konversation abgeleitet, ist darauf aber nicht mehr beschränkt, sondern bildet ein ständeübergreifendes, Höfisches und Bürgerliches verbindendes Ideal. In den sprachberatenden Anleitungen steht die Explikation und Ausdeutung des galanten Lebens- und Verhaltensideals im Vordergrund. Geradezu als Kommunikationsmaxime kann das situationsadäquate Verhalten zur Wahrung und Wahrnehmung des eigenen Vorteils interpretiert werden. Die Adressatengruppe, die Hunold dabei vornehmlich im Auge hat, sind die arbeitenden, reichen bürgerlichen Schichten in den großen Handelsstädten, die sich durch vorhandene oder angestrebte Verbindungen zu den Höfen auszeichnen.[16]

3. Die laienlinguistische Anweisung bei Hunold

Eine Würdigung Ch. F. Hunolds als Sprachpfleger aufgrund seines gesamten Werkes, die auch die verschiedenen Auflagen einbeziehen müßte, ist im Rahmen dieses Beitrags nicht möglich und muß einer späteren, umfangreicheren Studie vorbehalten bleiben; fürs erste kann auf Ulrich Wendlands Buch[17] zurückgegriffen werden. Ich konzentriere mich in diesem Kapitel auf das, was die Buchsorte Sprachratgeber ausmacht, nämlich auf die „laienlinguistische Anweisung", um ausschnittsweise zu zeigen, wie Hunold als

---

15 Voßkamp (1984), 866.

16 Voßkamp (1984), 855 f. und 864 f.

17 Wendland (1930).

Sprachpfleger hier vorgeht. In seinem Erstlingswerk als Sprachberater, in der „Allerneuesten Art Höflich und Galant zu Schreiben ..." (s. o. Nr. 1),[18] breitet er auf 638 Seiten eine Musterbriefsammlung mit 17 „Abtheilungen", das heißt Briefkategorien, aus, vom Empfehlungsbrief bis zum Gerichtsschreiben. Im „Vorbericht" betont er, daß der „Überfluß der Brief-Muster" keinen Verdruß erwecken dürfe und daß man „den Appetit eines Lehr-Begierigen" in aller Kürze auch durch Lehrsätze, ohne deren „Beyhülffe mancher niemals eine geschickte Feder führen lernet", vergnügen müsse.[19]

Die Regelsammlung im „Vorbericht" beschränkt sich folglich auf 30 Seiten mit 35 Paragraphen, von denen sich die Paragraphen 15 bis 34 auf das Briefschreiben direkt beziehen, die Paragraphen 2 bis 7 sich mit den Anredepronomina und die Paragraphen 8 bis 14 sich mit der Interpunktion befassen; Paragraph 1 tadelt die Dativ-Akkusativ-Verwechslung. Durch eine Analyse der „laienlinguistischen Anweisung" in diesem Text (die Musterbriefsammlung kommt ganz ohne Anweisungen aus) kann auch gezeigt werden, wie Hunold seinem Anspruch, daß der „Lehr-Begierige" selbst bei der Lektüre des „Regelwerkes" vergnügt werden soll, erfüllt. Der moderne Leser eines Sprachratgebers wird die Anweisung etwa in der folgenden Art erwarten: „Die Rede durch Niederschrift disziplinieren – aber für die Ohren schreiben: Das ist das Rezept."[20] Nicht so Hunold. In den 35 Regeln im Vorbericht seines Briefstellers entfaltet er eine Palette mit feinst abgestuften Formulierungen der Anweisung; der direkte Aufforderungssprechakt „Sprich so!" oder „Schreib so!" ist allerdings nicht darunter.

Den positiv formulierten Anweisungsumschreibungen stehen zunächst einige Fälle gegenüber, in denen Hunold auf das antibarbarische Prinzip (belehren durch Benennen von Verstößen) zurückgreift.[21] Ganz deutlich ist dies etwa im Paragraphen 1 (S. 2): „allein die vielen Fehler / welche auch eingebildete Thiere in öffentlichen Schrifften hierinnen (erg.: in syntaxi) begehn / werden mein Unterfangen (...) rechtfertigen. Denn wer lieset in Briefen nicht so wol / als man in der Conversation zum öfftern hören muß / daß sie den Accusativum vor dem Dativo brauchen / und hergegen auch umgekehret fehlen? Es ist nichts gemeiners / als dieses." Hierzu rechne ich auch die Formulierung „Man hüte sich / eine Redensart zweymal zu gebrauchen" mit anschließenden Negativbeispielen (§ 33, S. 29f.).

Relativ deutlich sind die positiven Anweisungen mit dem Modalverb *muß* + Passiv, z. B. „Endlich müssen die Titul wohl beachtet werden" (§ 34, S. 30); ähnlich streng, aber nur einmal wird *ist zu* + Infinitiv gebraucht, z. B. „denn fürnehmlich *ist* hierinnen *zu beobachten* / an wen man schreibet" (§ 31,

---

18 Ich benutze die vierte Auflage, Hamburg 1710, als Textgrundlage.

19 Unter Paragraph 24, S. 26, heißt es dazu: „und ein Liebhaber eines geschickten Styli wird den größten Nutzen aus den Brief-Mustern ziehen / wenn er selbige fleißig lieset / ohne daß man ihn mit allzuviel Regeln überhäuffet."

20 Schneider, Wolf (1996): Deutsch für Kenner. Die neue Stilkunde. München, 137.

21 Zum antibarbarischen Prinzip vgl. Greule (1997), 241 f.

S. 29). Auf die gleiche Stufe kann man die ebenfalls nur ein Mal verwendete Formulierung stellen: „so *ist* zuweilen absonderlich *nöthig* / daß ich für dem Vortrag oder Antecedens eine geschickte Insinuation mache" (§ 19, S. 20). Weniger verbindlich wirken Formulierungen mit dem Modalverb *kann*: „Allein dasjenige (erg.: französische Wort) / was bey uns naturalisiret ist / und so zu sagen / das Bürger-Recht erlanget hat / *kan* gar wohl und sonderlich bey Hofe angewendet werden" (§ 31, S. 29). Am häufigsten verwendet Hunold ein konditionales Gefüge, dessen Hauptsatz die eigentliche Anweisung enthält, die auch hier variabel formuliert ist, z. B. mit dem Konjunktiv „Wo wir nicht vertraut leben / da *brauche* man aus anständiger Höflichkeit: *Sie/Dero/Ihnen* / und *rede* eine Person allezeit in Plurali an" (§ 3, S. 4), „Doch er *hätte* schlimmers Urtheil vermeiden können / wenn er gesaget (...)" (§ 4, S. 4), mit Modalverb „Wenn man nun mit *Sie/Dero/Ihrer/Ihnen* / und also in Plurali anfänget / so *muß* man auch in dem gantzen Briefe so fortfahren" (§ 5, S. 5).

Hunold meidet darüber hinaus bei der Formulierung der Anweisung den erwartbaren direktiven Sprechakt und formuliert mit Vorliebe deklarativ, was dann zu einem indirekten Sprechakt führt, z. B. „Ein Visit-Schreiben wird insgesamt also eingetheilet." (§ 23, S. 24). Zu unterscheiden ist hier die allgemeine *man*-Formulierung, z. B. „man verspricht / dessen Patrocinium mit schuldigster Observanz zu ehren" (§ 25, S. 26), von der *ich*-Formulierung, z. B. „Hernach sehe ich auf den fernern Zierrath einer geschickten Feder (...)" (§ 18, S. 20). Die Beliebtheit des konditionalen Gefüges zeigt sich auch hier, wenn Hunold den Hauptsatz, der die Anleitung – indirekt – enthält, als Feststellung formuliert, z. B. „gesetzt: es hat mir ein Patron viel Wohltaten erwiesen / so heißt der Vortrag / oder das Antecedens (...)" (§ 15, S. 16 f.). Der Hauptsatz enthält eine *ich*-Formulierung, z. B. „Werden eines andern seine Worte angeführet: so bediene ich mich für solchen eines Colons" (§ 12, S. 14), oder eine *man*-Formulierung, z. B. „Wenn allerhand Ursachen / die die Continuationen eines Periodi betreffen / nach einander gesetzt werden / so bedienet man sich zu deren Unterscheidung eines Colons." (§ 14, S. 16).

Es ist klar geworden, wie Hunold sein Ziel erreicht, den Lehrbegierigen bei der Lektüre des Regelwerks zu vergnügen, damit der Autor nicht in den Geruch von „Reliquien von Schul-Füchsereyen" (S. 2) gerate: Er hat nicht nur eine Fülle von direkten und indirekten, positiven und negativen Formulierungen der laienlinguistischen Anweisung parat,[22] sondern er versteht diese auch, ohne den direkten direktiven Sprechakt zu verwenden, zu mischen, um ja nicht etwa durch Gleichförmigkeit zu langweilen.

---

[22] Darunter auch den Vergleich: „Wer aber mit eitel Tavtologien und einerley bedeutenden Wörtern auffgezogen kommet / wird sich so wenig den Beyfall erwerben / als wenn einer im Sommer drey oder vier Ober-Kleider träget / und dadurch den Leuten zeigen will / daß er einen schönen Vorrath von Lieberey oder Narren-Decken habe" (§ 28, S. 27).

4. „Galante" Sprachpflege?

Auch als Sprachpfleger steht Ch. F. Hunold nicht vereinzelt da; er gehört in den Kontext der „Galanten", als deren führende Köpfe - außer Hunold - August Bohse, Benjamin Neukirch, Erdmann Neumeister und Johann George Neukirch gezählt werden. Daß die Gruppe der „galanten" Autoren durchaus eine eigene und besondere Periode in der Geschichte der deutschen Sprachkultivierung bildet, hat nach meiner Überzeugung Ulrich Wendland - allerdings nicht mit dieser Zielsetzung - nachgewiesen.[23] Aus seinen Ausführungen kann man leicht - mit neueren Vorstellungen von Sprachpflege im Hintergrund - die Konturen einer zwischen den Sprachgesellschaften des Barock und Gottsched stehenden eigenen Sprachpflegeperiode herausarbeiten. Zwar kanzelt Ulrich Wendland „die Galanten" zumeist ab (Hunold wird zum Beispiel der „Oberflächlichkeit" bezichtigt);[24] aber zu Unrecht, wie ich meine. Man wird bei der Lektüre seiner Ausführungen den Eindruck nicht los, daß „den Galanten" eher gerecht wird, wer sie als „Sprachmeister" oder als „Sprachpfleger" und erst in zweiter Linie als Dichter und Poeten würdigt.

Geradezu moderne Positionen der Sprachkultivierung referiert Ulrich Wendland, wenn er die Tendenzen der „Galanten" zusammenfaßt: „Höher als die Höflichkeit (...) steht ihnen (...) die sichere sprachliche Gewandtheit, der bieg- und schmiegsame, allen Lebenslagen gerecht werdende Stil. Die freie Verfügung über die sprachlichen Ausdrucksmittel kommt ja der Beherrschung der Gesellschaft fast gleich, das Anpassungsvermögen in Rede und Schrift gibt ja die Mittel in die Hand, Einfluß zu gewinnen, Aufmerksamkeit zu erregen und sich eine angenehme Position zu schaffen."[25] Im Einklang mit diesen Tendenzen steht das Engagement der „Galanten" für die deutsche Sprache: Sie wollen das Bewußtsein für „Wert und Schönheit der deutschen Sprache erwecken",[26] die Jugend soll zuerst und gründlich in der Muttersprache unterwiesen werden[27] - und dies, obwohl die Franzosen und ihre Schriften die Lehrmeister des Galanten waren.

Es eröffnen sich bei dieser Grundposition für die „Galanten" allerdings mehrere Dilemmata, die zu überwinden sie nicht die Kraft hatten. Es ist einmal das Dilemma, das sich aus Theorie und eigener Praxis, aus Anspruch und Verwirklichung ergibt. Ausführlich führt es Ulrich Wendland am Fall der Fremdwortfrage vor Augen.[28] Die „Galanten" sind sich, selbst noch ganz in der Zeit der Fremdwörterüberflutung aufgewachsen, bewußt, daß die deutsche Sprache in ihrer Existenz bedroht ist, wenn keine Abhilfe geschaffen wird. Damit sind sie durchaus der in den Sprachgesellschaften des 17.

---

23 Wendland (1930).
24 Wendland (1930), 74.
25 Wendland (1930), 180.
26 Wendland (1930), 83.
27 Belegstellen Wendland (1930), 84-86.
28 Wendland (1930), 86-99.

Jahrhunderts geübten Sprachpflege vergleichbar. Jedoch lehnen sie die deutschtümelnde Verdeutschung, besonders die eines Philipp von Zesen, ab, stehen dann aber unter dem Zwang zu sagen, welche Fremdwörter wann verwendet werden dürfen. Obwohl Ulrich Wendland den „Galanten" eine zu schwächlichen Kompromissen neigende, zu einer klaren richtunggebenden Lösung unfähige Haltung vorwirft,[29] sind die von ihm zusammenfassend referierten Gründe für die Verwendung von Fremdwörtern (deren Gebrauch an Höfen und in der Gesellschaft, Wahrung der Verständlichkeit und Deutlichkeit der geschriebenen und gesprochenen Sprache, maßvolle und korrekte Anwendung, keine puristischen Lehnübersetzungen)[30] bei unvoreingenommener Sicht der Dinge akzeptabel und respektabel. In der Praxis hielten es die „Galanten", bei denen es wimmelt von Fremdwörtern, jedoch anders als in ihrer Theorie.

Vor einem anderen Dilemma stehen die „Galanten" bei dem Problem einer einheitlichen deutschen Schriftsprache. Bei allem Stolz auf die Muttersprache wissen sie doch um den verglichen mit anderen europäischen Sprachen eher kläglichen Zustand der eigenen Muttersprache. Dennoch finden sie keine Lösung dieses brennenden Problems, wie Ulrich Wendland durch verschiedene Äußerungen der „Galanten" nachweist.[31] Immerhin „dürfen wir doch ohne Überschätzung den meisten Gal. das Zeugnis wackerer (wenn auch mehr instinktiver als bewußter) Mitarbeit an dem so dringlichen Einigungswerk der neuhochdeutschen Schriftsprache ausstellen (...)".[32] Wie hätten die „Galanten" - so könnte man entgegenhalten - auch eine Regelung der Schriftsprache herbeiführen und durchsetzen können - ausgerechnet sie, denen eine „beinah komisch anmutende Erbitterung gegen die Grammatik" nachgewiesen werden kann?[33]

Unbestritten ist der Stil die Domäne und die Richtigkeit des Stils, verstanden als „Polierung der Sprache", das Ziel der „galanten" Sprachpflege. Nicht von ungefähr widmet Wendland dem Thema „Die Galanten als Stilistische Theoretiker und Lehrer" nahezu die Hälfte seines Buches.[34] Sprachgeschichtlich ist dabei wichtig, daß stilistische Lehren der „Galanten" bis heute nachwirken, auch wenn sie noch keine textsortenspezifische Differenzierung vornehmen. So geht das Stilgebot, das *Ich* nicht an den Briefbeginn zu setzen, auf die „Verhöflichung der Sprache" durch die galanten Stiltheoretiker

---

29 Wendland (1930), 87.

30 Wendland (1930), 96.

31 Wendland (1930), 73-79.

32 Wendland (1930), 80.

33 So Wendland (1930), 101. Wendland belegt das gebrochene Verhältnis der „Galanten" zur Grammatik durch zahlreiche Zitate auf den Seiten 100 bis 130 seines Buches, wobei er nicht wenig Raum erneut darauf verwendet nachzuweisen, daß die „Galanten" oft gegen die von ihnen selbst aufgestellten grammatischen Regeln verstoßen.

34 Wendland (1930), 131-231.

zurück; sie ziehen es überhaupt vor, *meine Wenigkeit* anstelle von *ich* zu sagen oder *ich* ganz wegzulassen. Eine andere „Verhöflichung der Sprache" durch die „Galanten" hat sich durchgesetzt und bis heute gehalten, nämlich das Anredepronomen in der 3. Person Plural (*Sie* usw.). Auch das bekannte Stilgebot, die zwei- oder gar mehrmalige Anwendung des gleichen Wortes in einem Satz oder Textzusammenhang zu vermeiden, findet sich bei fast allen „galanten" Stillehrern.[35]

Es ist also durchaus erlaubt, ja geboten, von einer „galanten Sprachpflege" zu sprechen, von einer Periode deutscher Sprachpflege am Übergang von Barock und Aufklärung, deren Domäne die Stilpflege mit Auswirkungen bis heute war. Ihre Vertreter stehen der Sprachpflege des Barock und der Sprachgesellschaften kritisch gegenüber. Das zeigt sich besonders in ihrer ablehnenden Haltung gegen die Fremdwortverdeutschung. Ulrich Wendland kommt zu dem Schluß, daß sie die unmittelbaren Vorläufer und Wegbereiter des großen aufklärerischen Sprachordners Gottsched sind, ohne daß sie das Formenmaterial des Barock aufgegeben hätten.[36] Die Kraft, eine allgemein anerkannte Regelung der Schriftsprache herbeizuführen, hatten sie bei aller Wertschätzung der deutschen Muttersprache und trotz aller Propaganda für ihre Pflege schon in der Schule allerdings nicht. Dem standen auch ihre Abneigung gegen die Grammatik und „Schulfüchserey" entgegen.

Gratulation

Nach den vorausgehenden Überlegungen kann ich Hans Joachim Kreutzer nicht anders als - mutatis mutandis - mit den Worten Ch. F. Hunolds zum Geburtstag zu gratulieren. Er würde das Geburtstagsgratulations-Compliment etwa so formuliert haben:[37]

Der Hochgeehrte Herr Collega werde erlauben / daß an dem Vergnügen / so Derselbe durch dero Gebuhrts-Tag erlebet / auch ein unterthäniger Diener in geziemendem Respect mit Theil nimmt / und zu denen vielen Gratulationen seinen ergebensten Glückwunsch beyleget; der Himmel wolle Denselben bis auf späte Zeiten zu vieler unterthänigen Studenten Trost in hohem Wohlwesen erhalten. So werde mir denn absonderlich gratulieren / wenn ferner das hohe Glück geniesen kann / in dero vornehmen Wohlwollen zu stehen, in welches mich in schuldigster Submission recommendire.

---

35 Vgl. zu allen drei Erscheinungen Wendland (1930), 168, 173 ff., 217.

36 Wendland (1930), 165 und 234.

37 Vgl. Menantes (1710): Die Manier Höflich und wohl zu Reden und zu Leben ..., Hamburg, 179 f.

Sprachkultur der Sakralsprache: historisch

Über den Erkenntniswert der Etymologie religiöser Begriffe: nhd. *weih*

1. St. Galler Paternoster

Die Problematik, die sich für das Theolexem[1] nhd. *weih* in sprachgeschichtlich-etymologischer Sicht ergibt, möchte ich einleitend am Vaterunser verdeutlichen. Den Sprechern der deutschen Sprache der Gegenwart ist das Lexem *weih* durchaus präsent in Wörtern wie *Weih-nachten*, *Weih-rauch* und anderen theolektalen Komposita – und im Verbum *weihen* ‚durch Weihe heiligen' (Duden 2001, 1791 f.; Grimm 1955, 14. Band, 1. Abteilung, 1. Teil, Sp. 666-686). Dem Namenkundler ist das Lexem *weih* darüber hinaus geläufig aus dem Markennamen *Weihenstephan*, der eigentlich ein bayerischer Ortsname ist und neben sich andere Ortsnamen hat wie *Weihenlinden*, *Weihenbronn*, *Weihenzell*, *Weihmannsried* (bei Gotteszell, Deggendorf), *Weihmichl*, *Weihmörting*, *Weihprechting*. Es ist leicht zu erkennen, dass diese *weih*-Namen im Süden Deutschlands (vor allem in Bayern) verbreitet sind und dass *Weihenstephan* nichts anderes bedeutet als *sanctus Stefanus*, *heiliger Stefan*.

Im Vaterunser taucht das Lexem *weih* aber gar nicht auf – wird man einwerfen. Anders ist das, wenn wir uns die ersten deutschen Übersetzungen dieses Gebets anschauen. Die älteste Übersetzung, das St. Galler Paternoster vom Ende des 8. Jahrhunderts, die möglicherweise in Regensburg entstand, bietet für die Bitte *sanctificetur nomen tuum* nämlich den althochdeutschen Satz *uuihi namun dinan*, was zwar übersetzt wird mit ‚weihe deinen Namen', aber zu viel Diskussion Anlass gab. Zum Beispiel verweist Horst Dieter Schlosser (2004, 32 f.) auf die scheinbar fehlerhafte Übersetzung (nicht als Konjunktiv Präsens Passiv wie im Latein), die aber an Joh 12,28 (*Vater, verherrliche deinen Namen*) angelehnt sei. Da auch die nächstältesten Übersetzungen (Freisinger und Weißenburger Paternoster) das Lexem *uuîhi-* ‚heiligen' aufweisen – allerdings mit dem Versuch, das Passiv wiederzugeben (*kauuihit si*, *giuuihit si*) – ist die Frage erlaubt, wie das Lexem *weih(en)*, ahd. *uuîhi-* in das Vaterunser kommt – wo wir doch heute und schon in der althochdeutschen Übersetzung der Evangelienharmonie des Tatian an der gleichen Stelle das Verb *heiligen* bzw. ahd. *heilagon* vorfinden. Ich will dazu die Vermutung äußern, dass die oberdeutschen Vaterunser-Übersetzungen unter dem Einfluss der einige Jahrhunderte zuvor entstandenen Bibelübersetzung des Gotenbischofs Wulfila standen (Eggers 1963, 152). Im gotischen Vaterunser lesen wir an der Stelle: *weihnai namo þein*, d. h. genau übersetzt ‚heilig werde dein Name'. Allerdings hatte Wulfila das inchohative Verbum *weihnan* ‚heilig werden' zur Verfügung, während die althochdeutschen

[1] Mit „Theolexem" werden Lexeme kategorisiert, die vorwiegend in der Kommunikation über/mit Gott vorkommen und diese charakterisieren.

Übersetzer vom selben Lexem nur das kausative Verb *uuīhen* ‚heilig machen' kannten. (Anderen, nämlich iro-schottischen Einflüssen ist die Übersetzungstradition ausgesetzt, die nicht *weih* oder *uuīhi* anstelle von lat. *sanctus* sagt und schreibt, sondern *heilig/heilag*.)

2. Zwei Arten von Etymologie

Etymologen suchen nach den Anfängen eines Wortes in einer Sprache, wobei nicht klar ist, wo der Anfang liegt. Im Falle des Theolexems *weih* ist die Frage nach dem etymologischen Anfang relativ kompliziert; sie führt nämlich zugleich zu den Anfängen der deutschen Sakralsprache.

Dies ist aber nur die eine Seite der Medaille. Denn Etymologie hat zwei Seiten: eine vorwissenschaftliche, die auch gerne als „Volksetymologie" oder „Gelehrtenetymologie" bezeichnet wird, und die wissenschaftliche, die die Ergebnisse der historischen Sprachwissenschaft berücksichtigen muss.

Der Unterschied lässt sich gut an einer Anfrage an die Sprachberatungsstelle der Gesellschaft für deutsche Sprache (Wiesbaden) verdeutlichen.[2] Die Anfrage lautete: „Bei einem Kolloquium in unserer Kirchengemeinde tauchte die Frage auf, woher das Wort *Gott* komme. Da erinnerte ich mich meines Religionslehrers (...), der sagte, *Gott* komme von *gut*. Man war mir dankbar für diese weise Auskunft. Hinterher aber kamen mir Zweifel. Können Sie diese bestätigen oder zerstreuen?"

Ich zitiere noch den Anfang der Antwort des Sprachwissenschaftlers auf diese Anfrage: „Es ist natürlich sehr verlockend, die Wörter *Gott* und *gut* ihrer Herkunft nach in Verbindung zu bringen. Das scheint vom Klang her (...) nahezuliegen. Und es scheint so, als ob die Theologie (...) eine solche Verwandtschaft auch vom Denkinhalt her stützt: Gott gilt als das höchste Gut, als Summum bonum".

Das dann folgende „Aber" in der Antwort ist die wissenschaftliche Auskunft zur „wahren" Etymologie des Wortes *Gott*. Ich werde sie gleich ausführen; zuvor aber noch einige Schlussfolgerungen aus der Anfrage an die Sprachberatung. Erstens: Es gibt so etwas wie eine curiosité étymologique, eine menschliche Neugierde, die etwas über den Ursprung der Wörter zu wissen versucht, die nach dem Woher fragt. Zweitens: Laien - dazu gehören in diesem Falle auch die Theologen -, die die Wandlungsprozesse, die die Wörter im Verlauf ihrer Geschichte durchmachen, nicht kennen können, weichen auf mehr oder minder plausible und fantasievolle „Erklärungen" aus. Auch Karl Valentins Sketch von den „Semmelnknödeln", der die Sprachlogik infrage stellt, gehört dazu. Im Falle des Wortes *Gott* stehen trotz der semantischen Plausibilität die Lautgesetze im Weg: Das /u/ von *gut* ist lang und geht auf mhd. *guot* zurück, während das /o/ in *Gott* kurz ist und auf einem germanischen Wort **gudan* beruht. Drittens ist die Enttäuschung

[2] Sprachdienst 29 (1985), 148 f.

bei den „interessierten Laien" meist groß, wenn der Fachmann die schöne Laienetymologie als falsch erklärt und die „wahre" Etymologie vorträgt.

Jetzt können wir uns fragen, welche Erkenntnis z. B. die wissenschaftliche Etymologie von *Gott* dem theologisch Interessierten vermittelt und wie groß der Erkenntniswert und die Aussagekraft im Vergleich zu der Zufallsetymologie für ihn ist, die da verkündet: Gott kommt von gut, denn er ist das Summum bonum. Zunächst müssen wir zur Kenntnis nehmen, dass das germanische Wort **gudan*, auf dem das deutsche, englische usw. Wort für Gott zurückgeht, ein Neutrum ist, also ursprünglich ein Ding, vielleicht ein Bild, bezeichnete. Zum Maskulinum wurde das Wort durch einen vermutlich metonymischen Bedeutungswandel, durch den das Wort vom Götterbild auf einen Gott selbst übertragen wurde. Es ist ganz erstaunlich, dass die Erforscher des Indogermanischen, zu welcher Sprachfamilie auch die germanischen Sprachen gehören, germanisch **gudan* sowohl mit altindisch *hutám* mit der Bedeutung ‚das Geopferte' gleichsetzen, als auch mit griechisch *chytón* ‚das Gegossene'. Daraus ist etymologisch zu schließen, dass das Wort *Gott* ein Neutrum des Partizips Perfekt Passiv war, wenn man es auf seine indogermanischen Ursprünge zurückführt (vgl. Kluge 2002). Ich nenne so etwas - ketzerisch - eine „Weiter-zurück-geht-es-nicht-Etymologie".

Fassen wir kurz zusammen: Es gibt zwei Antworten auf die Frage nach dem Woher der Wörter: eine sprachwissenschaftlich begründete und eine assoziative. Die assoziative Etymologie hat allerdings die philosophische Schule der Stoa, ja sogar Platon, auf ihrer Seite. Die Stoiker wollten das „Etymon", das Wahre, aus den Wörtern herauslesen. Platon sagt beispielsweise: Der Name des Meeresgottes Poseidon komme daher, dass das Meer seinen (Poseidons) Füßen Fesseln anlegt: griechisch *posi-desmos* „den Füßen eine Fessel" (Sanders 1967). Doch ist die assoziative Etymologie in unserem Zusammenhang wohl nur geistesgeschichtlich von Interesse. Ich will daher weiter der Frage nachgehen, welchen Erkenntniswert die wissenschaftliche Etymologie für uns hat.

3. Etymologie von *weih*

Zum Lexem *weih* geben uns die etymologischen Wörterbücher den Hinweis auf ein germanisches Adjektiv **weiha-*, got. *weihs*, mit der Bedeutung ‚heilig, geweiht, numinos', das im Altsächsischen und Altisländischen die Bedeutung ‚Tempel' und im Altenglischen die Bedeutung ‚Götterbild' annahm. Das heißt: Das Adjektiv **weiha-* war aus der Sicht christlicher Missionare mit der Numinosität heidnischer Götter verbunden, die noch durch die Existenz eines germanischen Verbs (gotisch) *weihan* ‚kämpfen' verstärkt wurde. Es ist daher umso erstaunlicher, dass dieses „heidnische" Lexem überhaupt bei der Herausbildung der deutschen christlichen Sakralsprache eine Rolle spielen konnte - welche Rolle, werden wir gleich sehen. Aber zurück zur „wahren" Etymologe von *weih* und *uuîh*! Es wird direkt mit lateinisch *victima*

‚Opfertier' und mit altindisch *vinákti* ‚er siebt, trennt, unterscheidet' (idg. Wurzel **weik-*) in Verbindung gebracht (Rix 2001, 670). Mit anderen Worten: Mit germanisch **weiha-* wurde dasjenige, das für den (religiösen) Dienst an den Göttern separiert worden war, bezeichnet.

Über die zweifellos interessante Erkenntnis hinaus, dass **weiha-* bereits ein Lexem heidnischer theolektaler Kommunikation war, erfahren wir nichts wesentlich Neues. Interessant wird es erst, wenn wir uns der Strecke der Etymologie zuwenden, auf der Missionare den germanischen Sprachstämmen christliche Inhalte vermitteln wollten, also der ersten Wegstrecke der Entstehung einer deutschen christlichen Sakralsprache.

4. Adaptation christlicher Begriffe im Althochdeutschen

Wir wissen aus intensiven Forschungen zum Deutschen des 8. und 9. Jahrhunderts, dass die Übersetzer christlicher Texte in lateinischer Sprache mehrere Strategien anwandten. Sie konnten erstens auf relativ frühe Lehnwörter zurückgreifen. Diese betreffen in erster Linie die Sachkultur (Eggers 1963, 111-134). So geht z. B. die Benennung des Gotteshauses als Kirche (ahd. *kirihha*) auf ein vulgär-griechisch-lateinisches **kirika* (griech. *kyriakón* ‚Haus des Herrn') zurück. Die zweite Strategie der Integration christlicher Begriffe wird in der Forschung „Lehnübersetzung" genannt; es handelt sich um eine Glied-für-Glied-Übersetzung. Sie lässt sich sehr gut an lat. *misericordia*, einem zentralen Begriff der christlichen Ethik, für den es in den germanischen Sprachen keine Entsprechung gab, verdeutlichen. Die Kenner der lateinischen Sprache zerlegten das Wort *misericordia* in die Bestandteile *miser*, *cors* und *-ia* und setzten dafür die germanischen Entsprechungen *arm*, *herz-* und *-î* (> ahd. *armherzî*); später wurde diese Kreation im Deutschen an *Erbarmen* angelehnt und zu *Barmherzigkeit* verdeutlicht (Eggers 1963, 153). Die dritte Strategie ist die der „Lehnbedeutung". Sie besteht darin, einem bereits vorhandenen germanischen Wort eine christliche Bedeutung quasi unterzuschieben. In diese Kategorie gehört, wie eingangs gezeigt, unser althochdeutsches Lexem *uuîh*.

Um sein Schicksal in der deutschen Sprache gerecht beurteilen zu können, müssen wir abschließend noch eine weitere Tatsache in den Blick nehmen. Es handelt sich um die Missionspolitik im Frankenreich.

5. Zwei Missionen im Frankenreich mit unterschiedlichen Folgen für die Sprache

Mindestens zwei unterschiedliche Missionsströme im Reich der Franken (etwa ab dem 7. Jh. n. Chr.) bleiben nicht ohne Einfluss auf die Ausbildung einer deutschen Sakral- und Kirchensprache. Es sind einmal die Mission der Angelsachsen und ihre Auswirkungen auf die Sprache mehr in der Mitte und im Norden Deutschlands und die Auswirkungen der gotisch-arianischen Mission, die im Süden des deutschen Sprachgebiets, besonders in

Baiern, bis in den Namenschatz hinein, deutliche Spuren hinterlässt. Sehr deutlich wird die Zweiheit an der Übersetzung von *spiritus sanctus*: Die süddeutsche Übersetzung ins Althochdeutsche lautet *uuîh âtum*, eine - wie wir wissen - Formulierung, die sich im Deutschen nicht durchsetzt. Dort setzte sich vielmehr der Übersetzungsversuch *heilag geist* durch, dessen angelsächsische Herkunft wir noch heute an englisch *holy ghost* sehen können.

Das Schicksal, gänzlich zu verschwinden, bleibt dem althochdeutschen-süddeutschen *uuîh* zum Teil erspart. Es ist zunächst, wie wir gesehen haben, die bairische Variante für die Übersetzung von lateinisch *sanctus* und steht bei der Herausbildung einer einheitlichen deutschen Sakralsprache in Konkurrenz zu *heilag/heilig* und blieb angeblich bis ins 19. Jahrhundert in der Form *weich* mundartlich lebendig (Grimm 1955, Band 14, 1. Abteilung, 1. Abschnitt, Sp. 473 f.). Das Lexem konnte sich allerdings in veränderter Gestalt, nämlich als Weiterbildung zum kausativen Verb *weihen* „heilig machen", über die Runden retten. Die Form, in der ich das Theolexem *weih* als Element der heutigen deutschen Sprache bislang geboten habe, ist genau genommen der Stamm des Verbs *weih-en*. Er liegt auch vor in Komposita wie *Weihbischof, Weihwasser* u. a., aber nicht in *Weih-nacht* ‚heilige Nacht' oder *Weih-rauch* ‚heiliger Rauch'.

Die innersprachlichen Gründe für das völlige Verschwinden des selbständigen Adjektivs *weih* oder *weich* sind vielfältig. Erstens musste seit frühneuhochdeutscher Zeit die Homonymie zum Adjektiv *weich* ‚nicht hart' (in *Weich-spüler* usw., ahd. *weih*) und zu *Weich-* in *Weichbild* (mhd. *wîchbilde*) vermieden werden. Zweitens haftete an ahd. *wîh* wohl noch die heidnische Konnotation. Drittens stand der Konkurrent *heilag/heilig* in deutlichem Zusammenhang mit anderen christlichen Wertbegriffen wie *Heiland* und *heil/Heil*, eine Wortfamilie, die *weih* fehlt.

6. Das Theolexem *weih* heute

Fassen wir zusammen, welche Einsichten wir für die kommunikative Praxis heute gewonnen haben. Das Lexem ist als Regionalismus in der Form *weih* mit der Bedeutung ‚sanctus' in Ortsnamen noch vorhanden; dass die Sprecher/innen darin die Bedeutung ‚sanctus' aber erkennen, darf bezweifelt werden. Gleiches gilt für das blockierte Auftreten von *weih-* ‚heilig' in der standardsprachlichen Festbezeichnung *Weihnachten*. Die anderen Komposita wie *Weihrauch* gehören der kirchlichen Fachsprache an, ebenso das Verbum *weih-en* und das zugehörige Nomen *Weihe*. Sie sind sakral- bzw. kirchensprachliche Technizismen. Man könnte, wenn Sprachgeschichte ein Drama wäre, sagen, dass das germanische Lexem **weiha-* ‚sanctus' von seinem Konkurrenten *heilig* aus der einheitlichen Standardsprache völlig in den Hintergrund gedrängt wurde und dort entweder ohne echten Inhalt erstarrte oder auf den Bereich kirchlicher Fachsprache eingeschränkt wurde, also nur noch eine Nebenrolle spielt.

7. Ergebnisse

Ich möchte - hinsichtlich des Erkenntniswerts, den uns die Befassung mit der Etymologie von Theolexemen vermitteln kann - folgende Schlüsse ziehen:

1. Es gibt zwei Arten von Etymologie.
2. Die sprachwissenschaftliche Etymologie kann uns helfen, die heutigen kommunikativen Konditionen eines Theolexems zu klären.
3. Sprachwissenschaftliche Etymologie erstreckt sich über verschiedene geschichtliche Etappen von unterschiedlichem Aussagewert.
4. Unter den Etappen ist die Periode, in der die christliche Begrifflichkeit in die germanischen Sprachen integriert oder an sie adaptiert wurde, besonders wichtig und interessant. Eine andere wichtige Periode ist z. B. die der Reformationszeit.
5. Um die Entwicklung, das Aufkommen oder Verschwinden eines Theolexems richtig beurteilen zu können, ist auch die Kenntnis der bis auf die Grundsprache zurückgehenden (indogermanischen) Herkunft eines Wortes aussagekräftig.
6. Die assoziative Etymologie lässt subjektiven oder nicht sprachwissenschaftlich begründeten Anspielungen und der Phantasie jeglichen Spielraum. Sie ist nicht an Lautgesetze gebunden und daher für die Sprach- und Wortgeschichte von geringem Wert.

8. Literatur

Dudenredaktion [Hrsg.] (2001): Duden. Deutsches Universalwörterbuch. 4., neu bearbeitete und erweiterte Aufl. Mannheim u. a.

Eggers, Hans (1963): Deutsche Sprachgeschichte I. Das Althochdeutsche. Reinbek bei Hamburg.

Grimm, Jacob und Wilhelm (1955): Deutsches Wörterbuch. Leipzig.

Kluge (2002): Etymologisches Wörterbuch der deutschen Sprache, bearbeitet von Elmar Seebold. 24., durchgesehene und erweiterte Aufl. Berlin/New York.

Rix, Helmut u. a. [Hrsg.] (2001): Lexikon der indogermanischen Verben. Die Wurzeln und ihre Primärstammbildungen. 2., erweiterte und verbesserte Aufl. Wiesbaden.

Sanders, Willy (1967): Grundzüge und Wandlungen der Etymologie. In: Wirkendes Wort 17, 361-384.

Schlosser, Horst Dieter [Hrsg.] (2004): Althochdeutsche Literatur. Mit altniederdeutschen Textbeispielen. Auswahl mit Übertragungen und Kommentar. 2. Aufl. Berlin.

Zwischen Syntax und Textgrammatik: die Parenthese bei Otfrid von Weißenburg

1. Forschungslage

Das Phänomen, um das es mir im folgenden geht, kann kaum trefflicher umschrieben werden als mit den Worten von Siegfried Grosse. Er schreibt in Bezug auf die Parenthese im Mittelhochdeutschen:

> „Sie (die Parenthese) wird in den Grammatiken fast nie ausführlich dargestellt, obwohl es sich um ein interessantes Phänomen handelt. Der Sprechende oder Schreibende unterbricht plötzlich seine in Progression befindliche Rede und schiebt in der Form eines Hauptsatzes, also ohne Konjunktion oder relatives Beziehungswort, eine neue Überlegung ein. Der so in die Unterbrechung eingefügte Gedanke erweitert den linear verlaufenden Informationsfluß um eine parallele Aussage, die den Eindruck von simultan ablaufenden Orientierungen erweckt. Im mündlichen Text kann dies eine Hinwendung zum Dialogpartner sein; in den Erzählungen sind es kommentierende Bemerkungen des Autors, Bewertungen des Geschehens oder Kontaktsignale, die dem Hörer oder Leser gelten." (Grosse 1987, 814)

Diese Beschreibung trifft sowohl für die Parenthese im Neuhochdeutschen als auch für ihre Verwendung im althochdeutschen „Evangelienbuch" des Otfrid von Weißenburg zu. Letztere möchte ich als eine sprachliche Struktur, die sich irgendwo im Schnittpunkt von Syntax, Textgrammatik und Stilistik befindet, in den Blickpunkt rücken und auf die Notwendigkeit ihrer Berücksichtigung bei der Abfassung einer althochdeutschen Gesamtsyntax hinweisen, die der Forschung ja immer noch zur Aufgabe gestellt ist.

Die stiefmütterliche Behandlung der Parenthese in den Grammatiken, die Grosse anspricht, hat ihren Grund wohl auch darin, daß eben nicht so recht klar ist, an welchem Ort sie beschrieben werden soll. Ich muß es mir zwar versagen, einen Forschungsbericht vorzulegen, möchte aber doch auf einige neuere Forschungen zur gegenwartssprachlichen Parenthese zu sprechen kommen, die in der Lage sind, eine präzise Beschreibung der Parenthese bei Otfrid zu erleichtern.

Das Problem der Einordnung der Parenthese wirft unabsichtlich Karl-Ernst Sommerfeldt in einem Aufsatz von 1984 auf. Er beschreibt sie als Mittel der Satzverdichtung und damit als Mittel der Ökonomie, obwohl sie vom „Stammsatz" isoliert sind und obwohl die Stiltheoretiker Riesel und Schendels in der Parenthesenbildung eine Tendenz zur Auflockerung des Satzbaus sehen (Sommerfeldt 1984, 248). – Auf einen Aufsatz von Armin Bassarak von 1987, der die Parenthesen mit einem pragmalinguistischen Ansatz beschreibt, komme ich unten (Kap. 4.3) zu sprechen. – In einer Jenenser Dissertation von 1988 erklärt Gotthard Schreiter die Parenthese nicht als Satztyp, sondern als Vertextungstyp: Die parenthetische Struktur ist eine besondere Form des Textemverbandes; die beteiligten Texteme sind nicht linear angeordnet, sondern ineinander verschränkt. Die parenthetische Struktur ist also texttopologisch markiert (Schreiter 1988, 28).

Während die genannten Arbeiten vorrangig die Parenthese in geschriebener Sprache behandeln, widmete sich Klaus Bayer bereits 1973 der Verteilung und Funktion der Parenthese in der gesprochenen Sprache. Von ihm werden wir die syntaktische Definition der Parenthese (Bayer 1973, 71 ff.) übernehmen, wohingegen seine funktionale Klassifikation der Parenthesen in solche mit Kontaktfunktion und solche mit Kommentarfunktion als zu undifferenziert erscheint.

In der diachronen Syntax wird die Parenthese von Otto Behaghel unter dem Terminus „Einschaltung" behandelt (Behaghel 1928, 537-540). Er äußert sich kaum zu den Fragen der Abgrenzung der Parenthese in historischen Texten, sondern gliedert seine Darstellung hauptsächlich nach dem semantischen Verhältnis des Schaltsatzes zu seiner Umgebung. Unter ganz anderem Aspekt, nämlich unter dem Aspekt der „Sprechpausen in der älteren deutschen Sprache" geht Karl Helm an die Parenthese heran (Helm 1924, 124-131). Er kommt nach der Diskussion des althochdeutschen, d. h. Otfridschen, und mittelhochdeutschen Materials zu dem für uns allerdings wenig aufschlußreichen Ergebnis, daß „die Parenthese nicht lediglich die Pause aufsucht, sondern selbst neue Pausen hervorruft" (Helm 1924, 131). Immerhin apostrophiert Helm Otfrids Evangelienbuch als Text mit vergleichsweise vielen Parenthesen; er kommt auf einen Anteil von 12,76 % an den Kurzversen. – Im Zusammenhang mit seiner umfangreichen Untersuchung des Nebensatzes bei Otfrid kommt Dieter Wunder auch auf den Parenthesengebrauch dieses Autors zu sprechen. Wunder unterscheidet „bekräftigende Einschubsätze" (Wunder 1965, 175) und „parenthetische Wunschsätze" (Wunder 1965, 234 ff.). – Mit Recht weist schließlich Rosemarie Lühr jüngst darauf hin, daß seit Karl Helms oben genannter Arbeit keine wichtigeren Untersuchungen zur Parenthese im Mittelhochdeutschen vorgenommen wurden (Lühr 1991, 162). Sie selbst untersucht mittelhochdeutsche reimende Texte in einer umfangreichen Studie im Hinblick auf die kommunikativen Funktionen der dort, d. h. in den jeweiligen Editionen, vorkommenden Parenthesen (Lühr 1991).

2. Definition und Methode

Wie schon angedeutet, ergibt sich bei der Untersuchung mittelalterlicher Texte auf die Verwendung von Parenthesen das ganz einfache Problem des Erkennens dieser Struktur. In der Gegenwartssprache sind wir gewohnt, daß die Parenthese entweder in Drucktexten interpunktorisch markiert ist (vgl. Heringer 1988, 275) oder intonatorisch in der gesprochenen Sprache. Zur intonatorischen Markierung stellt Christian Winkler fest: Bei spontanem, zusammenhängendem Sprechen hört man drei Grundgestalten der Intonation: die dritte dieser Grundgestalten ist der „Einschub" (der Sprecher unterbricht den Spannbogen mitten im Ausspruch, scheint ihn zu einer „Mulde" umzulegen und nimmt nach solcher Unterbrechung den Bogen wieder auf) (Winkler 1969, 282). Die syntaktischen Formen von 179 herausgehörten Einschüben sind: 82 Satzeinschübe (selbständiger Kernsatz und verschiedene Nebensatzarten) und 97 eingeschobene Satzglieder (meist freie Angaben) und Appositionen (Winkler 1969, 289-291).

Eine intonatorische Markierung von Parenthesen oder Einschüben ist in mittelalterlichen Texten nicht zu erwarten. Ebensowenig treffen wir, wenn wir einen Text wie das Evangelienbuch original an den Handschriften studieren, auf eine die Parenthese eindeutig markierende Interpunktion. Daraus ziehe ich den Schluß, daß Parenthesen im Evangelienbuch interpretatorisch im Text festgestellt werden müssen - wie dies im übrigen auch die Editoren tun, nur daß wir von ihnen nicht erfahren, nach welchen Kriterien sie Parenthesen graphisch festlegen.

Nach einer Sondierung zahlreicher Parenthese-Definitionen schält sich als Definitionskern heraus, daß Parenthesen als Sätze aufgefaßt werden, die in einen Satz eingeschoben sind, aber keine formalen Mittel (wie der Nebensatz) zur Unterordnung oder Einordnung in den „Trägersatz“ enthalten, von der modernen Markierung durch Klammern oder Gedankenstriche abgesehen. Man muß allerdings scharf trennen zwischen formalen Mitteln zur syntaktischen Unterordnung, die der Parenthese fehlen, und formalen Mitteln zur textgrammatischen Einordnung, die in Parenthesen durchaus vorkommen können. Mit dieser Definition wird auch klar, daß der intonatorisch festlegbare „Einschub“ (nach Winkler) syntaktisch mehr umfaßt als die als „Schaltsatz“ definierte Parenthese.

Zusammenfassend noch ein Wort zur Terminologie: Wir haben es bei der Beschreibung der Parenthese grob mit drei Größen zu tun: erstens mit dem Schaltsatz, wofür ich auch „Parenthese“ verwende, zweitens mit dem Trägersatz, der durch die Parenthese diskontinuierlich ist, drittens mit der Einschaltstelle, die auch „Nische“ genannt wird (z. B. Heringer 1988, 274). Daß dies längst nicht alle notwendigen Beschreibungsdimensionen sind, wird im übernächsten Kapitel deutlich.

3. Abgrenzung und Erscheinungsweise an einem Beispielkapitel

Zur Illustration des Problems der Abgrenzung von Parenthesen greife ich auf das erste Kapitel des fünften Buches von Otfrids Evangeliendichtung zurück und vergleiche zunächst das Kapitel nach der Edition des Evangelienbuchs in der Altdeutschen Textbibliothek („Kleiner Erdmann“) (Erdmann 1965, 218 f.) mit seiner Wiedergabe in der wichtigsten Handschrift der Otfrid-Überlieferung. Das Kapitel ist im „Kleinen Erdmann“ überschrieben mit den Worten:

CUR DOMINUS IGNOMINIAM CRUCIS ET NON ALIAM PRO NOBIS MORTEM PERTULERIT

Eine äußere Besonderheit des Kapitels ist, daß es sechs Refrainstrophen in zwei Formen aufweist: *Nist wiht* ... und *Bi thiu nist* ... Die Parenthesen werden in der Edition durch runde Klammern markiert; es handelt sich um: 1. *es ist zi zéllenne ginúag* (Zeile 22a), 2. *theist ávur therer wóroltring* (Zeile 33b), 3. *weist es méra!* (Zeile 46a).

Der wichtigste Textzeuge in der Überlieferung des Evangelienbuches ist der Codex Vindobonensis Nr. 2687 (V): im 9. Jahrhundert im Kloster Weißenburg unter Aufsicht des Dichters Otfrid selbst geschrieben und von Otfrid ebenfalls selbst korrigiert (zur Beschreibung der Handschrift vgl. Greule 1982, 22-27).

Wie nicht anders zu erwarten war, sind die von Erdmann mit Klammern markierten Parenthesen in der Handschrift (folium 154v, Zeile 7a; folium 154v, Zeile 18b; folium 155r, Zeile 10a) nicht gekennzeichnet, wie überhaupt in der Handschrift eine mit der heutigen kaum vergleichbare Interpunktion, die weniger der syntaktischen Gliederung als vielmehr der Rezitation diente, vorliegt.

Das „Schriftbild", das die Handschrift bietet, läßt uns bei der Suche nach Parenthesen gleichsam mehr Freiheit; weder ist eine besondere Markierung der Refrainstrophen noch eine besondere Markierung der Parenthesen (wie im „Kleinen Erdmann") zu erkennen. Schauen wir uns dazu den Beginn des Kapitels in der Handschrift an: Der in der ersten Halbzeile beginnende Satz *Ist filu manno uuúntar* (frei übersetzt: ‚viele Menschen wundern sich') wird in der zweiten Halbzeile nicht fortgesetzt. Das Objekt des ersten Satzes wird vielmehr erst - in Gestalt eines indirekten Fragesatzes - in der zweiten Zeile genannt: *ziu drúhtin hiar in uuóralti / thes krúces tod iruuéliti* ... ‚warum der Herr hier in der Welt den Tod des Kreuzes erwählte, usw.' - In der zweiten Halbzeile der ersten Zeile steht mit den Worten *thaz zéllu ih hiar nu súntar* (‚das erzähle ich hier jetzt gesondert') ein selbständiger Satz ohne formale Mittel der syntaktischen Unterordnung. Wir haben es unzweifelhaft bereits in der ersten Zeile des ersten Kapitels des fünften Buches mit einer Parenthese, die Erdmann nicht als solche markiert, zu tun: Der Trägersatz wird dadurch diskontinuierlich. Die Einschaltstelle ist die erwartbare Sprechpause zwischen Haupt- und Nebensatz. Die textuelle Integration der Parenthese ist durch die Proform *thaz*, die sich auf den Inhalt der folgenden Nebensatzreihe kataphorisch bezieht, einerseits hergestellt; die situationelle Integration ist durch die Deiktika *ih, hiar, nu* andererseits hergestellt.

Wenn wir auf diese Weise das ganze Kapitel in der Handschrift V durchgehen, kommen wir zusätzlich zu den bei Erdmann ausgewiesenen drei Parenthesen zu weiteren fünf, d. h. Kapitel 5.1 (bei Otfrid) enthält als relativ kurzes Kapitel acht Parenthesen, wobei ich die im Refrain sich wiederholenden Fälle nicht mitrechne. Außer den bereits erwähnten handelt es sich um folgende Stellen: *thaz fríuntlih gilóube // thes mánnilih giuuís si* (im Refrain mehrmals, erstmals 17b-18a = folium 154v, Zeile 2a-3b), *gilóubi thu mir* (34b = folium 154v, Zeile 19b), *ságen ih thir tház* (37a = folium 155r, Zeile 1a), *giuusso uuízist du tház* (38a = folium 155r, Zeile 2a).

Ein kleines Problem gibt es bei *les!* (43a = folium 155r, Zeile 7a). Man könnte auf die Idee kommen, *les* im Sinne von ‚o weh!' für eine Parenthese zu halten. Dem ist jedoch nicht so, weil sowohl der vorausgehende als auch der nachfolgende Satz jeweils ein selbständiger Fragesatz ist. Andererseits erlaubt mir dieser Ausruf, der so oder in der Form *lewes* an anderen Stellen als Parenthese mehrfach vorkommt, eine grobe Trennung der Parenthesen in Nominalsatz-Parenthesen und in Verbalsatz-Parenthesen. Die Nominalsatz-Parenthesen bei Otfrid - es handelt sich im Wesentlichen um Anrede-Nominative, die auch aus mehr als einem Wort bestehen können wie z. B. 3.1.31 *liobo druhtin mín* (‚mein lieber Herr!'), - lasse ich im weiteren ganz beiseite. Unter den Verbalsatz-Parenthesen gibt es den sehr häufigen Fall der in direkte Rede eingeschobenen Verbform *quad* ‚sagte', den ich mit einem Beispiel belege, der ansonsten aber wegen seiner Problemlosigkeit nicht weiter berücksichtigt wird. Das Beispiel lautet: 1.5.65 *íh bin - quad si - gótes thiu* (‚Sie sagte: Ich bin Gottes Magd').

4. Versuch einer Typologie der Parenthesen im Evangelienbuch

Für eine vollständige Beschreibung der Otfridschen Parenthesen scheinen mir folgende drei Kategorien konstitutiv zu sein. Erstens: die Feststellung des Kommunikationsniveaus, auf dem sich die Parenthese befindet. Zweitens: die Beschreibung der Parenthese aus der Innenperspektive. Drittens: die Beschreibung der Parenthese aus der Außenperspektive.

4.1 Ich unterscheide im Evangelienbuch drei verschiedene Kommunikationsniveaus (Greule 1982, 51-53). Auf einem ersten Niveau fingiert Otfrid eine Kommunikation zwischen sich, dem Autor, und dem Hörer bzw. Leser. Ein zweites Niveau ergibt sich dort, wo der Autor sich an jemanden wendet, der außerhalb der Kommunikation des ersten Niveaus steht; meist ist der Adressat hier Gott. Auf dem dritten Niveau wird von in der Vergangenheit stattgefundener Kommunikation in direkter Rede berichtet; es handelt sich besonders um die Reden Jesu. Die Unterscheidung ist im Hinblick auf die Frage, ob Form und Zahl der Parenthesen auf den verschiedenen Niveaus differieren, wichtig. Die Parenthesen in Kapitel 5.1 gehören, um Beispiele zu nennen, zum ersten Kommunikationsniveau.

4.2 Bei der Beschreibung einer Parenthese aus der Innenperspektive geht es um die Syntax, die Semantik und die Pragmatik derselben. Die Parenthese ist bei Otfrid im Normalfall mit einem einfachen Satz identisch; jedoch können, wie der Beispieltext zeigt, auch mehrere einfache Sätze asyndetisch in der Parenthese stehen, vgl. 5.1.17-18 *thaz fríuntilih gilóube* ‚das glaube jedermann' und *thes mánnilih giuuís si* ‚dessen sei sich jeder gewiß'. Auch Satzgefüge kommen vor; ein sehr einfaches Beispiel ist etwa 1.1.80a *Ih weiz, iz gót worahta* ‚ich weiß, daß Gott dies schuf'. - Unter semantischem Aspekt wären der propositionale Gehalt und eventuell komplexe Satzinhalte in der Weise zu erfassen, wie dies Peter von Polenz in seiner Satzsemantik tut (vgl. Polenz 1985, 101 ff., 231 ff.). Die Erfassung der Satzmodi erfolgt zwar besser in Verbindung mit der satzsemantischen Beschreibung; die Satzmodi sind jedoch genau genommen pragmatisch. Alle Satzmodi kommen bei Otfrid parenthetisch vor, also auch Frage- und gerade Befehlssätze sowie Wunschsätze wie dieser: *thaz íh giwar si hárto / thero sínero worte* ‚Daß ich genau auf seine Worte achte!' (1.2.8). Ohne Schwierigkeiten kann aus dem Evangelienbuch heraus die These von Armin Bassarak (1987, 163-166) auch für das Althochdeutsche bestätigt werden, daß mit Parenthesen gegenüber ihren Trägersätzen eigenständige illokutive Handlungen vollzogen werden können (Bassarak 1987, 163-166).

4.3 Bei der Beschreibung einer Parenthese aus der Außenperspektive geht es um das Verhältnis des Schaltsatzes zum Trägersatz. Dieses Verhältnis ist analog der Innenperspektive syntaktisch, semantisch und pragmatisch zu bestimmen; hinzu kommt jetzt aber noch der transphrastische, also der textgrammatische Aspekt. - Syntaktisch gesehen geht es insbesondere um die Stellung der Parenthese im Trägersatz, also um die Feststellung der Einschaltstelle. Hier müßte die Frage nach Plazierungsregeln (vgl. Schreiter 1988, 59) gestellt und beantwortet werden (vgl. die Beobachtungen von Helm 1924). So kann jetzt schon gesagt werden, daß ein bevorzugter Platz für eine Parenthese die Stelle unmittelbar vor einer direkten Rede ist. Weitet man darüber hinaus den Blick auf eine kommunikative Syntax, dann kann man vermuten, daß Otfrid durch die Plazierung einer Parenthese das rechts von der Parenthese stehende Satzglied fokussiert, z. B. 4.16.17-19a *Ingegin ímo fuar* [...] / *únfirslagan héri thar* // *mánno mihil ménigi* / - *sie wárun einon zuélifi* - *mit spéron joh mit suérton* ‚Auf ihn zu bewegte sich eine bewaffnete Schar, eine Menge von Männern, - sie waren zusammen zwölf - mit Speeren und Schwertern.' Die wichtige Art der Bewaffnung steht nicht nur am Satzende, sondern ihre Nennung wird durch die davor stehende Parenthese auch verzögert und damit fokussiert.

Der Textgrammatik der Parenthesen ist bislang, soweit ich sehe, kaum Aufmerksamkeit geschenkt worden. Ich meine damit die Kohärenzindikatoren innerhalb einer Parenthese, durch die sie in den Text integriert ist. So haben wir bereits festgestellt, daß in der ersten Parenthese in Kapitel 5.1 die Proform *thaz* sich auf die folgende Nebensatzreihe, die durch die Parenthese vom Hauptsatz abgetrennt ist, bezieht. Ferner integrieren die Deiktika *ih, hiar, nu* den Schaltsatz in die Kommunikationssituation. In Anbetracht der erwartungsgemäßen Kürze der Parenthese sind Proformen, Deiktika, aber auch Konnektoren erwartbare Kohärenzindikatoren. Als Beispiel für die Verwendung von Konnektoren in der Parenthese wähle ich die Stelle 3.10.9b *bithiu rúafu ih zi thir*, wo der Konnektor *bithiu* ‚deshalb' in der Rede der chanaäischen Frau die Parenthese in ein begründendes Verhältnis zum Trägersatz setzt. - Andere Kohärenzfaktoren, wie repetitive Verweisausdrücke (z. B. 1.22.2+3 *gizítin* - *zíti*), autosemantische Verweisausdrücke (z. B. *súlichera léra* 2.15.16) oder kontiguitive Verweisausdrücke sind selten; die Kontiguität betrifft auch eher das semantische Verhältnis von Parenthese und Trägersatz.

Von der Beschreibung des textgrammatischen Verhältnisses ist die Beschreibung des pragmatischen Verhältnisses von Schalt- und Trägersatz zu unterscheiden. Wir können dazu gut die Überlegungen aufgreifen, die Armin Bassarak zu den Beziehungen zwischen den mit Parenthese und Trägersatz vollzogenen illokutiven Handlungen anstellt (Bassarak 1987, vgl. auch Lühr 1991). Er unterscheidet zunächst koordinierte illokutive Handlungen, mit denen der Autor lediglich „zusätzliche", d. h. nicht notwendige Informationen vermitteln will (Bassarak 1987, 168), und „subsidiäre" illokutive Handlungen, die den Erfolg der Illokution im Trägersatz stützen sollen. Subsidiär sind hinsichtlich ihrer Illokution sowohl verstehensstützende als auch motivationsstützende Parenthesen. Allerdings ist das Kriterium, durch das koordinierte und subsidiäre illokutive Handlungen unterschieden werden, nämlich das der Nichtnotwendigkeit, - besonders wenn es um die Stützung des Verstehens der Proposition geht - bei Otfrid nur schwer anzuwenden, und die jeweilige Zuordnung bedarf der Begründung. So wird man in 1.9.15 die parenthetische „Information" Otfrids *was iru ther sún drut* ‚ihr (nämlich Elisabeth) war der Sohn lieb' als nicht notwendig interpretieren, da unmittelbar darauf Elisabeth sagt: *thiz ist líub kind mín* ‚das ist mein liebes Kind' (1.9.16a). Im Unterschied dazu ist die Parenthese, mit der der Erzengel Gabriel seine Botschaft an Maria kommentiert: *theist min árunti* ‚das ist mein Geheimnis' (1.5.25b), in bezug auf die Illokution des Trägersatzes sicherlich subsidiär.

Zahlreich und meist mit den bekannten Formeln ausgedrückt (vgl. Büge 1907, Goergens 1910) sind Parenthesen, die das Verständnis der Illokution des Trägersatzes unterstützen, z. B. *ih sagen thir tház* (1.15.40a), *zéllu ih thir in álawar* (2.12.92a), *thaz ni hílu [i]h thíh* (2.19.23a).

Durch motivationsstützende Parenthesen soll der Hörer dazu gebracht werden, die Illokution des Trägersatzes zu akzeptieren, z. B. *thaz gilóubi thu mir* (2.14.61b), *thaz man wéiz* (3.7.31a). - Ich gehe nicht weiter auf den von Bassarak auch unterschiedenen Fall ein, daß Parenthesen keinen Bezug zur illokutiven Handlung des Trägersatzes haben, obwohl die hierunter fallenden kontakt- und kommunikationssituationsbezogenen Parenthesen bei Otfrid sehr häufig sind. - Ein Wort noch zur metakommunikativen Funktion der Parenthese. Redekommentierende und textorganisatorische Parenthesen sind bei Otfrid durchaus keine Seltenheit: Für erstere kann die Stelle 4.5.8a stehen, wo Otfrid zu den Wörtern *dumbaz* ‚dumm' und *huarilin* ‚geil' anmerkt: *ni míd[u] ih mih thero wórto* ‚ich vermeide diese Wörter nicht'. Für letztere kann die Stelle 2.4.103b stehen: *wir híar nu scribun óbana* ‚wir haben hier oben schon geschrieben'.

5. Zusammenfassung und Ausblick

Das Evangelienbuch ist ein parenthesereicher Text, eine durchaus nicht neue Feststellung, die allerdings in Anbetracht der Überlieferung des Textes durch die Definition von Parenthese und durch eine intensive Beschreibung des Parenthesengebrauchs bei Otfrid besser begründet werden muß. Eine wichtige Voraussetzung dafür wäre, daß die Parenthesen auch in der von Wolfgang Kleiber angekündigten neuen Otfridedition zu ihrem Recht kämen (Kleiber 1993). Kleiber beabsichtigt, auf die originale Interpunktion der Handschriften in der Edition weitgehend zu verzichten und zugunsten einer leserfreundlichen Präsentation zur Verdeutlichung syntaktischer und inhaltlicher Zusammenhänge die moderne Zeichensetzung anzuwenden (Kleiber 1993, 89). Dieses Verfahren böte die Chance einer einheitlichen Kennzeichnung der Parenthesen, wenngleich die moderne Zeichensetzung hier bekanntlich kein gutes Vorbild abgibt.

Weil das Evangelienbuch ein parenthesereicher Text ist, gehören die Beschreibung und Bewertung der Parenthesen zur Beschreibung des syntaktischen Stils Otfrids dazu, was schärfer ins Auge gefaßt werden muß als bisher, auch wenn nicht wenige Fragen zur Parenthesenverwendung durch Otfrid noch offen sind, z. B. welche Rolle die Parenthese bei der Auflockerung des komplexen Satzbaus oder beim Erzählen spielt, oder die Verteilung der Parenthesen auf die Kapiteltypen, oder das Verhältnis von Parenthese zu Zeile bzw. Halbzeile.

Nützlich wäre ein kommentiertes Verzeichnis der Parenthesen bei Otfrid, das die Parenthesen nach dem oben ausgeführten Schema beschreiben könnte.

Die obigen Ausführungen sollen schließlich auch als Appell verstanden werden, die Parenthese zu einem Thema der althochdeutschen Gesamtsyntax zu machen, für die bekanntermaßen Otfrids Dichtung eine Hauptquelle darstellt. Ein „guter Platz" für die Beschreibung der Parenthese in der Syntax scheint mir noch nicht gefunden zu sein. Siegfried Grosse behandelt sie in der Mittelhochdeutschen Grammatik unter dem Thema „Besonderheiten der Satzfügung" im Zusammenhang mit Ellipse, Apokoinu und Anakoluth (Grosse 1989, 471). Man sollte sich aber auch überlegen, ob es in der Grammatik nicht einen Ort gibt, der ihrer Stellung zwischen Satz und Text, etwa im Zusammenhang mit Satzverbänden, besser gerecht wird.

6. Literatur

Bassarak, Armin (1987): Parenthesen als illokutive Handlungen. In: Motsch, Wolfgang [Hrsg.]: Satz, Text, sprachliche Handlung. Berlin, 163-178 (Studia grammatica XXV).

Bayer, Klaus (1973): Verteilung und Funktion der sogenannten Parenthese in Texten gesprochener Sprache. In: Deutsche Sprache 1, 64-115.

Behaghel, Otto (1928): Deutsche Syntax. Eine geschichtliche Darstellung. Band III: Die Satzgebilde. Heidelberg.

Büge, Oskar (1908): Die Beteuerungsformel in Otfrids Evangelienbuch. Greifswald (Dissertation).

Erdmann, Oskar (1965): Otfrid von Weißenburg, Evangelienbuch. 5. Aufl. bearbeitet von Ludwig Wolff. Tübingen (Altdeutsche Textbibliothek, 49).

Goergens, Ludwig (1910): Beiträge zur Poetik Otfrids, insbesondere die formelhaften Redewendungen und Reimwörter. Straßburg (Dissertation).

Greule, Albrecht (1982): Valenz, Satz und Text. Syntaktische Untersuchungen zum Evangelienbuch Otfrids von Weißenburg auf der Grundlage des Codex Vindobonensis. München.

Grosse, Siegfried (1987): Spuren gesprochener Sprache in mittelhochdeutschen Versdichtungen. In: Bergmann, Rolf/Tiefenbach, Heinrich/Voetz, Lothar [Hrsg.]: Althochdeutsch, Band I. Heidelberg, 809-818.

Grosse, Siegfried (1989): Syntax. In: Paul, Hermann [Hrsg.]: Mittelhochdeutsche Grammatik, 23. Aufl. neu bearbeitet von Peter Wiehl und Siegfried Grosse. Tübingen.

Helm, Karl (1924): Die Sprechpause in der älteren deutschen Sprache. In: Horn, Wilhelm [Hrsg.]: Beiträge zur germanischen Sprachwissenschaft. Festschrift für Otto Behaghel. Heidelberg, 110-140.

Heringer, Hans Jürgen (1988): Lesen, lehren, lernen. Eine rezeptive Grammatik des Deutschen. Tübingen.

Kleiber, Wolfgang (1993): Zur Otfrid-Edition. In: Bergmann, Rolf [Hrsg.]: Probleme der Edition althochdeutscher Texte. Göttingen, 83-102.

Lühr, Rosemarie (1991): Zur Parenthese im Mittelhochdeutschen. Eine pragmalinguistische Untersuchung. In: Sprachwissenschaft 16, 162-226.

Otfrid von Weißenburg (1972): Evangelienharmonie. Vollständige Faksimile-Ausgabe des Codex Vindobonensis 2687 der Österreichischen Nationalbibliothek. Einführung: Hans Butzmann. Graz (Codices selecti, XXX).

Polenz, Peter von (1985): Deutsche Satzsemantik. Grundbegriffe des Zwischen-den-Zeilen-Lesens. Berlin/New York.

Schreiter, Gotthard (1988): Die parenthetische Struktur in der deutschen Gegenwartssprache. Jena (Dissertation).

Sommerfeldt, Karl-Ernst (1984): Zu Verdichtungserscheinungen im Satzbau der deutschen Sprache der Gegenwart (unter besonderer Berücksichtigung der Parenthesen). In: Zeitschrift für Phonetik, Sprachwissenschaft und Kommunikationsforschung 37, 242-248.

Winkler, Christian (1969): Der Einschub. Kleine Studie über eine Form der Rede. In: Engel, Ulrich/Grebe, Paul/Rupp, Heinz [Hrsg.]: Festschrift für Hugo Moser. Düsseldorf, 282-295.

Wunder, Dieter (1965): Der Nebensatz bei Otfrid. Untersuchungen zur Syntax des deutschen Nebensatzes. Heidelberg.

Zur Diachronie der Textgrammatik am Beispiel von Bibelübersetzungen

Ungefähr seit Ende der 60er Jahre kann man von der Existenz einer „Textlinguistik" genannten Disziplin reden. Das Charakteristische an ihr ist die Überzeugung der Textlinguisten, daß nicht der Satz, sondern der Text die unabhängige, oberste sprachliche Einheit ist, die es zu beschreiben gilt. Von Anfang an standen textgrammatische Fragen im Vordergrund des Forschungsinteresses, also Fragen nach den internen Strukturen, die zur Kohärenz eines Textes beitragen. Nachdem sich die Forschung in der letzten Zeit verstärkt der Textpragmatik, der Frage nach den nicht rein sprachlichen Bedingungen und Voraussetzungen und nach den kommunikativen Funktionen eines Textes zugewandt hat, entstand der Eindruck, daß die Probleme der Textgrammatik weitgehend gelöst seien, daß über die textgrammatischen Strukturen Klarheit herrsche und daß wir auf ein mehr oder weniger ausgearbeitetes Analysemodell zurückgreifen können.

Es scheint angebracht, diesen Eindruck resümierend zu bestätigen oder zu korrigieren. Darüber hinaus scheint es an der Zeit, den Blick nun auch verstärkt auf die Textgrammatik der historischen Sprachstufen des Deutschen zu richten. Bevor man sich der Diachronie textgrammatischer Strukturen zuwendet, ist allerdings zu klären, ob die Voraussetzungen der synchronen textgrammatischen Analyse bei den historischen Texten überhaupt gegeben sind, ob es das zum diachronischen Vergleich notwendige Tertium comparationis gibt. Es ist denkbar, daß die spezifische Darbietung und Überlieferung von Texten im Verlauf der deutschen Sprachgeschichte noch unbekannte textgrammatische Strukturen aufweist, die in der Gegenwartssprache nicht mehr vorkommen, und umgekehrt.

Die folgenden Überlegungen zielen zunächst auf die Darstellung der – im wesentlichen an narrativen Kurztexten – entdeckten textgrammatischen Grundstrukturen der Gegenwartssprache. Dann soll mittels der Analyse vergleichbarer Texte aus der deutschen Sprachgeschichte überprüft werden, ob die synchronen textgrammatischen Kategorien auf solche Texte anwendbar sind. Schließlich dürften dann auch Einsichten in die Diachronie textgrammatischer Strukturen möglich sein.

1. Zur gegenwartssprachlich-synchronen Textgrammatik

Zunächst ist zu erklären, was wir unter Text verstehen sollen. Nach der integrativen Definition ist der Text eine begrenzte Folge von Sprachzeichen als Ergebnis einer bestimmten kommunikativen Absicht eines Textproduzenten (Greule 1991, 384 f.). Unter diesem Aspekt ist ein Text pragmatisch kohärent. Die kommunikative Gesamtfunktion dominiert die grammatische Struktur des Textes. Nach dem integrativen Textverständnis fallen die textgrammatische und die textsemantische Kohärenz nicht auseinander; denn im einzelnen Text ist eine durch Reihung bilateraler Sprachzeichen bestimmte Kohärenzstruktur präsent. Es bietet sich an, die auf der Konstruktion aus Sprachzeichen beruhende Textkohärenz - im Unterschied zur pragmatischen und thematischen Kohärenz - verbale Kohärenz zu nennen.

Hinter der uns als lineare Kette aus Wörtern entgegentretenden verbalen Kohärenz verbergen sich komplexe hierarchische Strukturen. Die Textgrammatik operiert allerdings nur auf der Satzebene, setzt also die internen Strukturen der Wörter, Wortgruppen und Sätze als gegeben voraus und konzentriert sich auf die Relationen, die unter den Sätzen eines Textes Kohärenz stiften. Die Grundbegriffe und Grundkategorien der textgrammatischen Analyse sind folgende (Greule 1991, 386-391):

1. Rekurrenz, d. h. das wiederholte Vorkommen eines Elementes oder einer Relation in einem Text.

2. Transphrastisch, womit die Textgrammatik dahingehend charakterisiert wird, daß die verbale Kohärenz nur oberhalb der Satzebene beschrieben wird.

3. Konnexion, ein Begriff, der mit den Termini „Konnektor“ bzw. „Konnektiv“ oder „Konjunktion“ korrespondiert und das Phänomen bezeichnen soll, daß zwei Sätze eines Textes durch einen Konnektor aufeinander bezogen sind.

4. Referenz, d. h. die durch den Sprecher/Schreiber gesetzte Relation zwischen einem Sprachzeichen und einem außersprachlichen Referenzobjekt, sowie Prädikation, d. h. die vom Sprecher/Schreiber getätigte Aussage über Referenzobjekte.

5. Textschichtung, womit der Fall benannt wird, daß ein Text in einen Text eingebettet ist. Der eingebettete Text wird Subtext genannt. Die wichtigsten Fälle der Textschichtung ergeben sich durch die Redewiedergabe und die Zitierung. Subtexte sind durch spezifische Signale in den umgebenden Haupttext eingebettet.

Im Hinblick auf den angestrebten Vergleich mit Texten aus verschiedenen Perioden der deutschen Sprachgeschichte wähle ich eine Bibelperikope als Analyse-Beispiel aus, und zwar die relativ abgeschlossene Drei-Königs-Erzählung (Matthäus 2,1-12). Für die gegenwartssprachlich-synchrone Analyse dient die Wiedergabe der Geschichte in der sogenannten „Einheitsübersetzung“ der Hl. Schrift von 1980 (Anhang A1).

Entsprechend der Definition von Textgrammatik habe ich den Text unter Berücksichtigung der vorliegenden Interpunktion in Sätze und Subtexte segmentiert. Die 22 Sätze sind durch Buchstaben gekennzeichnet: die des Haupttextes durch Großbuchstaben, die der Subtexte durch die entsprechenden Klein- bzw. griechischen Buchstaben mit fortlaufendem Zahlenindex. Die Satzabgrenzung folgt nicht allein der vorhandenen Zeichensetzung, sondern orientiert sich auch an einem Satzbegriff, wonach der Satz eine Konstruktion aus Satzgliedern mit dem Prädikat als Zentrum ist.

d_1 ist ein Satz, obwohl Prädikat und Subjekt fehlen. Sie sind aber aus Satz C, auf den d_1 die Antwort gibt, als <der Messias soll geboren werden...> ergänzbar.

Der Text weist drei Subtexte (a, d, f) auf, die aus je zwei Sätzen bestehen. In den Subtext d ist ein weiterer Subtext mit ebenfalls zwei Sätzen eingebettet. Das Signal der Einbettung ist jeweils der Doppelpunkt; ein entsprechendes Signal für das Ende des Subtextes gibt es nicht.

Fragen wir nun, ob und in welcher Weise die anderen Grundkategorien der Textgrammatik in diesem Text Verwendung finden. Wo zum Beispiel signalisieren Konnektoren das Aufeinanderbezogensein von Sätzen? Um die reine Anreihung von Sätzen zu signalisieren, wird der Konnektor *und* verwendet (f_2, H). Das logische Verhältnis des Grundes wird zweimal durch *denn* zum Ausdruck gebracht ($d_2 1$, $\delta_2 1$). Die meisten Konnektoren dienen der zeitlichen Situierung des Folgesatzes; es handelt sich um *danach* (E1), *dann* (F1, N1) und *da* (M1).

Als wichtigstes Prinzip der Herstellung verbaler Textkohärenz kann die Rekurrenz gelten. Entsprechend der wiederholbaren Elemente gibt es mehrere Rekurrenz-Arten. Für unseren Beispieltext sind wichtig: 1. die Wiederholung einer Referenz, 2. die Wiederholung einer Prädikation, 3. die Wiederholung eines semantischen Merkmals.

Wenden wir uns zuerst der – auch Koreferenz genannten – wiederholten Referenz auf ein und dasselbe Referenzobjekt zu. Der sprachliche Ausdruck, mit dem ein Referenzobjekt in den Text eingeführt wird, heißt Bezugsausdruck, die Ausdrücke, mit denen danach auf das gleiche Referenzobjekt referiert wird, heißen Verweisausdrücke. Ein Paar aus einem Bezugsausdruck und einem Verweisausdruck heißt Topik. Es besteht grundsätzlich die Möglichkeit, mit autosemantischen oder mit synsemantischen Mitteln Koreferenz herzustellen. Koreferenz trägt aber nur dann zur verbalen Kohärenz bei, wenn sie transphrastisch ist. Wird in einem Text mehr als zweimal in verschiedenen Sätzen auf ein und dasselbe Referenzobjekt referiert, dann bilden Bezugsausdruck und Verweisausdrücke zusammen eine Koreferenzkette.

Eine fast gleichmäßig über den Text verteilte Koreferenzkette bilden z. B. die Ausdrücke, mit denen auf Jesus referiert wird. Ich nehme unter der Voraussetzung, daß der Evangelist die Ausdrücke *der neugeborene König der Juden, der Messias* und *ein Fürst <...>, der Hirt meines Volkes Israel* auf Jesus bezieht, auch diese und ihre pronominalen Verweisformen in die Kette auf.

Die Übersicht über die Koreferenzkette JESUS (s. Anhang A2) gibt über die Abstände der Referenzen pro Satz im Text und über die Dichte der Referenz pro Satz Auskunft. Sie läßt nicht erkennen, mit welchen sprachlichen Ausdrücken referiert wird; wo mit autosemantischen und wo mit synsemantischen Verweisausdrücken referiert wird. Es zeigt sich aber, daß die Kette ziemlich genau hälftig geteilt ist (A-D und F-N). In der ersten Hälfte wird

Jesus vorwiegend durch autosemantische Verweisausdrücke als der Messias identifiziert; in der zweiten Hälfte ist er das Kind.

Weitere über den ganzen Text gespannte Ketten ergeben sich durch die Koreferenz auf Herodes, die Sterndeuter und den Stern. Zwischen den Ketten STERNDEUTER und STERN besteht ein besonderes Verhältnis: Die Referenzobjekte der beiden Ketten stehen zueinander im Verhältnis der logisch begründeten, semantischen Kontiguität, und sie gehören deshalb enger als die anderen zusammen.

Diese vier Koreferenzketten weisen ihre Referenzobjekte als die „zentralen Textgegenstände" aus. Die zentralen Textgegenstände (ZTG) sind nach Klaus Brinker (1985, 52 u. 42 f.) der Ausgangspunkt für die Bestimmung des Textthemas; die Art und Weise, wie die Textgegenstände in einem Text miteinander kombiniert werden, gibt nämlich Auskunft über die thematische Textstruktur, was ich hier bei aller Wichtigkeit nicht weiter verfolgen kann.

Ein Sonderfall der Referenz ist die Referenz mit Deiktika, besonders mit den Personaldeiktika *ich, du, wir* und *ihr*. Bei mehrfacher deiktischer Referenz, d. h. bei Bezugnahme auf Sprecher, Hörer, Ort und/oder Zeit der Kommunikation mit Deiktika, entsteht ebenfalls eine Koreferenzkette. In unserem Text erfüllt die deiktische Koreferenz eine besondere Aufgabe: Sie sichert die Kohärenz der Subtexte δ und f: in δ durch die DU-Deixis, in f durch die IHR- und ICH-Deixis. Im Subtext a findet man die WIR-Deixis, aber nur intraphrastisch in Satz a_2.

Verglichen mit der Koreferenz ist die Wiederholung ein und derselben Prädikation selten und für die Textkohärenz von geringer Bedeutung. Umso auffälliger ist die Rekurrenz der Prädikate *sehen* ($a_2$6, H7, K5, L7) und *huldigen* ($a_2$13, $f_2$14, M6) – in geradezu symmetrischer Verteilung.

Prädikate tragen zur verbalen Kohärenz eher im Rahmen der Isotopie bei. Der Begriff der Isotopie ist rein semantisch orientiert: Es geht dabei um die Rekurrenz eines semantischen Merkmals, das in mehreren auf den Text verteilten Sprachzeichen auch außerhalb einer Koreferenzkette vorkommt. Ein solches semantisches Merkmal soll ‚Klassem' heißen. Obwohl die Analyse-Methode, die zur Isotopie führt, insbesondere die Festlegung des Klassems, noch der Präzisierung bedarf, halte ich die Aufdeckung der Isotopien eines Textes wegen ihres interessanten Beitrags zur Kohärenz für so wichtig, daß wir auf sie nicht verzichten können. Eine über die ganze Geschichte verbreitete Isotopie bilden z. B. die Verben, die das semantische Merkmal ‚menschliche eigendynamische Fortbewegung' enthalten: *kamen* (A15), *sind gekommen* ($a_2$8-9), *ließ zusammenkommen* (C2,9), *schickte* (F2), *Geht* ($f_1$1), *hingehe* ($f_2$11), *machten sich auf den Weg* (G6,8-11), *gingen* (L2), *zurückkehren* (O11), *zogen heim* (O12,18). Dieser Isotopie sind in erster Linie die Koreferenzketten HERODES und STERNDEUTER als Tätigkeitsträger zugeordnet. Eine zweite problemlos feststellbare Isotopie bilden die zahlreichen Sprechakt-Verben wie *fragen* (A23), *sich erkundigen* (C11-12), *antworten* (D2), *sagte* (F8), *forscht nach* ($f_1$3,5), *berichtet* ($f_2$6). Nur mit Nomina ist die Isotopie ‚König' besetzt; sie reicht allerdings nicht über die erste Hälfte der Geschichte hinaus, ist aber besonders deutlich präsent, weil in ihr allein viermal das Wort *König* selbst vorkommt (A6, $a_1$5, B2, G5). Ferner gehört zu ihr das Wort *Messias*, das nach alt- und neutestamentlicher Auffassung das Merkmal ,König' enthält. Die König-Isotopie steht in prädizierender Beziehung zu den Koreferenzketten JESUS und HERODES; sie könnte über Kontiguität auch dem dreimal vorkommenden Prädikat *huldigen* zugeordnet werden.

Schwierigkeiten bei der Festlegung eines Klassems ergeben sich dann, wenn eine Isotopie vorhanden ist, deren Klassem in der Bedeutung von Prädikaten und Nomina gleichermaßen vorliegt. Dies ist in unserem Text der Fall bei einer Isotopie, als deren Klassem ich ,Neugeborenes' formuliere. Sie besteht im Kern aus dem Prädikat *geboren werden* und dem Nomen *Kind* und ist ausschließlich der Koreferenzkette JESUS zugeordnet.

Als Rekurrenz eines jetzt allerdings grammatischen Merkmals von Prädikaten kann man schließlich die Einheitlichkeit von Tempus und Modus in einem Text oder Subtext erklären. So ist das einheitliche Tempus Präteritum und der einheitliche Modus Indikativ des Haupttextes unserer Geschichte ein wichtiger Beitrag zur Kohärenz. Vor diesem Präteritum Indikativ heben sich die anderen Tempora der Subtexte ab, nämlich Präsens und Perfekt in a, Präsens und Futur in δ, bzw. der andere Modus Imperativ in f. Der Tempus- und Modus-Kontrast zum Haupttext trägt nicht unwesentlich zur Kohärenz der Subtexte bei.

2. Zur historisch-synchronen Textgrammatik

Wir wollen nun prüfen, ob die an gegenwartssprachlichen Texten entwickelten textgrammatischen Analyse-Kategorien auch auf solche Texte, die im Verlauf der deutschen Sprachgeschichte entstanden, anwendbar sind. Probeweise soll zunächst ein mhd. Text genau so analysiert werden wie der Text aus der Einheitsübersetzung. Um der späteren Vergleichbarkeit willen habe ich die Dreikönigsgeschichte aus dem Diatessaron Theodiscum gewählt (Anhang B). Es handelt sich um die hochdeutsche Fassung einer mittelniederländischen Evangelienharmonie, deren ältester Textzeuge um 1280 geschrieben wurde. Der älteste Textzeuge der hochdeutschen Bearbeitung ist eine Pergamenthandschrift der Zentralbibliothek in Zürich vom Ende des 13. oder Anfang des 14. Jahrhunderts. Jedoch sprechen verschiedene Argumente für den Kölner Raum als Ort und für das Ende des 13. Jahrhunderts als Zeit der ersten Übertragung der niederländ. Evangelienharmonie ins Hochdeutsche. Der Herausgeber gibt glücklicherweise die Interpunktion der Zürcher Leithandschrift wieder, so daß sich sehr schnell die Vermutung bestätigt, daß die Interpunktion in mittelalterlichen Handschriften - wenn überhaupt - dann anderen Regeln folgt als die heutige und deshalb bei der Satzabgrenzung und der Abgrenzung von Subtexten wenig nützt. Die Feststellung der Textkonstituenten muß also weitgehend nach der oben gegebenen Satzdefinition deduktiv vorgenommen werden.

Das Ergebnis ist die Feststellung von insgesamt 15 Sätzen, drei Subtexten (a, c, d) und einem Subsubtext (= γ). - Eine im nhd. Text nicht vorhandene Erscheinung ist der auffällig umfangreiche Satz G. Es handelt sich um eine Satzreihe mit acht parataktischen Teilsätzen und zwei Gliedsätzen, die aufgrund der Tatsache zustandekommt, daß das gemeinsame Subjekt *sv̄* nur m ersten Teilsatz vorkommt. Diese syntaktische Besonderheit bewirkt eine Beschleunigung des Erzähltempos zum Ende der Erzählung hin, und es ist die Überlegung angebracht, ob wir es hier mit einem besonderen Bauelement der Makrostruktur von Erzähltexten zu tun haben.

Folgende Konnektoren werden im Text verwendet: sechsmal der anreihende Konnektor *vnd* (a_3, C, d_2, E, F, G) <in Klammern und ohne Zahlenindex>, zweimal der kausale Konnektor *wan* ($c_2$1, $\gamma_2$1), je einmal der temporale Konnektor *do* (D1) und der adversative *svnder* (H1).

Vier Koreferenzketten, die sich über den ganzen Text erstrecken, ergeben folgende zentralen Textgegenstände: JESUS, HERODES, die KÖNIGE, der STERN. Beachtenswert ist die Art der Einführung der Könige in Satz A durch den bestimmten Artikel *die kvnige*, womit der Erzähler die Bekanntheit dieser Könige beim Hörer voraussetzt.

Es finden sich drei Prädikatswiederholungen; auffällig ist die fünfmalige Wiederholung von *komen* (A15, $a_3$2, $\gamma_2$5, $d_2$13, G56). Je dreimal werden im Erzählverlauf die Prädikate *sehen* ($a_2$2-3, F5, G5) und *anbetten* ($a_3$6,7, $d_2$16, G31) verwendet. - Die Rekurrenz von Deiktika beschränkt sich auf die Subtexte.

Folgende Isotopien können festgestellt werden:

1. ‚menschliche eigendynamische Fortbewegung', dieses semantische Merkmal ist nur durch Verben repräsentiert, im wesentlichen durch die Rekurrenz des Prädikats *komen*, aber auch durch die Prädikate *schieden* (E6), *giengen* (G15) und *furen* (H5). Handlungsträger der Prädikate sind mit einer Ausnahme ($d_2$12) die KÖNIGE.

2. Sprechakt mit den Prädikaten *sprachen* (A23), *sprac* (D24), *fragten* (B29), *fragent* ($d_1$3), *seiten* (C2), *rief* (D2), *lant ... wissen* ($d_2$7+10), *empfiengen antwürte* (G47-48). Handlungsträger innerhalb dieser Isotopie sind die Könige, Herodes und die *fürsten der priestere* ... (B 20-22).

3. „Herrscher" als Oberbegriff für ‚König' und ‚Herzog'. Diese Isotopie ist nur durch Substantive repräsentiert, im wesentlichen durch die zentralen Textgegenstände KÖNIGE und HERODES, ein Mal auch durch das auf JESUS zu beziehende *herzoge* ($\gamma_2$7). Sie wird verstärkt durch das am Ende der Geschichte stehende Wort *riche*, dessen Inhalt über Kontiguität <Herrscher beherrschen Reiche> mit ihr verbunden ist.

4. ‚Neugeborenes', eine Isotopie, die sich durch die ganze Geschichte zieht, durch das dreifache Prädikat *geborn was/ist/werden solte* (A3, $a_1$4, B33) und

durch das dreifache Nomen *kint* ($d_1$7, F16, G22) repräsentiert ist und der Koreferenzkette JESUS zuzuordnen ist.

In allen Sätzen des Haupttextes kommt das Vergangenheitstempus vor; Präsens und Futur begegnen nur in je einem Satz zweier Subtexte (a_3, γ_2 u. γ_2, d_2), tragen also zur Kohärenz nicht bei. Der Hauptmodus ist der Indikativ; der Imperativ bewirkt im Subtext d deutliche Kohärenz; der zweimalige Konjunktiv hat intraphrastische Funktion (Einbettung der indirekten Rede – B33-35, G56).

Abgesehen von einer anders gearteten Ausgangslage bei der Satzabgrenzung und der Feststellung einer narrativen Strukturgröße, die durch die Häufung von Teilsätzen in einer Satzreihe entsteht, sind wir bei der Analyse des mhd. Beispieltextes auf keine Probleme gestoßen, die die Applizierbarkeit der an Texten der Gegenwartssprache gewonnenen textgrammatischen Kategorien verbieten könnten. Wenn wir annehmen, daß dies im großen und ganzen für alle Texte der deutschen Sprachgeschichte gilt, dann ist die Voraussetzung dafür gegeben, durch den Vergleich von ahd., mhd., fnhd. und nhd. Texten zu ersten Erkenntnissen über die Diachronie textgrammatischer Strukturen zu kommen.

3. Zur Diachronie textgrammatischer Strukturen

Als Vergleichstexte ziehe ich die Matthäus-Stelle 2,1-12 aus dem ahd. Tatian (Anhang C) und aus Martin Luthers Bibelübersetzung in der Ausgabe letzter Hand (Anhang D) heran. Ich bin mir bewußt, daß es sich bei den nun zum diachronischen Vergleich vorliegenden Texten aus dem 9., 13., 16. und 20. Jahrhundert um Übersetzungen handelt, deren Übersetzer sich am nicht in allen Einzelheiten identischen lateinischen oder griechischen Bibeltext orientierten, d. h.: Eventuelle textgrammatische Unterschiede könnten mit unterschiedlichen Vorlagen des biblischen Textes zu tun haben. Ich bin mir aber auch bewußt, daß es sich bei der Bibel um einen geheiligten Text handelt, dessen möglichst genaue Wiedergabe in deutscher Sprache den Übersetzern enge Grenzen zog – eine Ausgangslage, die der Beobachtung von strukturellen Veränderungen im Verlauf der Zeit eher hinderlich ist. Aber gerade vor diesem Hintergrund kommt Änderungen der textgrammatischen Strukturen, wenn solche festzustellen sind, umso größere Bedeutung zu.

Der Vergleich der Texte bringt zunächst noch eine Erscheinung ans Licht, die uns weder im nhd. noch im mhd. Text begegnet ist: Sowohl Tatian als auch Luther weisen in den Sätzen A und F das Element *senu* bzw. *sihe* auf. Es ist in beiden Texten in den Satz A integriert; steht aber in Satz F an der Satzspitze. Man wird ihm bezüglich seiner Funktion wohl am ehesten gerecht, wenn man es als eine Partikel klassifiziert, die sowohl aufmerksamkeitssteuernde als auch textgliedernde Funktion hat. Durch *senu* bzw. *sihe* wird unsere Geschichte nämlich deutlich in zwei Hälften gegliedert, mit den Inhalten 1) „die Weisen in Jerusalem" und 2) „die Weisen in Betlehem".

Die Ergebnisse des Textvergleichs, die die am Text der Einheitsübersetzung demonstrierten Strukturen betreffen, lassen sich wie folgt zusammenfassen: In allen vier Texten sind die durch Wiederholung der Referenz im Verlauf der gesamten Perikope feststellbaren zentralen Textgegenstände gleich: 1) JESUS, 2) HERODES, 3) MAGI/DIE KÖNIGE/DIE WEISEN/STERNDEUTER, 4) DER STERN. Daß die zentralen Textgegenstände gleich bleiben, ist nicht verwunderlich: In allen vier Texten wird genau die gleiche Geschichte erzählt. Es verwundert aber dann doch, daß der dritte ZTG in jedem der vier Texte ein anderer sein soll: magi, Könige, Weise, Sterndeuter. Das Problem erweist sich als ein Problem der Übersetzung des - man möchte schon sagen - terminus technicus „magi" in die deutsche Sprache. Es wird in allen vier Texten anders gelöst, wobei nur der Tatian-Übersetzer das lat. Wort beibehält. Auswirkungen auf die textgrammatische Struktur ergeben sich bei der mhd. Übersetzung mit *Könige* und bei der nhd. Übersetzung mit *Sterndeuter*. Im ersten Fall wird der ZTG *magi* dem ZTG HERODES angenähert, mit Folgen für die Isotopie; im zweiten Fall wird er über Kontiguität mit dem ZTG STERN verbunden.

Aus der konstanten Erzählstruktur ist auch zu erklären, daß die Rekurrenz dreier über den Text verteilter identischer Prädikate mit geringen Schwankungen gleich bleibt: *komen* (ahd., mhd., fnhd. je 5x; nur nhd. 2x), *sehen* (ahd., mhd., fnhd. je 3x, nur nhd. 4x), *anbeten* (in allen Texten 3x), wobei die nhd. Übersetzer das lat. *adorare* allerdings interpretierend durch *huldigen* übersetzten.

Abgesehen von der Aufteilung des Subtextes a in drei Sätze in der mhd. Übersetzung, bewahren die vier Texte die vorgegebene Erzählstruktur auch in Beziehung auf die drei Subtexte mit je zwei Sätzen, die direkte Rede wiedergeben. Daraus folgt, daß das Vorkommen von Deiktika gleich bleibt. Ebenso ändert sich die Tempus-Modus-Verteilung nicht wesentlich.

Vorhanden sind in allen Texten auch die vier Isotopien, die wir im nhd. und im mhd. Text schon ausgemacht haben: Abgesehen von sprachgeschichtlich erwartbaren Varianzen und von geringfügigen Übersetzungseigenheiten, schwanken drei der vier Isotopien auch hinsichtlich der Frequenz der Sprachzeichen, die das jeweilige Isotopie-Klassem enthalten. Die Isotopie ‚menschliche eigendynamische Fortbewegung' ist in allen Texten die dichteste; die Zahl der Sprachzeichen dieser Isotopie schwankt jedoch zwischen 10 (mhd., fnhd.), 11 (ahd.) und 12 (nhd.). Ein anderes Zahlenbild bietet die vorwiegend verbale Sprechakt-Isotopie: 8 Sprachzeichen (ahd., mhd., fnhd.) gegenüber 11 (nhd.). Die Isotopie, die ich bei der Analyse des nhd. Textes zunächst Königs-Isotopie nannte, sollte um der Vergleichbarkeit willen das Klassem ‚Herrscher' erhalten; so kann das jeweilige Übersetzungsäquivalent für lat. *dux* im Zitat aus dem Propheten Micha (Herzog bzw. Fürst) in die Isotopie übernommen werden; nur der Tatian hat an dieser Stelle wegen seiner Vorlage *tuomo* = *iudex*. Die Frequenz ist dann ahd. 6, mhd. 8, fnhd. 8, nhd. 7. Die einzige Isotopie, die mit sechsmaligem Vorkommen des Klassems in allen Texten ein gleichmäßiges Vorkommen zeigt, ist die Isotopie ‚Neugeborenes'.

Wenn wir uns bewußt bleiben, daß es die Textgrammatik mit den Relationen oberhalb der Satzebene zu tun hat, dann stellt die Satzverteilung einen textgrammatisch wirklich relevanten Unterschied zwischen unseren Vergleichstexten dar. Mit der unterschiedlichen Satzverteilung meine ich, daß trotz der Invarianz der inhaltlichen Struktur, die wir im wesentlichen an den ZTG, den Isotopien und ihren Zuordnungen feststellten, die Zahl der Sätze pro Text deutlich schwankt: Ahd. hat 15, Mhd. 17, Fnhd. 16, Nhd. 22 Sätze. Diese Differenz hängt entscheidend damit zusammen, wie der in der zweiten Hälfte der Erzählung ursprünglich vorhandene „Satzblock" im einzelnen behandelt wird. Er umfaßt im Tatian, dessen ahd. Übersetzer hier treu der lat. Vorlage folgt, 5 finite Verben in 4 parataktischen Sätzen und 6 infinite Verben mit einem Nebensatz bei gleichem Subjekt. Während der ahd. Text noch ein gewisses Relief durch die Verteilung der infiniten und finiten Verbformen zeigt, entspricht dem im mhd. Text ein „Satzblock" (G) aus acht syndetischen Teilsätzen und je einem Nebensatz am Anfang und am Ende sowie ein einfacher Satz (H) am Ende der Geschichte. Luther vermindert demgegenüber den Satzblock (G) auf 7 Teilsätze und einen einleitenden Nebensatz, indem er den Schluß der Geschichte mit dem Befehl, nicht zu Herodes zurückzukehren, als eigenen Satz (H) abtrennt.

Eines der Hauptcharakteristika, durch die sich der nhd. Text von den Vorgängertexten unterscheidet, ist die Vermeidung bzw. Auflösung der Satzblöcke. Dem Satzblock am Ende der Geschichte, der im Tatian 11 Verben beinhaltet, entsprechen in der Einheitsübersetzung 7 einzelne Sätze (H-O)! Während Satzblöcke in narrativen Texten das Erzähltempo beschleunigen, bewirkt umgekehrt ihre Auflösung in Einzelsätze die Verlangsamung desselben.

Wir sollten noch einen Blick darauf werfen, welche Auswirkungen die „syntaktische Entzerrung" im nhd. Text auf die Konnektoren und auf die Topiks hat. Welch entscheidender Anteil an der Entzerrung den Topiks mit synsemantischer Verweisform (Typus *Herodes – er*) zufällt, wird an folgenden Zahlen deutlich: Der Anteil derartiger Topiks am Haupttext bleibt im ahd., mhd. und frühnhd. Text fast konstant: ahd. 6, mhd. 8, fnhd. 7. Im nhd. Text ist er mit 17 Topiks allerdings mehr als doppelt so hoch. Ein anderes Bild ergibt sich, wenn man die Zahl der Sätze pro Text mit der Zahl der Konnektoren pro Text in Beziehung setzt: Ahd. 15 Sätze : 6 Konnektoren, Mhd. 17 Sätze : 9 Konnektoren, Fnhd. 16 Sätze : 9 Konnektoren, Nhd. 22 Sätze : 8 Konnektoren. Man sieht, daß die Konnektoren nicht derart an der Satzentzerrung teilhaben, daß – wie man vermuten könnte – ihre Zahl proportional zur Zahl der Sätze steigt, im Gegenteil: Der nhd. Text hat 5 Sätze mehr als der mhd., aber einen Konnektor weniger, was damit zusammenhängt, daß die Einheitsübersetzung nur noch zwei Mal anreihendes *und* verwendet.

Als Resümee unseres Versuchs, an einem sehr begrenzten Vergleichsmaterial Einsichten in die Diachronie der deutschen Textgrammatik zu gewinnen, läßt sich festhalten: Aufgrund der engen Bindung der Beispieltexte an den Text der Bibel zeigten sich von Text zu Text nur unbedeutende Variationen bei der Textschichtung, den Koreferenzketten, den rekurrenten Prädikaten und den Isotopien. Wirkliche Unterschiede wurden aber im Zusammenhang mit dem, was ich vorläufig „Satzblock" nenne, evident: Dabei zeichnet sich die nhd. textgrammatische Struktur gegenüber der ahd., mhd. und fnhd. durch die konsequente Auflösung des Satzblocks aus. Damit geht die deutliche Vermehrung der Topiks mit synsemantischer Verweisform einher, nicht jedoch die Vermehrung der Konnektoren, deren Zahl im Vergleich zum mhd. und fnhd. Text stagniert. Welche Besonderheiten die Textgrammatik einer historischen Sprachstufe aufweist, wenn bei einem narrativen Text die enge Bindung an die biblische Vorlage entfällt, er stattdessen aber metrischen Zwängen unterliegt, das könnte die Untersuchung der Drei-Königs-Geschichte in Otfrids Evangelienbuch zutage fördern. Doch bleibt die Lösung dieser reizvollen Aufgabe einer anderen Gelegenheit vorbehalten.

4. Literatur

Brinker, Klaus (1985): Linguistische Textanalyse. Eine Einführung in Grundbegriffe und Methoden, Berlin (Grundlagen der Germanistik, 29).

Greule, Albrecht (1991): Möglichkeiten und Grenzen der textgrammatischen Analyse, Info DaF 18, 384-392.

Anhang A1: Die Huldigung der Sterndeuter

(Matthäus 2, 1-12 nach: Altes und Neues Testament in der Einheitsübersetzung, Stuttgart 1980)

A: Als[1] Jesus[2] zur[3] Zeit[4] des[5] Königs[6] Herodes[7] in[8] Bethlehem[9] in[10] Judäa[11] geboren[12] worden[13] war[14], kamen[15] Sterndeuter[16] aus[17] dem[18] Osten[19] nach[20] Jerusalem[21] und[22] fragten[23]:

- a_1: Wo[1] ist[2] der[3] neugeborene[4] König[5] der[6] Juden[7]?
- a_2: Wir[1] haben[2] seinen[3] Stern[4] aufgehen[5] sehen[6] und[7] sind[8] gekommen[9], um[10] ihm[11] zu[12] huldigen[13].

B: Als[1] König[2] Herodes[3] das[4] hörte[5], erschrak[6] er[7] und[8] mit[9] ihm[10] ganz[11] Jerusalem[11].

C: Er[1] ließ[2] alle[3] Hohenpriester[4] und[5] Schriftgelehrten[6] des[7] Volkes[8] zusammenkommen[9] und[10] erkundigte[11] sich[12] bei[13] ihnen[14], wo[15] der[16] Messias[17] geboren[18] werden[19] solle[20].

D: Sie[1] antworteten[2] ihm[3]:

- d_1: In[1] Bethlehem[2] in[3] Judäa[4];
- d_2: denn[1] so[2] steht[3] es[4] bei[5] dem[6] Propheten[7]:
- δ_1: Du[1], Bethlehem[2] im[3] Gebiet[4] von[5] Juda[6], bist[7] keineswegs[8] die[9] unbedeutendste[10] unter[11] den[12] führenden[13] Städten[14] von[15] Juda[16];
- δ_2: denn[1] aus[2] dir[3] wird[4] ein[5] Fürst[6] hervorgehen[7], der[8] Hirt[9] meines[10] Volkes[11] Israel[12].

E: Danach[1] rief[2] Herodes[3] die[4] Sterndeuter[5] heimlich[6] zu[7] sich[8] und[9] ließ[10] sich[11] von[12] ihnen[13] genau[14] sagen[15], wann[16] der[17] Stern[18] erschienen[19] war[20].

F: Dann[1] schickte[2] er[3] sie[4] nach[5] Bethlehem[6] und[7] sagte[8]:

f_1: Geht[1] und[2] forscht[3] sorgfältig[4] nach[5], wo[6] das[7] Kind[8] ist[9];

f_2: (und) wenn[1] ihr[2] es[3] gefunden[4] habt[5], berichtet[6] mir[7], damit[8] auch[9] ich[10] hingehe[11] und[12] ihm[13] huldige[14].

G: Nach[1] diesen[2] Worten[3] des[4] Königs[5] machten[6] sie[7] sich[8] auf[9] den[10] Weg[11].

H: (Und) der[1] Stern[2], den[3] sie[4] hatten[5] aufgehen[6] sehen[7], zog[8] vor[9] ihnen[10] her[11], bis[12] zu[13] dem[14] Ort[15], wo[16] das[17] Kind[18] war[19];

I: dort[1] blieb[2] er[3] stehen[4].

K: Als[1] sie[2] den[3] Stern[4] sahen[5], wurden[6] sie[7] von[8] sehr[9] großer[10] Freude[11] erfüllt[12].

L: Sie[1] gingen[2] in[3] das[4] Haus[5] und[6] sahen[7] das[8] Kind[9] und[10] Maria[11], seine[12] Mutter[13];

M: da[1] fielen[2] sie[3] nieder[4] und[5] huldigten[6] ihm[7].

N: Dann[1] holten[2] sie[3] ihre[4] Schätze[5] hervor[6] und[7] brachten[8] ihm[9] Gold[10], Weihrauch[11] und[12] Myrrhe[13] als[14] Gaben[15] dar[16].

O: Weil[1] ihnen[2] aber[3] im[4] Traum[5] geboten[6] wurde[7], nicht[8] zu[9] Herodes[10] zurückzukehren[11], zogen[12] sie[13] auf[14] einem[15] anderen[16] Weg[17] heim[18] in[19] ihr[20] Land[21].

Anhang A2

Satz	JESUS	HERODES	STERNDEUTER	STERN
A	2	5-7	16	-
a1	3-7	---	--	-
a2	3, 11	---	1	4
B	-	2-3,7,10	--	-
C	16-17	1, 12	--	-
D	-	3	--	-
d1	-	---	--	-
d2	-	---	--	-
δ1	-	---	--	-
δ2	5-6, 8-12	---	--	-
E	-	3, 8, 11	4-5, 13	17-18
F	-	3	4	-
f1	7-8	---	(1,3)	-
f2	3, 13	7, 10	2 (6)	-
G	-	4-5	7, 8	-
H	17-18	---	4, 10	1-2
I	-	---	--	3
K	-	---	2, 7	3-4
L	8-9, 12	---	1	-
M	7	---	3	-
N	9	---	3, 4	-
O	-	10	2, 13, 20	-

Anhang B: Diatessaron Theodiscum / Das Leben Jhesu, Kap. 15

(Ed.: Ch. Gerhardt, Leiden 1970, 11 f. - Älteste Hs.: Zentralbibliothek Zürich Hs.C 170 App. 56, Ende 13./Anf. 14. Jh.)

A: Do[1] Jhesus[2] geborn[3] was[4] in[5] Bethlehem[6] Jude[7] in[8] den[9] tagen[10] Herodes[11] des[12] kvniges[13]. do[14] kamen[15] die[16] kvnige[17] von[18] oriente[19] ze[20] Jerusalem[21] vnd[22] sprachen[23]

a_1: wa[1] ist[2] der[3] geborn[4] ist[5] der[6] Juden[7] kvnig[8]

a_2: wir[1] han[2] gesehen[3] sinen[4] sternen[5] in[6] oriente[7]

a_3: (vnd) wir[1] komen[2] mit[3] gabe[4] in[5] an[6] zebettenne[7]

B: do[1] das[2] gehorte[3] Herodes[4] der[5] kvnig[6] do[7] wart[8] er[9] betrubet[10] vnd[11] alle[12] Jerusalem[13] mit[14] ime[15]. vnd[16] samenden[17] alle[18] die[19] fürsten[20] der[21] priestere[22] vnd[23] die[24] schribere[25] des[26] volkes[27] vnd[28] fragten[29] sv[30] wa[31] Christus[32] geborn[33] solte[34] werden[35]

C: (vnd) sv[1] seiten[2] ime[3]

c_1: in[1] Bethlehem[2] Jude[3]

c_2: wan[1] alse[2] ist[3] geschriben[4] in[5] den[6] propheten[7]

χ_1: dv[1] Bethlehem[2] Juda[3] dv[4] enbist[5] nit[6] dv[7] minste[8] vnter[9] den[10] forsten[11] von[12] Juda[13].

χ_2: wan[1] us[2] dir[3] sol[4] komen[5] ein[6] herzoge[7] der[8] berichten[9] sol[10] min[11] folk[12] Israhel[13].

D: do[1] rief[2] Herodes[3] den[4] kvnigen[5] vnd[6] lernete[7] flisseclich[8] von[9] in[10] die[11] zit[12] des[13] sternen[14] der[15] in[16] schein[17] vnd[18] sante[19] sv[20] in[21] Bethlehem[22] vnd[23] sprac[24]

d_1: get[1] vnd[2] fragent[3] flissecliche[4] von[5] dem[6] kinde[7]

d_2: (vnd) so[1] ir[2] es[3] funden[4] hant[5] so[6] lant[7] es[8] mich[9] wissen[10] das[11] ich[12] kome[13] vnd[14] es[15] anbette[16].

E: (vnd) do[1] si[2] in[3] gehorten[4] do[5] schieden[6] sv[7] von[8] im[9]

F: (vnd) der[1] sternen[2] den[3] sv[4] sahen[5] der[6] gieng[7] vor[8] in[9] bis[10] zv[11] dem[12] huse[13] do[14] das[15] kint[16] was[17]

G: (vnd) do[1] sv[2] den[3] sternen[4] sahen[5] do[6] wurden[7] sv[8] sere[9] fro[10] mit[11] grosser[12] froide[13]. vnd[14] giengen[15] in[16] das[17] hus[18] vnd[19] funden[20] das[21] kint[22] mit[23] Marien[24] siner[25] mvter[26]. vnd[27] fielen[28] nider[29] vnd[30] anbetteton[31] is[32]. vnd[33] taten[34] uf[35] ire[36] schetze[37] vnd[38] brachten[39] ime[40] gabe[41]. golt[42] wieroch[43] vnd[44] mirren[45]. vnd[46] enpfiengen[47] antwürte[48] in[49] dem[50] slaffe[51] das[52] sü[53] nut[54] wider[55] kemin[56] zv[57] Herode[58]

H: svnder[1] ein[2] andern[3] weg[4] furen[5] sv[6] wider[7] in[8] ir[9] riche[10].

Anhang C: Tatian, Kap.VIII

(Text nach E. Sievers, Tatian, 1892, 27 f., und A. Masser, Die lateinisch-althochdeutsche Tatianbilingue Stiftsbibliothek St. Gallen Cod. 56, 1994, 92-94)

A: Mit thiu[1] ther[2] heilant[3] giboran[4] uuard[5] in[6] Bethleem[7] Iudeno[8] burgi[9] in[10] tagon[11] Herodes[12] thes[13] cuninges[14], senu[15] thô[16] magi[17] óstana[18] quamun[19] zi[20] Hierusalem[21] sus[22] quedante[23]:

a_1: uuar[1] ist[2] ther[3] thie[4] giboran[5] ist[6] Iudeno[7] cuning[8]?

a_2: uuir[1] gisahumes[2] sínan[3] sterron[4] in[5] ostarlante[6] inti[7] quamumes[8] inan[9] zi[10] betonne[11].

B: Thô[1] thaz[2] gihorta[3] Herodes[4] ther[5] cuning[6], uuard[7] gitruobit[8] inti[9] al[10] Hierusalem[11] mit[12] imo[13], inti[14] gisamanota[15] then[16] hêrduom[17] thero[18] biscofo[19] in[20] thie[21] gilêrtun[22] thes[23] folkes[24], eisgota[25] fon[26] in[27], uuar[28] Christ[29] gibôran[30] uuari[31].

C: Sie[1] thô[2] quadun[3] imo[4]:

c_1: in[1] Bethleem[2] Iudeno[3] burgi[4].

c_2: Sô[1] ist[2] giscriban[3] thuruh[4] then[5] uuîzzagon[6]:

χ_1: thu[1] Bethleem[2] Iudeno[3] erda[4] nio[5] in[6] altere[7] bist[8] thu[9] minnista[10] in[11] then[12] heriston[13] Iudeno[14],

χ_2: uuanta[1] fon[2] thir[3] quimit[4] tuomo[5], ther[6] rihtit[7] mîn[8] folc[9] Israhel[10].

D: Thô[1] Herodes[2] tougolo[3] gihaloten[4] magin[5] gernlicho[6] lerneta[7] fon[8] in[9] thie[10] zît[11] thes[12] sterren[13], ther[14] sih[15] in[16] araugta[17], in[18] santa[19] sie[20] in[21] Bethleem[22] sus[23] quedanti[24]:

d_1: faret[1] inti[2] fraget[3] gernilicho[4] fon[5] themo[6] kinde[7];

d_2: thanne[1] ir[2] iz[3] findet[4], thanne[5] cundet[6] iz[7] mir[8], thaz[9] ih[10] thara[11] queme[12] inti[13] beto[14] inan[15].

E: Thô[1] sie[2] gihortun[3] then[4] cuning[5], fuorun[6];

F: senu[1] thô[2] sterro[3], then[4] sie[5] gisahun[6] in[7] óstarlante[8], forafuor[9] sie[10], unz[11] her[12] quementi[13] stuont[14] oba[15] thar[16] thie[17] kneht[18] uuas[19].

G: Sie[1] thô[2] gisehente[3] then[4] sterron[5] gifahun[6] mihhilemo[7] gifehen[8] thrato[9] inti[10] ingangante[11] in[12] hûs[13] fundun[14] then[15] kneht[16] mit[17] Mariun[18] sinero[19] muoter[20], inti[21] nidarfallenti[22] betotun[23] inan[24] inti[25] gioffonoten[26] iro[27] tresofazzon[28] brahtun[29] imo[30] geba[31], gold[32] inti[33] uuihrouh[34] inti[35] myrrun[36], inti[37] inphanganemo[38] antvvurte[39] in[40] troume[41], thaz[42] sie[43] ni[44] vvurbin[45] zi[46] Herode[47], thuruh[48] anderan[49] uueg[50] vvurbun[51] zi[52] iro[53] lantscheffi[54].

Anhang D: M. Luther, Die gantze Heilige Schrifft.

Deudsch 1545, Matth. II, 1-12

A: DA[1] Jhesus[2] geborn[3] war[4] zu[5] Bethlehem[6] / im[7] Jüdischenlande[8] zur[9] zeit[10] des[11] königes[12] Herodis[13] / Sihe[14] / da[15] kamen[16] die[17] Weisen[18] vom[19] Morgenland[20] gen[21] Jerusalem[22] / vnd[23] sprachen[24] /

a_1: Wo[1] ist[2] der[3] newgeborne[4] König[5] der[6] Jüden[7]:

a_2: Wir[1] haben[2] seinen[3] Sternen[4] gesehen[5] im[6] Morgenland[7] / vnd[8] sind[9] komen[10] jn[11] an[12] zu[13] beten[14].

B: DA[1] das[2] der[3] könig[4] Herodes[5] hörete[6] / erschrack[7] er[8] / vnd[9] mit[10] jm[11] das[12] gantze[13] Jerusalem[14] / Vnd[15] lies[16] versamlen[17] alle[18] Hohepriester[19] vnd[20] Schrifftgelerten[21] vnter[22] dem[23] Volck[24] / vnd[25] erforschete[26] von[27] jnen[28] / Wo[29] Christus[30] solt[31] geborn[32] werden[33]:

C: (Vnd) sie[1] sagten[2] jm[3] /

c_1: Zu[1] Bethlehem[2] im[3] Jüdischenlande[4] /

c_2: Denn[1] also[2] stehet[3] geschrieben[4] durch[5] den[6] Propheten[7].

χ_1: (Vnd) du[1] Bethlehem[2] im[3] Jüdischenlande[4] / bist[5] mit[6] nichte[7] die[8] kleinest[9] vnter[10] den[11] Fürsten[12] Juda[13].

χ_2: Denn[1] aus[2] dir[3] sol[4] mir[5] komen[6] / der[7] Hertzog[8] / der[9] vber[10] mein[11] volck[12] Jsrael[13] ein[14] Herr[15] sey[16].

D: DA[1] berieff[2] Herodes[3] die[4] Weisen[5] heimlich[6] / vnd[7] erlernet[8] mit[9] vleis[10] von[11] jnen[12] / Wenn[13] der[14] Stern[15] erschienen[16] were[17]: Vnd[18] weisete[19] sie[20] gen[21] Bethlehem[22] / vnd[23] sprach[24] /

d_1: Ziehet[1] hin[2] / vnd[3] forschet[4] vleissig[5] nach[6] dem[7] Kindlin[8] /

d_2: (Vnd) wenn[1] jrs[2] findet[3] / saget[4] mirs[5] wider[6] / Das[7] ich[8] auch[9] kome[10] / vnd[11] es[12] anbete[13].

E: ALS[1] sie[2] nu[3] den[4] König[5] gehört[6] hatten[7] / zogen[8] sie[9] hin[10].

F: (Vnd) sihe[1] / der[2] Stern[3] den[4] sie[5] im[6] Morgenland[7] gesehen[8] hatten[9] / gieng[10] fur[11] jnen[12] hin[13] / Bis[14] das[15] er[16] kam[17] / vnd[18] stund[19] oben[20] vber[21] / da[22] das[23] Kindlin[24] war[25].

G: Da[1] sie[2] den[3] Stern[4] sahen[5] / wurden[6] sie[7] hoch[8] erfrewet[9] / Vnd[10] giengen[11] in[12] das[13] Haus[14] / vnd[15] funden[16] das[17] Kindlin[18] mit[19] Maria[20] seiner[21] mutter[22] / vnd[23] fielen[24] nider[25] / vnd[26] betten[27] es[28] an[29] / Vnd[30] theten[31] jre[32] Schetze[33] auff[34] / vnd[35] schenckten[36] jm[37] Gold[38] / Weyrauch[39] vnd[40] Myrrhen[41].

H: (Vnd) Gott[1] befalh[2] jnen[3] im[4] trawm[5] das[6] sie[7] sich[8] nicht[9] solten[10] wider[11] zu[12] Herodes[13] lencken[14] / Vnd[15] zogen[16] durch[17] einen[18] andern[19] weg[20] wider[21] in[22] jr[23] Land[24].

Frühneuhochdeutsch in der Oberpfalz

Die Sprache des Gebenbacher Pfarrbuchs von 1418-1437

Einleitung

In einer Arbeit über Sprachnorm und Sprachnormierung im Frühneuhochdeutschen in Bayern stellt Walter Tauber (1993) fest, daß die Oberpfalz, einer der drei altbayerischen Regierungsbezirke, bei der Entwicklung der bayerischen Schriftsprache zwischen 1450 und 1800 eine Sonderstellung einnimmt, und zwar in der Weise, „daß die oberpfälzischen Handschriften und Drucke in stärkerem Maße bairisch-oberdeutsche Varianten meiden als die übrigen Texte in Bayern." Der mitteldeutsche Einfluß sei in oberpfälzischen Texten an mehreren sprachlichen Varianten ersichtlich, und es werde deutlich, daß die Oberpfalz auch nach dem Einsetzen der Gegenreformation den Sprachausgleich gefördert habe (Tauber 1993, 272). Zumindest für das 15. Jh. stützen sich diese Aussagen jedoch nur auf Quellen aus Regensburg;[1] auf Quellen des 15. Jh. aus der Oberpfalz, im Sinne von oberer Pfalz, zu der Regensburg ursprünglich nicht gehörte, kann W. Tauber nicht zurückgreifen.

Vor diesem Hintergrund gewinnt ein als Handschrift vorliegendes Pfarrbuch aus der Gemeinde Gebenbach, unweit von Amberg, dem alten Zentrum der Oberpfalz, gelegen, besondere Bedeutung für die Erforschung des Frühneuhochdeutschen in Bayern und in der Oberpfalz.

Die folgenden Ausführungen wollen diesen Text zunächst vorstellen und ihn dann einer ersten sprachwissenschaftlichen Auswertung zuführen.[2]

1. Das Gebenbacher Pfarrbuch von 1419-1437[3]

Das Gebenbacher Pfarrbuch (abgekürzt: GPf.) liegt heute als Literalie des Klosters Prüfening (Regensburg) im Bayerischen Hauptstaatsarchiv in München (KL Prüfening 32), wurde aber noch um die Mitte des 16. Jahrhunderts in der Pfarrkirche von Gebenbach selbst aufbewahrt. Es handelt sich um 97 teils eng beschriebene Papierblätter im Schmalfolioformat (31x10 cm). Die

---

1 Auch die von Tauber (1993) herangezogenen Quellen des 15. Jh., deren Provenienz laut Quellenverzeichnis die Oberpfalz ist, cgm 606 und cgm 620, stammen mit großer Wahrscheinlichkeit aus Regensburg, vgl. Schneider (1978), 234 und 249.

2 Den Hinweis auf das Gebenbacher Pfarrbuch verdanke ich meinem Kollegen Prof. Dr. Franz Fuchs vom Historischen Institut der Universität Regensburg. Ein erstes Kennenlernen und Erschließen der Quelle vollzog sich im Verlauf eines gemeinsamen Seminars im Sommersemester 1996. Franz Fuchs und den Seminarteilnehmern danke ich für viele wertvolle Anregungen.

3 Das folgende Kapitel basiert auf Fuchs (1997).

Aufzeichnungen, teils in lateinischer, teils in deutscher Sprache, beginnen mit dem Jahr 1419, als der Geistliche Paul Gössel die Pfarrei Gebenbach übernahm, und enden mit dem Jahr 1437. Daß die Aufzeichnungen bis auf zwei Ausnahmen von Paul Gössel selbst stammen, steht außer Zweifel, weil er sich nicht nur selbst mehrfach nennt, sondern seine Aufzeichnungen immer wieder durch sehr persönlich gefärbte Bemerkungen unterbricht. Lediglich auf den Seiten 76v und 77r wird die Hand eines Cooperators sichtbar; die Passage ist überschrieben mit den Worten „domine petre hic incipiatis scribere". Und in der 2. Hälfte des 16. Jahrhunderts ergänzte darüber hinaus der protestantische Pastor Adolar Wiesent das Pfarrbuch durch verschiedene Einträge.

Das Dorf Gebenbach lag ursprünglich auf bambergischem Territorium, gelangte aber 1138 an das Kloster Prüfening, bei dem auch die Patronatsrechte lagen. Die Pfarre mußte allerdings mit Weltpriestern besetzt sein. Im 15. Jh. war der Landesherr der in Heidelberg residierende Kurfürst von der Pfalz. Die Dorfmark wird von gewählten „iurati" beaufsichtigt; die „Zechleute" verwalten zusammen mit dem Pfarrer das Kirchenvermögen.

Bevor wir uns der Person des Pfarrherrn Paul Gössel zuwenden, der für die sprachliche Gestalt des Pfarrbuches die entscheidende Bedeutung zukommt, werfen wir einen Blick auf die Textinhalte: Den Anfang bilden Einnahmeverzeichnisse. Ausführlich erörtert Gössel die Pflichten und Funktionen des Pfarrgesellen und des Mesners; das Pfarrbuch enthält davon zwei Fassungen; zwischen einer ersten Fassung (26v-28v) und einer revidierten Fassung (63r-67r) liegen zehn Jahre. Ferner finden sich - sprachwissenschaftlich besonders interessante - Inventare über Hab und Gut des Pfarrhauses und der dazu gehörenden Landwirtschaft. Die Verrechnungen mit dem Vikar werden verbucht, andere Teile des Textes betreffen die liturgischen Pflichten des Pfarrers, Gottesdienste und Prozessionen, Totenbegängnisse, Wettersegen, Speiseweihen und anderes.

Die Biographie Paul Gössels hat Franz Fuchs durch akribische Arbeit aufgehellt. Gössel ist in Hahnbach an der Vils (nördlich Amberg) nicht weit von Gebenbach geboren, vermutlich zwischen 1375 und 1380; er muß eine Universität - vielleicht die Prager - besucht haben, zwischen 1404 und 1408 war er Pfarrgeselle in Cham und Wilting bei Cham, von 1408 bis 1411 Stadtgeselle in Amberg. Als Kaplan des Pfalzgrafen Johann, dem in der Pfälzer Erbteilung das Gebiet um Neumarkt zugesprochen worden war, ist Gössel erstmals a. 1418 nachzuweisen. 1425/26 begleitete er den Kurfürsten Ludwig von der Pfalz auf dessen Pilgerfahrt nach Jerusalem (vgl. 68v und 76r), unterbricht also seine Anwesenheit in Gebenbach; die Pfarrei wird unterdessen von Vikaren versehen. Seine letzten Jahre verbrachte Gössel ab 1437 in Cham; 1452 wird er als verstorben erwähnt.

2. Sprachliche Charakteristika

Die folgenden Beobachtungen greifen einer detaillierten sprachwissenschaftlichen Auswertung des Gebenbacher Pfarrbuchs keineswegs vor. Sie sollen lediglich im Rahmen des mir zur Verfügung stehenden Raums auf den fünf Ebenen Schreibung-Lautung, Flexion, Wortbildung, Lexik und Textbildung einen Eindruck von der Sprachgestalt der Quelle vermitteln und ihre Bedeutung für die Frühneuhochdeutsch-Forschung herausstreichen.

2.1 Monophthongierung

Die mitteldeutsche bzw. frühneuhochdeutsche Monophthongierung von mhd. /ie uo üe/ > /i: u: ü:/ (vgl. Paul/Wiehl/Grosse 1989, § 162) kann für GPf. durch folgende Überlegungen wahrscheinlich gemacht werden: erstens durch die monographischen Schreibungen <i> für /ie/ wie *lib* (63r), *dinstlich* (64v, 67r), *dine* (64v, = *diene* 65v), *by lichtem tag* (65r), *goczdinst* (65v), *genisßen* (65v) und *sichen* (65v). Zweitens durch die digraphische Schreibung <ij> in *hij* (25v), *zijhen* (27v) und *dij* (65r), die auf die Länge des neuen Monophthongen hindeutet. Drittens umgekehrte Schreibungen für gelängtes mhd. /i/ in *syeb* (59v) für mhd. *sip* und *gerietten* (70r) für mhd. *geriten*). Als Relikt der ursprünglich diphthongischen Aussprache werte ich den Beleg *abtzijehen* (88v), der den auffälligen Trigraph <ije> aufweist.

Im Gegensatz dazu finden sich monographische Schreibungen für den Diphthong /uo/ nur selten, z. B. *thun* (4v, mhd. *tuon*). Hier dominiert eindeutig die Schreibung mit <e> über <u>, z. B. *guͤt* (25r), *huͤb* (25r), *zuͤ* (27r), *thuͤn* (27r und oft). Das übergeschriebene <e> ist teilweise schon zum Trema vereinfacht, z. B. *güt* (65r). Der gerundete Diphthong /üe/ wird vom Schreiber des GPf.s nicht anders als der ungerundete geschrieben, z. B. mit übergeschriebenem <e> *gefuͤren* (27v), *etlich ymerkuͤ* (29r, mhd. Pl. *küe*), mit Trema *mü* (65r, mhd. *müe*). Dies ist wohl damit zu erklären, daß die Schreibung mit e-Diakritikum bzw. mit Trema lautlich doppeldeutig war und sowohl den langen ungerundeten Monophthongen /u:/ als auch den gerundeten /ü:/ wiedergeben konnte.

Im Unterschied zur Monophthongierung der hohen Diphthonge ist die Monophthongierung der halbhohen /ei/ und /ou/ zu /e:/ bzw. /o:/ nur spärlich nachzuweisen. Es existieren einige Schreibungen mit monographischem <e> für mhd. /ei/: *emer* (61r), *auff beden seyten* (76v, 84r). In einigen Fällen wird *einander* in Verbindung mit Präposition *enander* geschrieben, z. B. *mitenander* (79r); hier könnte die Graphie <e> auch einfach den unbetonten und dann abgeschwächten Diphthong meinen. Noch schwieriger und höchstens auf Umwegen läßt sich die Monophthongierung /ou/ > /o:/ nachweisen. Ein Mal schreibt Gössel nämlich *vrlaben*[4] für mhd. *urlouben*. Um auf den Monophthong /o:/ zu kommen, müßte man allerdings noch umgekehrte Schreibung (/o:/ wird für gerundetes /a:/ gehalten und „korrekt“

---

4 26v: *So hab er in ze vrlab(e)n, wenne er welle.*

mit <a> wiedergegeben) annehmen. So wäre in Anbetracht der Einmaligkeit des Belegs Verschreibung, *vrlaben* statt *vrlauben*, doch wahrscheinlicher.[5]

2.2 Senkung

Die mitteldeutsche Senkung von /i u ü/ > /e o ö/ vor Liquid bzw. Nasal (Paul/Wiehl/Grosse 1989, § 65) hinterläßt im GPf. unübersehbare Spuren. Beispiele für /i/ > /e/ sind: *werdt* neben *wirdt* (28v), *erte* (64v statt *irrte*), *für die kerch*(*e*)*n* (66v), *scherm* (60r). Daß es sich dabei nicht um hyperkorrekte Schreibungen für die bairische Hebung von /e/ > /i/ (Tauber 1993, 32 f.) handelt, dagegen spricht, daß auch die parallelen Senkungen geschrieben werden. Beispiele für /u/ zu /o/: *sontag* (65r), *dold*(*e*)*n* (76r), *yetzond* (84r), vor einfachem Nasal oder Liquid auch in *son* (76v) und *sol* (aber *sullen*, oft). Im Falle von *myn*(*er*) *momen* (82r, mhd. *muome*) liegt Senkung nach der Monophthongierung vor. Beispiele für /ü/ > /ö/: *die drey mölen* (25r). Bei *gro̊n*(*er*) (60r), *ho̊ner* (oft) und bei *entpfro̊*(*n*)*den* (88r), denen mhd. *grüener, hüener, entphrüenden* entsprechen, geht wie bei *momen* der Senkung die Monophthongierung zu *grüner, hüner, entpfründen* voraus.

2.3 Mhd. /w/

Als Indiz für die bilabiale Aussprache des mhd. /w/ im Bairischen wird die Tatsache gewertet, daß hier seit dem Ende des 13. Jahrhunderts für anlautendes /w-/ öfter <b> geschrieben wird (Tauber 1993, 138; Paul/Wiehl/Grosse 1989, § 116, Anm. 3). Auch davon finden sich im GPf. Spuren: *benig* (63v), *beyppar* (63v, mhd. **wîpbaere*), *von rechtens begen* (64v), im mittelbaren Anlaut: *dobon* (66r), *scharbercken* ‚für den Besitzer arbeiten' (28v, 64v), *erberben* (72r). Wohl nicht zufällig steht die Mehrzahl der Belege für diese Lauterscheinung in der revidierten Fassung der Rechte und Pflichten des Mesners. Einen Grund dafür kann ich freilich nicht nennen.

2.4 Kardinalzahlen

Als Beispiel für die noch weitgehend intakte mhd. Flexion in GPf. sollen die beiden Kardinalzahlen 2 und 3 stehen. Belegt sind folgende Formen: vom Zahlwort 2 der Nominativ/Akkusativ des Maskulinums *zwen kås* (80v), der Nominativ des Femininums *gůt*(*er*) *flasch*(*e*)*n zwo* (82v), der Akkusativ des Neutrums *auf gůt*(*er*) *tagwerck zwaij* (42r), der Dativ *zu zwein mol*(*e*)*n* (84r). Daß bereits eine Unsicherheit beim Gebrauch des Maskulinums vorhanden war, zeigt die Verwendung des Neutrums *zway* in *zway zynein*(*e*) *kessel* (60r), wo es *zwen* heißen müßte. Beim Zahlwort 3 ist der Ausgleich des maskulinen und femininen Genus bereits im Mittelhochdeutschen eingetreten. Maskulinum und Femininum lauten dort *drî*(*e*), das Neutrum *driu*. Genau diesen

[5] *vrlaüben* steht an der entsprechenden Stelle, 63r, der revidierten Fassung der Rechte und Pflichten des Mesners.

Befund weist auch das GPf. – mit Diphthongierung der mhd. Langmonophthonge – auf: Akkusativ maskulin *dreij hall(er)* (25r), Nominativ/Akkusativ feminin *die drey mőlen* (25r); aber Akkusativ neutrum *auff drew jar* (76v). Der genusneutrale Dativ dieses Zahlworts hat im Pfarrbuch die Form *dri(e)n* (87r: *von in allen dri(e)n*) statt der ursprünglichen Form *drin*, d. h. es wurde lediglich das Morphem des Dativ Plurals verdeutlichend substituiert.

2.5 *gien/stien*

Zu den morphologischen Auffälligkeiten der Gebenbacher Handschrift gehören die beiden Infinitivformen *gien* und *stien* für mhd. bair. *gên* und *stên*. Die Digraphie <ie> weisen außer den Infinitivformen[6] auch die 3. Person Plural Präsens Indikativ (*sy gien* 85v, nur ein Mal mit der Endung *-nd* 79v) und das Partizip Präsens (*fur das stiend holtz* 83r) auf.[7] Daneben tauchen vereinzelt im Infinitiv und in der 3. Person Plural die Formen *gan* (79r) bzw. *stan* (79r) auf. Sie geben zusammen mit den Formen *gat* (88r) und *stat* (77r) für die 3. Person Singular Präsens Indikativ Zeugnis für das Weiterexistieren des alten mhd. Paradigmas *gân, gâst, gât* usw., an dem nur der für das Bairische untypische â-Vokal überrascht. Da dieser aber im Alemannischen und Rheinfränkischen vorherrschte (Paul/Wiehl/Grosse 1989, § 280), könnte man in den a-Formen im GPf rheinfränkischen, grob gesprochen, westmitteldeutschen Einfluß vermuten. Für die 3. Person Singular Präsens finden wir aber auch die echt bairischen Formen *get* (87v) und *stet* (88v).

Wie sind die Formen mit der Digraphie <ie> zu erklären? Der Beleg *begëen* (70v) legt folgende Vermutung nahe. Im Infinitiv wird an der bairischen Form der beiden Verben das normale Infinitivmorphem *-en* hyperkorrekt restituiert (> *gê-en, stê-en*). Diese Bildung hatte nicht nur graphische, sondern auch phonische Realität, was zur Folge hatte, daß die beiden e-Laute gegeneinander abgegrenzt wurden, und zwar so, daß das -ê- des lexikalischen Morphems zu -i- gehoben wurde, während das -e- des grammatischen Morphems erhalten blieb.

2.6 Stoffadjektive

Die bei Fleischer und Barz (1992, 254 f.) beschriebene Stoffadjektivbildung des Neuhochdeutschen kann sehr gut mit den im Gebenbacher Pfarrbuch vorhandenen Stoffadjektiven verglichen werden. Dank der schon erwähnten Inventare, die verhältnismäßig viele Stoffadjektive enthalten, ist es möglich, die Wortbildungsmorphologie der Stoffadjektive dieser Quelle relativ genau zu beschreiben. Ausgangspunkt für die nhd. Verhältnisse ist das mhd. Wortbildungsmorphem *-în-*. Dies ist, abgesehen von der Diphthongierung, nicht anders im GPf. Wir finden dort die Adjektive: *eysnein* ‚aus Eisen' (51r, 60v), *mådrein* ‚aus Marderpelz' (58v), *zynein* ‚aus Zinn' (59r), *hultzein* ‚aus

6 Belegstellen: 26r, 27v, 66r, 70v, 76v, 79r, 83v, 86r.

7 Belegstellen für die 3. Pers. Pl. Präs.: 26v, 63v, 77r, 79v, 85v.

Holz' (59r), *kůppferein* ‚aus Kupfer' (60r). Daneben existiert aber eine abgeschwächte Variante des Suffixes, nämlich *-en*, vgl. *eysnen* (51r), *kupferen* (51r), *zinen* (51r), *aychen* „aus Eiche" (60v). Die Beleglage ist leider nicht so günstig, daß eine Distribution der beiden Varianten festgestellt werden könnte. Jedoch liegt die Vermutung nahe, daß die Abschwächung des Suffixes von mhd. *-în-* zu *-en-* in den flektierten Formen der Stoffadjektive begann. Es findet sich im GPf. bei Flexion nämlich fast nur die abgeschwächte Form, vgl. *1 eisnenew schauffel* (mhd. *îsnîniu*, 50v), *1 eysner schawmloffel* (mhd. *îsnîner*, 59v). Auf die Existenz einer dritten Variante des Suffixes, nämlich *-ern-*, kann geschlossen werden aus den Belegen: *hultzer*(n) (59v) neben *hultzein*, *fůchser*(*n*) (58v), *eyßern* (60r). Sie ist aus der abgeschwächten Suffixvariante *-en-* hervorgegangen durch falsche Abtrennung und Synkope in Fällen wie *kupfer-en* usw. Eine flektierte Form dieser Suffixvariante dürfte *1 eyßner*(*er*) *furslag* (61r) statt *eyßerner* sein. Wie bekannt, hat das Nhd. durch Aufgabe der Variante *-ein-* nur zwei der drei frühnhd. Varianten des Stoffadjektivsuffixes bewahrt.

Nach Fleischer und Barz (1992, 255) steht im Nhd. dem Modell mit dem Suffix *-en* und der Bedeutung ‚aus dem betreffenden Stoff' ein Modell mit dem Suffix *-ig* (mhd. *-ic*, *-ig-*) und der Bedeutung ‚wie der betreffende Stoff' gegenüber. Im GPf. finden wir ebenfalls Adjektive mit dem Suffix *-ig*; allerdings trifft auf sie die Paraphrase ‚womit etwas versehen ist' zu. So wird das Adjektiv *kotig*, *ko̊tig* (70r) ‚schmutzig' auf *weg*, und das Adjektiv *mo̊sig* (71r) ‚voller Moos' auf *seelein* bezogen, vgl. mhd. *sülic* ‚mit Sumpf versehen'. So repräsentieren also die beiden Stoffadjektivsuffixe im GPf., bedingt durch seine Themen, eine etwas anders geartete Opposition als im Nhd.: Das Suffix *-ein* und seine Varianten meinen das Material, aus dem etwas hergestellt ist; das Suffix *-ig* meint eine Materie, mit der etwas versehen ist.

2.7 Fest- und Wochentagsnamen

Das GPf. bietet eine Fülle lexikalischen Materials aus den verschiedensten „Sinnbezirken", die hier nicht einmal angedeutet werden können. Ich beschränke mich auf die in der Quelle genannten Wochen- und Festtage, obwohl von den Wochentagen nur *sontag* (65r) und *freijtag* (27v), nicht aber Dienstag und Donnerstag, die als *erchtag* und *pfinztag* bairische Kennwörter wären (Tauber 1993, 175), genannt werden. Die kirchlichen Feste – sie heißen *hochczytlich tage* – werden in deutscher Sprache im Zusammenhang mit den Rechten und Pflichten des Mesners genannt (64r): *zu ost*(*er*)*n, pfingsten all*(*er*) *heylig*(*e*)*n vnd seletag vnd zu Weychnacht*(*e*)*n, dy vier vnß*(*e*)*r frawn tag lichtmeßtage am Oberig*(*e*)*st*(*e*)*n und all zwelffpoten tag.* Die meisten der hier genannten Festtage sind heute noch bekannt; der *seletag* ist der Allerseelentag, *am Oberigsten* meint das Dreikönigsfest, ein *zwelffpoten tag* ist das Fest eines der 12 Apostel (Schmeller 1966, II, Sp. 1177). Andere kirchliche Feiertage wie *palmtag* (28v), *karfreytag* (28v) oder *kirchweich* (81v) fehlen in dieser Aufzählung. Überhaupt nicht genannt wird der Gründonnerstag, der bairisch *Ant-*

laßtag heißt (Schmeller 1966, I, Sp. 1507); da jedoch das Wort *antlas* im Sinne von ‚Ablaß' in GPf. (27v) vorkommt, kann man damit rechnen, daß auch in Gebenbach der Name des Gründonnerstags mit *antlas* gebildet wurde. Während *ban(n)fast tag* (64r, 65r) gebotene Fasttage waren (Schmeller 1966, I, Sp. 243), meint *alle kottemm(er)* (25v) im GPf. primär einen Zahltagstermin und nicht - wie lateinisch *quatember* - die strenggebotenen Fasttage Mittwoch, Freitag und Samstag zu Anfang der vier Jahreszeiten (vgl. Schmeller 1966, I, Sp. 1397). Indem ich noch erwähne, daß es in Gebenbach am Karfreitag üblich war, eine *marter*, d. h. das Kreuz als Zeichen des Leidens Christi, aufzustellen und davor *gelt kese ayr wachs etc.* (28v) zu opfern, wird deutlich, welch reiches Material das GPf. nicht nur für die Sprachwissenschaft, sondern auch für die Volkskunde enthält.

2.8 Intertextuelles

Ein erster Eindruck vom Wert des GPf. als frühnhd. Quelle wäre ohne einen Blick auf seine intertextuellen Bezüge unvollständig. Ich lasse dabei die Zitate mittelalterlicher Spruchweisheit in lateinischer Sprache, die Paul Gössel gern in den Text einflicht und auf die Franz Fuchs (1997, 47) hinweist, weg und gehe nur auf die deutschsprachigen Stellen ein, die andere Funktionen als die lateinischen Zitate haben.

Mitten im lateinischen Text, in dem Gössel sich über seinen unfähigen Vorgänger Otto Lengfelder äußert, wird dieser mit folgenden Worten zitiert: *Ich hab ein schŏn hauß zimert. Ich wolt aber g(er)n wen(n) ich nicht mer sein schollt das es zu ein(er) reugrüb würd und das es zu rot(e)m lauch* <lies *rauch*> *auffgieng* (57r). Dies war insofern eine bemerkenswerte Äußerung, als das von Lengfelder neu gebaute Haus tatsächlich in Flammen aufging.

Der Text auf Seite 89r im GPf. fällt durch die dreimalige Anrede *lieb(e)r h(er) hanns* auf. Man muß annehmen, daß Paul Gössel einen Brief- oder Verhandlungsentwurf in das Pfarrbuch aufnahm, mit dem er sich gegen Zahlungsforderung des Hanns Stadler zur Wehr setzt.

Dem liturgischen Eifer Paul Gössels haben wir es zu verdanken, daß er uns die Anfänge der Lieder mitteilt, die die Gemeinde in der Messe singt (92v): von Lichtmeß bis Palmsonntag *Nu bitte wir den heilig(e)n geist*, ferner *Sancta maria muter reyne meid/ alle vnß(er) not die sey dir geklaid* und *des helf uns sancta maria*. In der Zeit von Ostern bis Pfingsten soll gesungen werden *Crist ist erstanden* und *Also her ist dieser tag, das den nyemand mit lobe erfullen mag;* in der Weihnachtszeit: *vns ist geborn ein kind*.

3. Zusammenfassung und Ausblick

Der vorgelegte Versuch, das GPf. als Quelle des Frühneuhochdeutschen in der Oberpfalz einer ersten sprachwissenschaftlichen Erschließung zuzuführen, muß durch die Lösung einer ganzen Reihe von Aufgaben vervollständigt werden. Dazu zählen: die thematische Verteilung der lateinischen und deutschen Textanteile, die graphonemischen[8] und flexionsmorphologischen Systeme, die oben gar nicht angesprochene Syntax, der Wortschatz der verschiedenen Sinnbezirke, eine wortgeographische Bestimmung des Textes und nicht zuletzt der ebenfalls völlig ausgeklammerte Fundus an Personen-, Siedlungs- und Flurnamen.

Trotz zahlreicher noch unbeantworteter Fragen ist ein erster Eindruck nicht von der Hand zu weisen, nämlich der, daß das GPf. schreibsprachlich als bairisch mit deutlichem mitteldeutschen Einschlag einzuordnen ist. Dieser Eindruck gründet sich auf die obigen Beobachtungen, bei denen allerdings die bairische schreibsprachliche Grundschicht zu wenig verdeutlicht wurde (z. B. <b> für /w/ oder die e-Formen der Verben *gên* und *stên*). Zu ergänzen wären: die nahezu total durchgeführte Diphthongierung, die a-Rundung, die fast ausschließlich geltende Graphie <p> für germanisches /b/ im Anlaut, die typisch bairische Form *schol* (statt *soll*), das bairische Kennwort *stadel* (61v) (Tauber 1993, 173), das bairische Suffix *-nuß* (z. B. *grebnuß* 25v ‚Begräbnis') oder das Diminutivsuffix *-el* (z. B. *Teychel* 71r ‚kleiner Teich') (Tauber 1993, 168-170).

Der mitteldeutsche Einschlag, der durch die a-Formen *gat* und *stat* geographisch in Richtung auf das Rheinfränkische präzisiert werden kann, läßt sich hauptsächlich festmachen an der Monophthongierung und an der Senkung. Hinzu kommen noch einige nicht genannte lexikalische Beispiele wie *wasch* (66v durchgestrichen und durch *wachs* ersetzt), *flaß* (80r) ‚Flachs'[9] oder die umgelautete Form *keuffen* (79v, 86r) ‚kaufen' (vgl. Paul/Wiehl/Grosse 1989, § 41, Anm. 7; Tauber 1993, 123).

Es bleibt die Frage nach der Herkunft des mitteldeutschen Einschlags in einem vor der Reformation geschriebenen Text. Geht er auf den mit der „unteren Pfalz" stark verbundenen Schreiber Paul Gössel zurück oder spiegelt sich in ihm gar die dialektale Grundschicht wider?[10] Glücklicherweise ist Gebenbach ein Aufnahmeort des Sprachatlasses für Nordostbayern (SNOB).[11] Der Vergleich dessen, was in GPf. basismundartlich sein könnte (vgl. z. B. *renng* 70r ‚Regen'), fällt jedoch auch aufgrund methodischer Probleme (für den SNOB werden Sinnbezirke abgefragt, die im GPf. nur teilweise oder gar nicht vorhanden sind) nur spärlich aus. So ist z. B. das Wort *Eimer* (im GPf. *emer* (61r)) in der Gebenbacher Mundart ursprünglich unbe-

---

8 Vgl. jetzt Wiesinger (1996), besonders 19-22.

9 Der Wandel der Lautkombination Vokal+ch+s zu V+sch bzw. zu Vokal+s ist schreibsprachlich im selben Zeitraum z. B. auch nachgewiesen für Bickenbach zwischen Heidelberg und Darmstadt. Vgl. Greule (1989), 154.

10 Vgl. Wiesinger (1996), 4, wo die Annahme formuliert ist, daß „sich die spätmittelalterlichen Schreiber an den Dialekten als der gesprochenen Sprache ihrer Zeit orientiert haben".

11 Ich danke Robert Hinderling (Bayreuth) dafür, daß er mir spontan das Ergebnis der Mundartaufnahme in Gebenbach von 1992 in Gestalt des Fragebuchs zur Verfügung stellte. Die Transkription der mundartlichen Wörter habe ich gegenüber SNOB vereinfacht.

kannt. Ebenso ist das Verb *scharwerken* (28v, 64v) in der heutigen Mundart nicht nachweisbar. Im GPf. steht *pfard* (26r), die Gebenbacher Mundart hat /ga:l/. Während Gössel Singular und Plural von *ků* nicht differenziert, differenziert die Mundart sehr wohl (Sing. /g^hou/, Pl. /g^hei/. Günstiger fällt der Vergleich aus bei *höner* im GPf., dem mundartlich /he:na/ entspricht; ebenso hat die Mundart /trišl/ ‚Dreschflegel', dem in GPf. *drischel* (61v) entspricht. Auch die e-Formen von *gen* und *sten* sind, abgesehen von der Diphthongierung, durch die heutige Mundart (/gei/, /šdei/) gedeckt.

Solange nicht nachgewiesen ist, daß der mitteldeutsche Einschlag im GPf. auf die in Gebenbach gesprochene Grundmundart zurückgeht, halte ich die Hypothese aufrecht, daß der mitteldeutsche Anteil an dieser frühen frühneuhochdeutschen Quelle in erster Linie auf den Schreiber Paul Gössel selbst zurückgeht, der zwar gebürtiger Oberpfälzer war, aber, in den Diensten der Pfalzgrafen stehend, sicherlich von der Schreibsprache der Heidelberger Kanzlei (vgl. Heidelberger 1976) nicht unbeeinflußt war.

4. Literatur

Fleischer, Wolfgang/Barz, Irmhild (1992): Wortbildung der deutschen Gegenwartssprache. Unter Mitarbeit von Marianne Schröder. Tübingen.

Fuchs, Franz (1997): Dörflicher Alltag in der Hussitenzeit. Aus den Aufzeichnungen eines Oberpfälzer Landpfarrers. In: Becker, Hans-Jürgen [Hrsg.]: Der Pfälzer Löwe in Bayern. Regensburg (Schriftenreihe der Universität Regensburg), 37-55.

Greule, Albrecht (1989): Zur Sprache der Bickenbacher Rechnungsbücher 1423-1425. In: Matzel, Klaus/Roloff, Hans-Gert [Hrsg.]: Festschrift für Herbert Kolb zu seinem 65. Geburtstag. Bern u. a., 145-158.

Heidelberger, Albin (1976): Zur Geschichte der kurpfälzischen Kanzlei in Heidelberg am Ende des Mittelalters. In: Zeitschrift für die Geschichte des Oberrheins 124, 177-252.

Paul, Hermann (1989): Mittelhochdeutsche Grammatik. 23. Aufl. neu bearbeitet von Peter Wiehl und Siegfrid Grosse. Tübingen.

Schmeller, Johann Andreas (1966): Bayerisches Wörterbuch. 2., mit des Verfassers Nachträgen vermehrte Ausgabe, bearbeitet von G. Karl Frommann. 2 Bände. 2. Neudruck der Ausgabe München 1872. Aalen.

Schneider, Karin (1978): Die deutschen Handschriften der Bayerischen Staatsbibliothek München. Wiesbaden.

Tauber, Walter (1993): Mundart und Schriftsprache in Bayern (1450-1800). Untersuchungen zur Sprachnorm und Sprachnormierung im Frühneuhochdeutschen. Berlin/New York (Studia Linguistica Germanica, 32).

Wiesinger, Peter (1996): Schreibung und Aussprache im älteren Frühneuhochdeutschen. Zum Verhältnis von Graphem – Phonem – Phon am bairisch-österreichischen Beispiel von Andreas Kurzmann um 1400. Berlin/New York (Studia Linguistica Germanica, 42).

Das *Gebethbuch* der National- und Universitätsbibliothek Ljubljana, Ms 224, als Gegenstand der Textlinguistik

Angeregt und betreut durch Anton Janko, legte Marija Javor Briški in ihrer Magisterarbeit (1995) nicht nur eine sorgfältige Edition der Handschrift Ms 224 der National- und Universitätsbibliothek Ljubljana vor, sondern wertete die Handschrift auch literatur- und sprachwissenschaftlich aus. Bevor ich mich daran mache, zu Ehren von Anton Janko die Handschrift auf der Grundlage der Edition von Marija Javor Briški einer weiteren Untersuchung zu unterziehen, muss ich erklären, wozu dies gut sein soll. Die Editorin hat in verschiedenen Untersuchungen in den 90er Jahren das Gebethbuch nach allen Regeln der Analysekunst graphematisch (einschließlich der Händescheidung), lexikalisch, geistesgeschichtlich und literarhistorisch, ja sogar implizit textpragmatisch ausgewertet. Eine neuerliche Untersuchung auf der Grundlage ihrer Forschungsergebnisse kann nur noch neuere Erkenntnisse der historischen Textlinguistik auf die Handschrift anzuwenden versuchen und durch dieses Experiment die Validität textlinguistischer, vorwiegend textgrammatischer Analysen und Kategorienbildung selbst auf die Probe stellen. Vor allem geht es mir um die Frage, ob die Relationen zwischen den Texten der Handschrift versprachlicht sind und ob wir zu deren Beschreibung vielleicht eine weitere Beschreibungsebene innerhalb der Textgrammatik benötigen.

1. Bisherige Forschungsergebnisse

Die Forschungen von Marija Javor Briški haben zur Handschrift und der durch sie repräsentierten Textsorte Folgendes erbracht. Die Schreibsprache ist südbairisch; die Handschrift wurde vermutlich um 1492 verfasst. Der Text und seine Sprache fallen somit in die sprachgeschichtliche Periode des älteren Frühneuhochdeutschen. Die Händescheidung lässt auf drei Schreiber schließen: Hand 1 um 1492, Hand 2 etwas später (Ende 15./Anfang 16. Jh.), Hand 3 vielleicht erste Hälfte des 16. Jahrhunderts (Javor Briški 1998a, 115-130). Das Gebethbuch aus Ljubljana, Ms 224, gehört in eine Reihe zwischen 1450 und 1530 entstandener Privatgebetbücher, in denen neben Gebeten Textexemplare der unterschiedlichsten religiösen Texte (Beichten, Andachten, Segensformeln usw.) zusammengefasst sind. Die Gebetstexte sind oft verbunden mit Anweisungen, die sich auf die Haltung des Betenden beim Vollzug des Gebets beziehen („Ritusanzeigen"). Insgesamt deutet sich durch diese Gebetbücher eine Individualisierung der Gebetspraxis weg von den liturgisch gebrauchten Formen an (Javor Briški 1998b, 3-33). Mit dieser Zweckbestimmung ist auch das Aufkommen der Volkssprache erklärbar.

Das Gebethbuch können wir nach dem oben Festgestellten in Anlehnung an Franz Simmler (2004) als „Textallianz", als eine Summierung verschiedener Textarten bezeichnen. Der Gesamttext besteht aus 103 Kleintexten[1], unter denen gemäß der Klassifikation als „Gebetbuch" thematische und - möglicherweise - grammatische Relationen bestehen. Die Summe der innerhalb der Textallianz vorherrschenden Strukturen nenne ich vorläufig und behelfsmäßig „korpus-interne Textualität". Zu vermuten ist ferner, dass zwischen dem Gesamttext, dem „Korpus", und den einzelnen Kleintexten, die die Editorin auch durch fortlaufende Zählung abgegrenzt hat, eine Zwischenebene, nämlich die der thematischen Textgruppen, besteht. Bei den Kleintexten handelt es sich um folgende Kategorien: a) Gebete[2], b) apotropäische Texte (Javor Briški 1998a, 18 f.), c) Anweisungen (Javor Briški 1998a, 19 f.) und d) andere, z. B. ein Text der Glaubenslehre (Javor Briški 1998a, 20). Die korpus-interne Hierarchie (Gesamttext - Textgruppen - Kleintexte) wird in der Handschrift bzw. der Edition weder graphisch noch sprachlich zum Ausdruck gebracht; die Zugehörigkeit der Kleintexte zu einer Textgruppe leisten die für die Edition verfassten Überschriften.

2. Textgrammatische Struktur der Kleintexte am Beispiel eines Gebets

Was bislang zur Textgrammatik historischer Texte bekannt ist, bezieht sich im Wesentlichen auf so genannte Kleintexte, die über relativ wenige Sätze nicht hinausgehen. Das Verfahren der textgrammatischen Analyse historischer deutscher Texte habe ich an einer Bibelperikope (Greule 1997, 286-300) und an einem geistlichen Lied Martin Luthers, das aus drei Strophen (= Kleintexten) besteht, gezeigt (Greule 2006, 407-409). Ich wende es zum Zweck der Demonstration hier auf das erste vollständige Gebet im Korpus an (Javor Briški 1995, 84 f., Nr. 3.2).

Zuvor ist eine knappe Definition von „Gebet" hilfreich. Gebete sind im wesentlichen Appelltexte, die von einzelnen Menschen oder Menschengruppen an ein transzendentes, als gegenwärtig gedachtes, ansprechbares Wesen (Gott) primär in gesprochener Form gerichtet werden. Die uns in Gebetbüchern vorliegenden geschriebenen oder gedruckten Gebets-Texte sind - im Gegensatz zum freien Gebet - gleichsam Vorschläge, wie Gebete mündlich in spezifischen Situationen realisiert werden können oder sollen.

Mit Bezug auf diese Definition beobachten wir, dass Gebet Nr. 3.2 („Gebet zu Jesus Christus um rechten Tod, wahre Reue und rechte Beichte") erst nach einer „Einleitung" (*Ein ander guet gebet hintz vnnserm hern*) beginnt. Das heißt, dass wir außer dem „Kerntext" grundsätzlich mit so genannten umgebenden Paratexten rechnen müssen. Bei anderen Textsorten sind dies zum

---

1 Vgl. zur Textabgrenzung in der Edition Javor Briški (1998a), 10 f.

2 Ausführliche Strukturbeschreibung bei Javor Briški (1998a), 11-17.

Beispiel Fußnoten oder Überschriften. Auch im untersuchten Korpus finden sich zwar keine Fußnoten, wohl aber kann die paratextuelle „Anweisung" auch im Anschluss an den Kerntext stehen oder in diesen sogar inseriert sein (Javor Briški 1998a, 13 f.).

Der Kerntext von Gebet Nr. 3.2 wird in sechs Minimale Texteinheiten (MTE) untergliedert; das sind Syntagmen mit einem verbalen Kern (= Satz im engen Sinn) oder Syntagmen ohne verbalen Kern (= Setzungen). Die sechs MTE verteilen sich auf vier Sätze (MTE 2, 3, 4, 5) und zwei Setzungen, die den Text textsortentypisch gleichsam rahmen: MTE 1, die Invocatio (*HErre vater, Jesu Crist/, vnnser schepheleich guet*), und MTE 6, der obligate Gebetsschluss (*Amen*).

Der Blick des Textgrammatikers hält gleich danach Ausschau nach Konnektoren, also nach transphrastischen Konjunktionen, die zwei MTE aufeinander beziehen. Im vorliegenden Fall wird er nur ein Mal fündig: MTE 2 und MTE 3 sind durch den additiven Konnektor *vnd* verbunden. An den satzhaften MTE 2, 3, 4 und 5 fällt sofort auf, dass sie - entsprechend dem appellativen Charakter der Textsorte Gebet - entweder mit *Ich pitt dich* beginnen (MTE 2, 4, 5) oder diese performative Formel mit - durch den Konnektor bedingter - Inversion enthalten (MTE 3). Damit wird auch die Kommunikationssituation simuliert: ein ICH, der Betende, spricht bittend zu einem DU, das er in der Invocatio identifiziert hat als *HErre vater, Jesu Crist*.

Weiter fällt - gerade für einen zu sprechenden Text - die Länge und syntaktische Komplexität der semantischen Rolle INHALT auf, also dessen, worum in den vier MTE gebeten wird. Ich gehe darauf nicht weiter ein. Der Textgrammatiker avisiert statt der intraphrastischen Struktur die Kohärenz, gleichsam die Struktur der Ausdrücke, die den thematischen Zusammenhang des Textes oberhalb der Satzebene gewährleisten. Am vorliegenden Text überrascht, dass das Kohärenzgerüst grammatisch gesehen einfach durch die viermalige Repetition einer vom dreiwertigen Verb *bitten* abhängigen Satzstruktur (syntaktischer Parallelismus) und durch die der Pragmatik des Gebets geschuldeten Repetition des Syntagmas *Ich pitt dich (herre), das* ... gestellt wird. Doch sollten wir nicht vergessen, dass durch diese lexikalische Repetition - textpsychologisch - die Intensität des Bittens in einer bedrohlichen Lebenslage geschaffen wird. Die Repetition der Lexeme *götlich, gotleich* bzw. *gothait*, die sich verstreut über den Text in jeder MTE finden, wirken ebenso wenig wie die Repetition des Epitheton sacrum *heylig* sonderlich Kohärenz stiftend.

Dem recht einfachen grammatischen Kohärenzgerüst stehen ausgleichend in den *das*-Nebensätzen umfangreiche, auf alle drei Hauptwortarten verteilte Inhalte gegenüber. Wir versuchen, sie durch die Erfassung verschiedener Isotopie-Ebenen, das heißt durch die Feststellung von Lexemen im Text, die ein und dasselbe semantische Merkmal enthalten, zu bündeln. Es sind im Wesentlichen zwei Isotopie-Gruppen zu unterscheiden: der (a) Äußeres betreffenden steht die weit stärker frequentierte Gruppe (b) der Innerlichkeit gegenüber. Unter (a) fällt die Isotopie ‚Körper/Körperteil': *fronleichnam* (hier in konkreter Bedeutung ‚Leib des Herrn'), *leichnam, zahar, swaÿstrophen, pluets trophen, pluets, antlitzes, ser*. Träger der Isotopie ist das DU (*Jesu Crist*); konzentriert ist die Isotopie auf die MTE 4. Hierher gehört ferner eine Isotopie mit dem Klassem ‚Kampf und Vernichtung': *vertilgen, gelait, vorfechter, veintten, tod* (mehrfach), *versenckht ... werden, verstossen ... werden.*

Unter b) fällt die Isotopie ‚Geisteshaltung des ICH': *rew, meiner sunden, mit andacht, mit erkantnus, mitt rechtem gelauben, mit vestem gedinge, mit volkömner mynne, sawmigkeit, und demgegenüber* ‚Geisteshaltung des DU': *genaden* (mehrfach), *gerechtigkait* (mehrfach), *tugenden, gehorsam, puess, parmhertzikait.*

Wenn wir den Weg der textgrammatischen Analyse als einen Bogen verstehen, der von den Erfordernissen der Textsorte über die Formen des Ausdrucks zum Textinhalt geschlagen wird, dann können wir an der Analyse von Gebet 3.2 sehen, wie die Intention der Textsorte Gebet durch die Invocatio (MTE 1) und die Wiederholung der entsprechenden performativen Formel verdeutlicht wird und wie dadurch ein textgrammatisches Gerüst geschaffen wird, in welches auf der (rechten) Seite in den Nebensätzen, deren Struktur wir nicht untersucht haben, eine Inhaltsfülle gespeichert ist. Die Inhaltsfülle wird auf lexikalische Isotopie-Ebenen projiziert, die in einem weiteren Schritt vernetzt und schließlich zu einem Textthema zusammengefasst werden können. Ich will dies in unserem Fall nicht versuchen, aber doch festhalten, dass dem Beter eine Fülle von Inhalten in den Mund gelegt wird, die für den Glaubenden emotional „aufgeladen" sind, durch eine durchschaubare textgrammatische Strukturierung aber gezügelt werden.

3. Sprachliche Ausdrücke der (korpus-internen) Intertextualität

Nachdem wir die Strukturen der Textgrammatik, die auf der Grundlage von gegenwartssprachlichen und von historischen Texten erforscht wurden, an einem Beispiel aus dem Korpus kennen gelernt haben, wäre es reizvoll, auch die anderen Textgruppen – „Apotropäische Texte" (Unheil abwendende), (z. B. Text Nr. 3.43, S. 130), „Anweisungen" (z. B. rituelle Anweisung, Text Nr. 3.15, S. 106) und „andere" (z. B. die Epistel Papst Leos an Karl den Großen, Text Nr. 3.3, S. 86, oder die Übersetzung des Symbolum Athanasianum, Text Nr. 3.13, S. 100) – in vergleichbarer Weise zu analysieren.

Um meinen Beitrag zur Festschrift aber nicht ausufern zu lassen, werde ich darauf verzichten und mich auf die angekündigte Fragestellung konzentrieren, ob es auch eine Grammatik der Intertextualität unter den Texten einer „Textallianz" wie der vorliegenden gibt. Einfacher gefragt: Wird der Zusammenhang der Kleintexte des Gebethbuchs auch sprachlich zum Ausdruck gebracht? Wenn ja, mit welchen Mitteln und wo? Als geeigneter Ort dürften dafür am ehesten die Paratexte in Frage kommen, da die Gebete und die Texte der anderen Textgruppen sakrosankt sind.

Bereits in der paratextuellen „Einleitung" zu dem oben analysierten Gebet *Ein ander guet gebet hintz vnnserm hern* beobachten wir, dass in der Formulierung *ein ander ... gebet* (‚ein weiteres, zweites Gebet') eine Information steckt, die wir auf der intertextuellen Ebene der Kleintexte als „konnektoral" bezeichnen. Es handelt sich um einen nach rückwärts gerichteten (anaphorischen) Verweis auf den vorausgehenden Text. Ebenso Nr. 3.9.3, 3.9.4, 3.16 usw. Später tauchen auch das einfache Syntagma *ein anders* (Nr. 3.64) oder noch einfacher *Item* (Nr. 3.73 usw.) auf.

Anders geartet sind die sprachlichen Ausdrücke, die von den vorgesetzten (teils nachgesetzten) Paratexten, meist sind es Anweisungen, kataphorisch auf den Kerntext verweisen. Aber auch sie sind aus der Textgrammatik der Kleintexte wohl bekannt, es handelt sich um Deiktika: *hernach* (*geschriben*) (Nr. 3.12), *das hie hernach geschriben* (Nr. 3.17 usw.), *disew wart* (‚diese Worte') (Nr. 3.19 usw.), *ditz gepett* (Nr. 3.22), *das gepet* (Nr. 3.30) und einfach *das* (Nr. 3.43).

Man sieht, dass einerseits die korpus-internen Bezüge zwischen den Texten nur sporadisch versprachlicht wurden, und dies dann in dürftiger Form, Konnektoren vergleichbar. Da es sich um eine Aneinanderreihung von Texten handelt, überrascht es, dass die Reihung überhaupt ab und an versprachlicht ist. Wahrscheinlich haben diese Ausdrücke in der Handschrift auch textbegrenzende Funktion, die durch die Überschriften in der Edition nicht mehr deutlich wird. Die gleiche Funktion erfüllen auch die einleitenden, meist anweisenden Paratexte. In ihnen wird der Bezug auf den nachfolgenden Kerntext kataphorisch-deiktisch mit Hilfe leicht variierter Formeln zum Ausdruck gebracht. Für die allgemeine Textgrammatik können wir festhalten, dass Konnektoren und Deixis nicht nur innerhalb des Kleintextes fungieren, sondern auch außerhalb der Kleintexte. Besondere Beachtung in der weiteren Forschung sollte den Paratexten, ihren verschiedenen Formen und ihrem Verhältnis zum Kerntext gewidmet werden.

4. Schluss

Ich behaupte nicht, dass durch diese wenigen Beobachtungen die grammatischen Bezüge innerhalb des Textkosmos vom Umfang des Gebethbuchs erschöpfend beschrieben seien. Zum Beispiel habe ich auch der Tatsache keine weitere Beachtung geschenkt, dass das Korpus nicht wenige Zitate (z. B. Bibel-Zitate) aufweist und deswegen ein sehr geeignetes Objekt für die Untersuchung des Ausdrucks der korpus-externen Intertextualität ist.[3]

Dennoch hoffe ich, die Diskussion zu einer intertextuellen Textgrammatik am Beispiel eines frühneuzeitlichen Gebetbuchs belebt und schon deshalb dem Jubilar eine kleine Freude bereitet zu haben.

---

3 Javor Briški (1998a), 23-33, spricht in diesem Zusammenhang von Paralleltexten.

5. Literatur

Greule, Albrecht (1997): Zur Diachronie der Textgrammatik am Beispiel von Bibelübersetzungen. In: Glaser, Elvira/Schlaefer, Michael [Hrsg.]: Grammatica Ianua Artium. Festschrift für Rolf Bergmann zum 60. Geburtstag. Heidelberg, 286-300.

Greule, Albrecht (2006): Textgrammatische Analysen zu Luthers geistlichem Lied „Mitten wir im Leben sind". In: Breuer, Ulrich/Hyvärinen, Irma [Hrsg.]: Wörter - Verbindungen. Festschrift für Jarmo Korhonen zum 60. Geburtstag, Frankfurt am Main u. a., 403-410.

Javor Briški, Marija (1995): Ein spätmittelalterliches Privatgebetbuch. Untersuchung und Beschreibung der Handschrift Ljubljana, National- und Universitätsbibliothek, Ms 224. Ljubljana (Magisterarbeit: Univerza v Ljubljani, Filozofska Fakulteta).

Javor Briški, Marija (1998a): Untersuchungen zur deutschen Schreibsprache eines spätmittelalterlichen Gebetbuches von Ljubljana. In: Linguistica XXXVIII, 2 (1998), 115-130.

Javor Briški, Marija (1998b): Geistesgeschichtliche und literarhistorische Aspekte eines spätmittelalterlichen Privatgebetbuches der National- und Universitätsbibliothek von Ljubljana. In: Acta Neophilologica XXX1 (1998), 3-33.

Simmler, Franz [Hrsg.] (2004): Textsortentypologien und Textallianzen von der Mitte des 15. bis zur Mitte des 16. Jahrhunderts. Berlin.

Sprachkultur und Sprachkultivierung der Liturgie der Gegenwart

Liturgische Textsorten und ihr „Sitz im Leben"

1. Religiöse „Textsorten"

Bei den folgenden Ausführungen geht es darum, religiöse oder im engeren Sinn liturgische Texte zu klassifizieren. Dabei sollen praktische oder funktionale Aspekte im Vordergrund stehen. Nicht die „Papierform" der Texte ist für die Klassifikation ausschlaggebend, sondern ihre funktionale, sprecherische Umsetzung im Verlauf des konkreten Gottesdienstes. Als Ausgangspunkt dient die jüngst von Franz Simmler vorgeschlagene Großgliederung (Simmler 2000). Er konzentriert sich dabei auf die christliche Religion und beschreibt folgende Klassen: 1. biblische, 2. liturgische, 3. katechetische, verkündigende und theologische, 4. kirchenorganisatorische Textsorten. Abgesehen davon, dass Texte des Alten wie des Neuen Testaments und ihre differenzierte Wiedergabe im Gottesdienst eine herausragende Rolle spielen, konzentrieren wir uns im Folgenden nur auf die liturgischen Textsorten. Liturgie wird als actio, als Tun verstanden, „in dem und durch das Kommunikation geschieht sowie die innere Haltung (der Glaube) zum Ausdruck gebracht, aber durch das Tun auch die entsprechende Haltung erreicht wird" (Berger u. a. 1990, 13). Es gibt verschiedene liturgische Feiern; die herausragendste ist im Verständnis der katholischen Kirche die Messfeier, die für die folgende Analyse im Vordergrund steht.

Terminologisch folgen wir Franz Simmler (2000, 682 f.) nicht, wenn er jede einzelne Liturgiefeier als ein „Textexemplar" der „Textsorte ‚sakramentaler Gottesdienst'" versteht. Der Begriff der Textsorte wird dadurch auf „komplexe kommunikative Einheiten" ausgeweitet und gegen ein allgemeines Verständnis von Textsorte verwendet. Die Messfeier wird im Folgenden als ein Großritual verstanden, in dessen Verlauf Texte (im Sinne von schriftlich fixierten Vorlagen) unterschiedlicher Herkunft und Extension von unterschiedlichen Sprechern (oder Sängern) sprecherisch (oder gesanglich) wiedergegeben werden, auf diese Weise eine Funktion im Gesamtritual erfüllen und zum Gelingen der Liturgie beitragen.

2. Praktische Erfordernisse einer Textsortenlehre für den muttersprachlichen Gottesdienst

Während in den reformatorischen Kirchen die deutsche Sprache als Sprache des Gottesdienstes auf eine lange Tradition zurückblicken kann, blieb in der römisch-katholischen Kirche das Latein, eine „tote" Sprache, die Sprache des Gottesdienstes. Die bei der Liturgie verwendeten Texte, ihr Sprachstil und die Frage ihrer Klassifikation waren verständlicherweise kein Thema für die Germanistik, der Wissenschaft von einer „lebenden" Einzelsprache, ihrer Geschichte und ihrer Sprachkultur. Die gravierende Änderung brachte das

II. Vatikanische Konzil (1962-1965), das den Gebrauch der „lingua vernacula" in der Liturgie als für das Volk nicht selten sehr nützlich anerkannte (Haunerland 1992, 219).

2.1 Kirchenlied

Es darf nicht übersehen werden, dass die Verwendung volkssprachlicher (deutscher) Texte in Gestalt von Kirchenliedern in der Messfeier auf eine lange, vorreformatorische Tradition zurückgeht. In einem Pfarrbuch vom Anfang des 15. Jahrhunderts werden zum Beispiel die Anfänge der deutschen Lieder mitgeteilt, die die Gemeinde während der Messe singt (Greule 1998, 386; Becker u. a. 2001). Da im Ordo Missae cum populo („Feier der Gemeindemesse") keine volkssprachlichen Lieder vorgesehen sind, können die Kirchenlieder, die die im Ordo Missae vorgeschriebenen Gesänge bis heute paraphrasierend ersetzen und spezifische Teilriten begleiten, aber nur als eine paraliturgische „Textsorte" bezeichnet werden, in der die Volkssprache früh (seit frühneuhochdeutscher Zeit) verwendet wird (ausführlich dazu: Berger u. a. 1990, 165-179).

2.2 Liturgie-Konstitution des II. Vaticanums

„Mit seinen Bestimmungen hat das Konzil einen Anfang gesetzt, der in weniger als vier Jahren dazu führte, daß prinzipiell alle Teile der Liturgie in den nichtlateinischen Sprachen vollzogen werden durften" (Haunerland 1992, 220). Die theologische Begründung für die Zulassung der lebenden Sprachen als Liturgiesprachen ist bei der vom Konzil verlangten Erneuerung der Liturgie zu suchen: Die Sprache der Liturgie soll für das unmittelbare Verstehen aller offen sein, um die bewusste, tätige und volle Teilnahme der Gläubigen zu ermöglichen, ja zu befördern (Haunerland 1992, 226). Durch die sich anschließende Notwendigkeit der Übersetzung letztendlich aller lateinischen liturgischen Texte in die deutsche Sprache wurde die Tür zu grundsätzlichen, auch sprachwissenschaftlich höchst wichtigen Fragen aufgestoßen, die um das Kernproblem kreisen, wie eine moderne historische Einzelsprache wie das Deutsche in all ihrer Komplexität und Unterschiedlichkeit zu einer Sakral- und Liturgiesprache geformt werden kann (Haunerland 1992, 226-232). Dabei blieb die Frage nach der Textdifferenzierung und den Stilbesonderheiten der einzelnen liturgischen Textsorten zunächst noch ganz im Hintergrund. Erstaunlich wenige Germanisten haben sich bis heute an dieser Diskussion beteiligt.

2.3 Übersetzung und Übersetzerinstruktionen

Die Verkündigung der Liturgiekonstitution des II. Vaticanums am 4. Dezember 1962 kann als der äußere, offizielle Anstoß dazu gelten, die liturgischen Bücher der römisch-katholischen Kirche in die deutsche Sprache zu übersetzen. Am Ende dieses Prozesses steht seit 1975 das „Messbuch für die

Bistümer des deutschen Sprachgebiets". An seinem Anfang wurde eine Entscheidung gefällt, deren sprachkulturelle, ja geradezu sprachpolitische Bedeutung für die deutsche Sprache bislang nicht erkannt und gewürdigt wurde. Es geht um die durchaus nicht selbstverständliche Entscheidung, für das gesamte deutsche Sprachgebiet eine einzige einheitliche Übersetzung zu schaffen (Hug 1985, 36-40). Damit wird die vorgeblich einheitliche deutsche Standardsprache als Sprache der katholischen Liturgie im gesamten deutschen Sprachgebiet - von Südtirol über Österreich, Deutschland, die deutschsprachige Schweiz bis in die südlichen Teile des Bistums Lüttich (Belgien) - festgeschrieben.

Die Übersetzung war eine Leistung der Arbeitsgemeinschaft der Liturgischen Kommissionen des deutschen Sprachgebiets (IAG). Als Hilfsmittel diente eine Übersetzerinstruktion von 1969 (Nagel 1995, 245-256), die von Elisabeth Hug (1985, 40-44) unter sprachlichen Gesichtspunkten kommentiert wird. Ein Kernbegriff darin ist „die Umgangssprache", ein in der Sprachwissenschaft wegen seiner Unschärfe kaum brauchbarer Terminus. Unter den Gattungen widmete sich die Instruktion ausführlich der römischen Oration und steuerte damit das Interesse der Fachleute zunächst auf das liturgische Gebet. Typisch dafür ist die Untersuchung von Elisabeth Hug (1985, 133-321), die sich sogar nur auf das Tagesgebet konzentriert.

Noch vor dem II. Vatikanischen Konzil hatten die deutschen katholischen Bischöfe beschlossen, eine neue Übersetzung der Bibel für den kirchlichen Gebrauch durch Expertengruppen schaffen zu lassen. Sie liegt seit 1979 vor, und zwar unter dem Namen „Einheitsübersetzung", weil sie den Gebrauch einheitlicher biblischer Texte in allen deutschsprachigen Gebieten in Europa ermöglicht. An der Übersetzung war auch der Rat der Evangelischen Kirchen in Deutschland beteiligt. Ein wichtiges Ziel der neuen Übersetzung war ihre Eignung für die Verkündigung, das Vorlesen und teilweise für das Singen im Gottesdienst. Besondere Aufmerksamkeit wurde der Übersetzung der Psalmen geschenkt (Plöger/Knoch 1979).

Eine weitere Übersetzerinstruktion des Apostolischen Stuhls „Liturgiam authenticam" vom 28. März 2001 befasst sich neuerdings ausführlich mit Fragen der Übersetzung und geht eigens auf das „literarische und rhetorische Genus der verschiedenen Texte der römischen Liturgie" ein (Deutsche Bischofskonferenz 2001, 57-61).

2.4 Studienkommission für die Messliturgie und das Messbuch

Von 1988 bis 2000 arbeitete im Auftrag der IAG eine „Studienkommission für die Messliturgie und das Messbuch" an der Vorbereitung einer neuen Auflage des deutschen Messbuchs (1. Aufl. 1975) (Nagel 1995). Eine Arbeitsgruppe (Nr. 3), die der Regionalität der deutschen Sprache entsprechend in Lokalgruppen gegliedert war, hatte sich mit den Gebetstexten (im weitesten Sinn) zu befassen (vgl. Pahl 2000, 118-120; Greule 2000). Eines der wichtigsten Ergebnisse der Arbeit dieser Arbeitsgruppe ist die Erarbeitung nicht nur von allgemeinen Leitlinien für die Revision der Gebetstexte (Nagel 1995, 58-62), sondern auch von ergänzenden Kriterien für einzelne Textgruppen (z. B. Gabengebet, Schlussgebet, Eucharistisches Hochgebet, Präfation usw.).[1]

2.5 Kantillierbarkeit

Ein weiteres durch die Notwendigkeit, Texte im Gottesdienst zum Hören zu bringen, bedingtes Kriterium für die praktische Klassifizierung von liturgischen Texten ist die Kantillation. Die Liturgiewissenschaftler betonen die Bedeutung der Kantillation, des freirhythmisch-melodischen Vortrags von Prosatexten, als rituelle Ausdrucksform (R. Pacik in: Nagel 1995, 149 u. 153) und ihren Beitrag zur Hebung der Feierlichkeit. Da im Gottesdienst nicht jeder Text gesungen werden soll, ergibt sich eine erneute Differenzierung in Textsorten, die bei besonders feierlicher Liturgie kantilliert werden sollten, und solchen, die sich zur Kantillation nicht eignen. Die erste Textgruppe („kantillierbare") bedürfen infolgedessen bei der Übersetzung ins Deutsche einer besonders sorgfältigen sprachlichen Gestaltung. „Das Eucharistiegebet hat hymnisch-proklamatorischen Charakter; schon deshalb (...) verdient es bei der Kantillation den Vorzug vor anderen Texten" (Pacik 2002, 280).

3. Klassifikation der gottesdienstlichen Texte

Die Klassifikation der liturgischen Texte verschafft uns nicht nur eine willkommene Übersicht über den sprachlichen Reichtum der Liturgie, sondern vielmehr sollte die Übersicht auch zur Erkenntnis führen, dass die Textvielfalt eine entsprechende differenzierte sprechsprachliche Realisierung erfordert. Im größeren Rahmen ist eine auf die sprecherische Umsetzung hin orientierte Textklassifikation eine wesentliche Grundlage für die liturgische Sprachkultivierung (s. u. 4.).

3.1 Liturgiewissenschaftliche Klassifikation

Das Handbuch der Liturgiewissenschaft „Gottesdienst der Kirche" bietet folgende Textklassifikation an (Berger u. a. 1990, 42-239): 1. Formen der Verkündigung; darunter fallen Schriftlesung, Predigt, Begleitworte (z. B. bei der Kommunion *Leib Christi – Amen*) und „sakramentale Formeln" (bei der Spendung der Sakramente, z. B. *Ich taufe dich ...*), 2. Gebetsformen, 3. Poetische Formen; darunter fallen Psalmen, Responsionen, Antiphonen, Sequenzen, Hymnen u.Ä., 4. Akklamationen (*Amen, Maranatha, Halleluja, Hosanna*) und Formeln (Grußformeln, Doxologien, Akklamationen an Christus, Formeln der Kenntnisnahme, Gebetsformulare). Die Kriterien der Einteilung sind unter linguistischem Aspekt nicht ganz durchsichtig; die Argumentation erfolgt meist aus der Geschichte der Liturgie. Ich werde im Folgenden versuchen, diese Klassifikation mit Kriterien der Pragmalinguistik, also un-

[1] Die Ergänzenden Leitlinien sind nicht im Druck erschienen.

ter den Bedingungen des Gottesdienstes als ritualisierte Handlungsfolge (s. u.), zu verbinden.

Bevor wir uns dem Versuch einer pragmalinguistischen Klassifikation der gottesdienstlichen Texte zuwenden, stelle ich vorbereitend einen Kriterienkatalog zusammen, dem gleichsam die vor der tatsächlichen Feier eines Gottesdienstes vorliegenden Texte unterworfen werden könnten. Er orientiert sich an folgenden Fragen:

1. Betrifft die Zeitdauer der Wiedergabe des Textes: Handelt es sich um kurze oder lange Texte (z. B. Einführung versus Predigt)?

2. Betrifft die kommunikative Konstellation im Gottesdienst: Handelt es sich um dialogische oder monologische Texte (z. B. Grußformel versus Akklamation)?

3. Betrifft die Funktion des Textes im Hinblick auf den Ablauf des Rituals: Sind die Texte ritual-konstituierend oder ritual-strukturierend (z. B. Evangelium versus Grußformel)?

4. Betrifft die Bekanntheit der Texte: Handelt es sich um Eigentexte oder um in jeder Gottesdienstfeier wiederkehrende Texte (z. B. Schriftlesung versus Credo)?

5. Betrifft die Art der Wiedergabe durch Sprechen oder Singen: Sind die Texte besser zur Wiedergabe durch Gesang oder nur zur Wiedergabe durch Sprechen geeignet (z. B. Halleluja versus Schriftlesung)?

6. Betrifft die Herkunft bzw. Verfasserschaft der Texte: Stammen die Textexemplare aus der Schrift, aus dem Messbuch oder sind sie durch ein Team ad hoc formuliert (wie oft bei den Fürbitten und leider manchmal auch Tages- und Schlussgebet)? Damit sind Texte, die spontan-unvorbereitet, in erster Linie durch den Zelebranten im Verlauf des Gottesdienstes gesprochen werden, nicht erfasst.

3.2 Sprachwissenschaftlicher (pragmalinguistischer) Klassifikationsvorschlag

Zu den sprachwissenschaftlichen Voraussetzungen einer Lehre von den liturgischen Text- und Redesorten gehört das Wissen um folgende grundlegende Kategorien: (1) Ritualität des Gottesdienstes, (2) kommunikative Struktur des Gottesdienstes, (3) Erscheinungsweisen der Sprache im Gottesdienst.

3.2.1 Ritualität

Die Stärke der pragmalinguistischen Beschreibung von Sprache besteht darin, dass sie Sprache als in einen Handlungszusammenhang eingebettet, also als Sprachhandlung oder besser als eine Folge von Sprachhandlungen beschreibt. Die Liturgie, besonders die der Messfeier, wird von der Pragmalinguistik als ein „Großritual" und „Feierritual" eingestuft (Greule 1991, 139-141). Rituale sind bestimmt durch genau (meist schriftlich) festgelegte Regeln, die garantieren, dass das Ritual sowohl authentisch ist als auch identisch wiederholt werden kann. Das Großritual Messfeier zeichnet sich zunächst durch explizite Komplexität aus. Das heißt: Es umfasst mehrere aufeinander folgende, voneinander abgegrenzte Teilrituale, bei deren Aktualisierung verschiedene semiotische Bereiche zusammenspielen. Wir konzentrieren uns auf die Sprachlichkeit der Liturgie, das heißt auf das, was während der Feier gesprochen, gesungen und gehört wird.

Als Teilrituale der Messfeier treten z. B. deutlich die Eröffnung („Ritus initialis"), der Wortgottesdienst („Liturgia verbi"), die Eucharistiefeier („Liturgia eucharistica"), die Kommunion („Ritus communionis") und die Entlassung („Ritus conclusionis") hervor. Darüber hinaus bestimmen weitere kommunikative Merkmale den Charakter der Messe bzw. des Gottesdienstes. Es sind dies: die Sakralität, der Feiercharakter, die Gemeinschaftlichkeit, eine Hierarchie der Teilnehmenden (der Priester steht der Gemeinde vor) sowie die Öffentlichkeit (Greule 1991, 139). Normalerweise findet das Feierritual in einem Raum bzw. in einem der Öffentlichkeit zugänglichen Gebäude statt - in der christlichen Terminologie als Kirche (etymologisch: ‚Haus des Herrn') oder Kapelle bezeichnet -, das durch eine spezifische Weihe dem profanen Gebrauch entzogen ist und das das Feierritual sowohl eingrenzt als auch schützt.

3.2.2 Kommunikative Grundstruktur

Die kommunikative Grundstruktur des Großrituals Messfeier wird durch die am Ritual beteiligten Kommunikanten bestimmt. Im Rahmen der Messfeier handeln sie entweder als Individuen oder als Gesamtgruppe, die normalerweise als „die Gemeinde" bezeichnet wird. Somit konstituieren primär die Kommunikanten „Vorsteher" (sacerdos) und „Gemeinde" (populus) die kommunikative Grundstruktur des Gesamtrituals. Hinzu können kommen: der Diakon, ein oder mehrere Lektoren, Vorbeter und Kantoren. Sie agieren entweder individuell oder auch als Gruppe.

Das Charakteristikum der Sakralität wird im Wesentlichen durch eine zweite, auf einer höheren Ebene sich abspielende Kommunikation gestiftet: Diese entfaltet sich dadurch, dass Vorsteher und Gemeinde gemeinsam und sichtbar auf der einen Seite mit dem unsichtbaren, aber in Zeichen gegenwärtigen Dreifaltigen Gott „auf der anderen Seite" reden bzw. kommunizieren, was wesentlich in der Textform des Gebetes geschieht, aber auch beim Vorlesen der Heiligen Schrift, worin Gott zum versammelten Volk spricht.

Im christlichen Gottesdienst gehen Sprache und verschiedene nichtsprachliche (nonverbale) Kommunikationsformen eine überaus enge Verbindung ein (Berger u. a. 1990, 50). Unter den nonverbalen Kommunikationsformen gilt unser Interesse besonders den sogenannten paraverbalen, die Sprache eng begleitenden kommunikativen Handlungen wie Mimik, Gestik und Akustik (z. B. beim Gesang). Als absolut primär und im Vordergrund stehend muss jedoch die gesprochene Sprache, die voraussetzungsloseste Form der sprachlichen Äußerung, gelten. Die Möglichkeit, dass in der feierlichen Liturgie gesungene Sprache verwendet wird, wird damit nicht ausgeschlossen. Wichtig für die sprecherische Wiedergabe sind, trotz der Mikrophonanlagen, die Größe des Kirchenraums und besonders seine Akustik (Fort 2002, 283).

3.2.3 Erscheinungsweisen der Sprache im Gottesdienst

Wir unterscheiden fünf Erscheinungsweisen, in denen Sprache im Gottesdienst vorkommt: (a) Mehrsprachigkeit, (b) Texthaftigkeit, (c) gesprochene Sprache, (d) geschriebene Sprache, (e) gesungene Sprache.

(a) Mehrsprachigkeit

Seit alters her werden in der römischen Liturgie mehrere Sprachen verwendet. Zwar kann der Gottesdienst seit dem II. Vaticanum (s. o. 2.2) ganz in der Volkssprache gefeiert werden. Dennoch ist es möglich, dass neben der einen Volkssprache Texte in griechischer und lateinischer, in geringen Spuren auch in hebräischer Sprache verwendet werden (vgl. dazu Deutsche Bischofskonferenz 2001, 31 § 23). Zu den Volkssprachen, die in der Liturgie gebraucht werden können, äußert sich die neue Übersetzerinstruktion von 2001 wie folgt: Volkssprachen werden definiert als „Sprachen, die das Volk spontan *spricht* (!)“ (Deutsche Bischofskonferenz 2001, 19 § 10). Ferner unterscheidet sie – etwas ungenau – zwischen „Sprachen“ und „Dialekten“ (Deutsche Bischofskonferenz 2001, 19 § 12). Durch die Entscheidung für eine „Sprache“ als Sprache der Liturgie in einem Gebiet und durch die Zurückdrängung von Dialekten in der Liturgie soll „eine gewisse Einheit der Sprache gefördert“ werden (Deutsche Bischofskonferenz 2001, 19 § 12). Unter einer „Sprache“ versteht die Instruktion vermutlich das, was die Fachwissenschaft als „Standardvarietät einer historischen Einzelsprache“ bezeichnen würde. Dialekte werden zwar nicht in den „vollen liturgischen Gebrauch aufgenommen“, aber sie können – so verstehe ich § 13 (Deutsche Bischofskonferenz 2001, 21) – „gelegentlich, im Allgemeinen Gebet, in Texten, die gesungen vorgetragen werden, in Monitionen oder in Teilen der Homilie gebraucht werden“. Solches könnte man sich – mit Bezug auf die Ausführungen von Elisabeth Hug (1985, 66-68) – in Gottesdiensten in der deutschsprachigen Schweiz gut vorstellen; Fastnachtspredigten in der jeweiligen Stadtmundart sind in Hochburgen des Faschings nicht ungewöhnlich.

Eindeutig scheint in diesem Zusammenhang zu sein, dass die Volkssprache der Gottesdienste des deutschen Sprachgebietes die deutsche Sprache ist. Auch wenn wir hier einmal davon absehen wollen, dass die deutsche Standardsprache längst nicht so einheitlich ist, wie allgemein vermutet wird, stoßen wir gerade bei der sprecherischen Gestaltung der liturgischen Texte auf ein Problem: Die deutsche Standardsprache hat ihre relative Einheitlichkeit historisch nämlich nur über die Schriftlichkeit erreicht - was übrigens durch die wichtige Rolle, die die Orthographie spielt, unterstrichen wird, sowie durch die Bezeichnung „deutsche Schrift- oder Literatursprache". Die Regulierung einer standardsprachlichen Aussprache hat hingegen längst nicht das Niveau der Schriftsprache erreicht. Die Bühneneinheitslautung hat nur mehr den Charakter einer Kunstlautung und entbehrt der Realität im Alltag. Stattdessen sind meist sogenannte regionale Substandards die sprechsprachliche Realität oberhalb der Dialekte. Gute Beispiele dafür bieten die im Fernsehen gesendeten Gottesdienste mit einem aus Süddeutschland, Österreich oder der Schweiz stammenden Zelebranten oder Prediger, in dessen Sprechsprache bairischer oder alemannischer Substandard zu hören ist.

(b) Texthaftigkeit

Im Verlauf des Rituals Messfeier erscheint Sprache zunächst nicht als gesprochene Sprache, sondern in der Form von Texten bzw. als eine Abfolge von Texten, die entweder selbst ein Teilritual konstituieren (z. B. Verlesen des Evangeliums) oder auch ein Ritual begrenzen (z. B. der Grußformel-Dialog oder die Akklamation *Amen*).

Der in der konkreten Messfeier verwendete, vor Beginn der Messe verschriftet vorliegende Text soll „Textexemplar" genannt werden (z. B. das Evangelium der Weihnachtsmesse „Am Tag" - abgedruckt im Messlektionar). Die sprecherische Realisierung dieses Textexemplars (z. B. durch den Diakon im Pontifikalamt am 25. Dezember 2001 um 9.15 Uhr im Regensburger Dom) soll „Redeexemplar" oder besser „Sprechvortrag" heißen. Im Unterschied dazu kann die gesungene Realisierung eines Textexemplars „Gesangsvortrag" genannt werden, z. B. der Zwischengesang, der in jenem Pontifikalamt im Regensburger Dom von der dort versammelten Gemeinde gesungen wurde.

Der Umfang des Textexemplars einer einzigen Messfeier würde - genau genommen - ein ad hoc gedrucktes Textheft erfordern; meist werden die Texte aber, sofern sie nicht auswendig bekannt sind, aus verschiedenen Büchern zusammengetragen.

(c) Gesprochene Sprache

Aus dem bisher Gesagten lässt sich bereits erahnen, dass auch die gesprochene Sprache eine große Formenvielfalt aufweist (vgl. Schwitalla 2003). Die Sprachwissenschaft macht von vornherein einen kategorialen Unterschied zwischen „spontanem Sprechen" und „geplantem Sprechen". Gesprochene Sprache - im engen Sinne - ist für die Sprachwissenschaft nur das frei formulierte, unvorbereitete, spontane Sprechen. Wir können im Hinblick auf eine liturgische Sprach- und Sprechlehre aber schon hier festhalten, dass es das spontane, völlig unvorbereitete Sprechen im Gottesdienst eigentlich nicht gibt. Dies hängt zusammen mit der Ritualität, der Sakralität und den thematischen Vorgaben, vielleicht auch mit der Öffentlichkeit des Gottesdienstes.

Somit ist der Gottesdienst hinsichtlich der in ihm gesprochenen Sprache durch die Geplantheit der Sprache gekennzeichnet. Das heißt: Normalerweise sind die Formulierungen vorausgeplant und werden nach einem vorher festgelegten, vorformulierten Text nachgesprochen. Das Nachsprechen kann bei regelmäßig wiederkehrenden Texten auswendig geschehen; bei Eigentexten geschieht es aber durch Ablesen. Doch erfasst diese Sichtweise noch nicht ganz die Möglichkeiten des geplanten Sprechens im Gottesdienst. Die Einführung in die Messfeier kann nämlich durch den Vorsteher oder einen von ihm Beauftragten frei, aber geplant vorgetragen werden, das heißt: Der Vorsteher überlegt sich vor der Feier inhaltlich, was er sagen will, liest jedoch - nach dem Kreuzzeichen mit der Begleitformel - nicht einen festgelegten Text vor. Ähnliches dürfte für die Monitionen und die Predigt, die im Vergleich allerdings ein Langtext ist, gelten.

Abgesehen von der Prosodie - also abgesehen von Akzentuierung, Intonation, Sprechrhythmus usw. (s. u. 4.) -, deren Regeln die Sprecher und Sprecherinnen am Altar und am Ambo kennen und umsetzen sollten, gegen die aber nachweisbar oft und immer wieder verstoßen wird, sind für die gesprochene Sprache auch die Kategorien der Monologizität und der Dialogizität wichtig. Monologisches Sprechen meint in unserem Zusammenhang, dass der Sprecher im Verlauf einer Sprechsorte derselbe bleibt; die Kommunikationspartner sind in diesem Fall auf die Rolle der Zuhörer festgelegt. Im Unterschied dazu finden bei einer dialogischen Sprechsorte - im Vollzug der Sprechsorte - ein oder mehrere Sprecherwechsel statt. Textsorten wie Lesungen und Evangelium werden aber nicht dadurch dialogisch, dass die Gemeinde durch eine Akklamation „antwortet". Akklamationen sind - wie wir noch sehen werden - eine eigene Redesorte. Aber nicht nur der Vorsteher sowie Lektoren und Lektorinnen sprechen als Individuen monologisch, sondern auch die Gemeinde als Großgruppe tut dies, z. B. beim Allgemeinen Schuldbekenntnis, beim Glaubensbekenntnis oder den Akklamationen. Sobald die Lektoren und die Vorsteher, z. B. bei einer Konzelebration, eine Kleingruppe bilden, können auch sie dialogisch agieren, z. B. bei der Lesung der Leidensgeschichte. Darüber hinaus kann auch die Gemeinde als Großgruppe, wenn sie etwa beim Rezitieren der Psalmen in zwei Gruppen unterteilt wird, dialogisch agieren.

(d) Geschriebene Sprache

Abgesehen davon, dass die geschriebene Sprache - aufgezeichnet in Lektionaren und vor allem in Evangeliaren - als Wort Gottes in der Liturgie unmittelbar präsent ist (besonders deutlich in der äußeren Verehrung des Evangelienbuchs), ist sie die Sprachform der liturgischen Textexemplare, die in erster Linie natürlich im Messbuch zusammengefasst sind. Ferner existiert geschriebene Sprache - mehr als Hilfsmittel - in Gestalt von Fürbittvorlagen, Predigtvorlagen und Ähnlichem.

(e) Gesungene Sprache

Der Gesang im Gottesdienst soll uns hier nur insofern interessieren, als es Textsorten gibt, die primär in gesungener Weise in der Liturgie realisiert werden (s. o. 2.5 Kantillierbarkeit). Die Gruppe dieser Textsorten fassen Balthasar Fischer und Helmut Hucke geschickt unter der Bezeichnung „poetische Formen" zusammen (Berger u. a. 1990, 180-219). Hierunter fallen die Psalmen und Cantica, die Antiphonen (also Eröffnungsvers, Kommunionvers, Gesang zur Gabenbereitung), die Hymnen (Gloria, Te Deum) und die Sequenzen. Diese als „poetisch" apostrophierten Textsorten sind hier aber dann von Bedeutung, wenn sie - aus welchen Gründen auch immer - in einer Feier nicht gesungen, sondern gesprochen wiedergegeben werden. Man sollte dann erwarten, dass zumindest der individuelle Sprecher diese Texte durch eine der Poetizität angemessene Sprechweise wiedergibt und sprecherisch anders gestaltet als etwa eine Lesung. In Ermangelung eines treffenderen Terminus verwende ich für diese Art der sprecherischen Wiedergabe den Terminus „rezitieren".

3.3 Text- bzw. Redesorten der Liturgie

Der Begriff der „Text"sorte ist ursprünglich verbunden mit der Klassifikation von sprachlichen Erscheinungsformen nur in geschriebener Sprache und der Möglichkeit, die Texte durch visuelle Signale (z. B. Überschrift, Initiale u. Ä.) abzugrenzen. „Redesorte" meint hingegen, dass es Textsorten gibt, die zwar verschriftet sind, aber primär durch Sprechsprache wiedergegeben werden. Das dabei in der Liturgie auftretende Problem, dass ursprünglich schriftlich konzipierte Texte gesprochen wiedergegeben werden sollen, wird beispielsweise besonders deutlich bei den Apostelbriefen, die als Briefe in geschriebener Sprache konzipiert sind, aber vorgelesen werden sollen; dieses Dilemma wird auch durch die deutsche Übersetzung nicht gelöst.[2]

Klassifikation nach der Grundfunktion des Textes:

Die Linguistik schlägt sich schon lange mit dem Problem der Klassifikation von Texten herum. Eine Gliederung des gewaltigen Textkosmos in einer Sprache wie der deutschen nach nur einem Kriterium wird es höchstwahrscheinlich nie geben. Dies gilt auch für die begrenzte Menge der liturgischen Text- und Redesorten. Jedoch kann die Klassifikation der Texte nach ihrer

---

[2] Der Einwand, dass die Apostelbriefe zumindest teilweise für das Vorlesen konzipiert wurden (vgl. Kol 4, 16), greift nicht, und zwar deshalb nicht, weil die Rezeptionsbedingungen vor 2000 Jahren sicherlich nicht die gleichen waren wie heute - in einer „Augengesellschaft".

Grundfunktion als eine erste, grobe Orientierung dienen (Brinker 1985, 98-113). Demnach gibt es fünf Klassen von Textsorten, und zwar:

a) Texte, deren Grundfunktion die Information ist (z. B. die Nachricht in Zeitung, Hörfunk oder Fernsehen). Information wird hier im Sinne der reinen Weitergabe von Wissen verstanden.

b) Texte, deren Grundfunktion der Appell ist, d. h. der Appell im Sinne der Aufforderung, eine bestimmte Einstellung einzunehmen oder eine bestimmte Handlung zu vollziehen (z. B. Werbeanzeige, Bittschrift, Gebrauchsanleitung),

c) Texte, deren Grundfunktion die Obligation/Verpflichtung ist (z. B. Gelübde, Gelöbnis, Vertrag),

d) Texte, deren Grundfunktion die Herstellung und Erhaltung des persönlichen Kontaktes ist (z. B. Kontaktbrief, Gratulation, Kondolenz),

e) Texte, deren Grundfunktion die Deklaration ist, d. h. durch deren Äußerung eine neue Realität geschaffen wird (z. B. Ernennungsurkunde, Testament, Vollmacht).

Zu diesen Grundfunktionen können andere Textfunktionen oder bewertende Sprechereinstellungen hinzukommen, wodurch eine feinere Textklassifikation möglich wird. Statt von Grundfunktionen zu sprechen, können wir auch – im Sinne der Textklassifikation – von Primärfunktion reden, der sich dann eine oder mehrere Sekundärfunktionen unter- oder zuordnen lassen. Hierzu liegen aber für den Bereich der liturgischen Texte noch keine Untersuchungen vor.

Wir wollen nun testen, wieweit die linguistische Klassifikation nach den Textfunktionen auch die liturgischen Texte zu gliedern vermag.

Zu a): Balthasar Fischer fasst Schriftlesung, Predigt, Monitionen, Begleitworte und „sakramentale Formeln" unter dem Terminus „Verkündigung" zusammen (Berger u. a. 1990, 77-96). Abgesehen von den „sakramentalen Formeln" ist die Grundfunktion dieser Text- oder Redesorten sicherlich die der Information, der Weitergabe von Wissen im weitesten Sinn. Allerdings ist diese Grundfunktion zumindest begleitet von einer positiv bewertenden Einstellung des Sprechers. Nichts könnte die Funktion von Schriftlesung und Predigt besser beschreiben als die Übersetzung des Wortes *Evangelium* mit „die gute Nachricht". – Um Schriftlesung und Predigt zu differenzieren, müsste man bei der Redesorte Predigt die Grundfunktion Information spezifizieren durch den Modus, dass die Schrift nicht einfach wiedergegeben wird, sondern ausgelegt und erklärt wird – mit entsprechenden Konsequenzen für die sprecherische Umsetzung einer Predigt. – Unbestrittenermaßen ist man hier mit den Möglichkeiten linguistischer Textklassifikation am Ende. Es wird nötig sein, dass die Theologen selbst weiter spezifizieren und das Besondere von Schriftlesung und Predigt herausarbeiten – möglicherweise mit der Behauptung, dass sich durch diese

Textsorten am Hörer etwas vollzieht, und mit der Konsequenz, dass damit - im linguistischen Verständnis - eine Textsortenvermischung von Informations- und Deklarationstexten vorliegt.

Zu b): Die vielfältigen Gebetsformen der Liturgie (Berger u. a. 1990, 97-130) sind bezüglich ihrer Grundfunktion in den meisten Fällen leicht an dem performativen Verbum *bitten* erkennbar. (Performative Verben benennen die textuelle Funktion direkt im Text, wie z. B. *befehlen* oder *schwören*.) Bitten und beten sind - sofern *beten* im etymologischen Sinn als intensives Bitten verstanden wird - unbestrittenermaßen appellative Grundfunktionen von Texten. Das Besondere der Redesorte Gebet ist - gegenüber anderen „weltlichen" appellativen Textsorten - der Rezipient, nämlich Gott, und die glaubend-vertrauende Einstellung des Betenden. - Auf die zahlreichen Subsorten der Redesorte Gebet wie Orationen, Segensgebete u. a. gehe ich nicht ein. Nur zum Eucharistischen Hochgebet als dem höchstwertigen Gebet muss gesagt werden, dass es ein eigenes Teilritual umfasst, in das auch nicht appellative Redesorten eingebettet sind; ich erinnere nur an Präfation („danken und Preisen", Sanctus, Gedächtnis der Heiligen („gedenken wir"), Einsetzungsbericht, Akklamation und Doxologie.

Zu c): Interessanterweise finden sich Texte mit Obligationsfunktion in der Liturgie nur selten, in der Messfeier gar nicht. Das einzige allgemein bekannte liturgische Textformular ist das Taufgelöbnis in der Osternacht und bei der Taufe. Von liturgiewissenschaftlicher Seite wird eingewendet, dass bei den Akklamationen eine Obligationsfunktion vorliege.[3]

Zu d): Texte, deren Grundfunktion in der Herstellung bzw. Erhaltung des Kontaktes der Kommunikanten untereinander besteht, weist die Messe als Großritual mehrere auf. Es handelt sich sowohl um die dialogischen Gruß- und Entlassungsformeln als auch um die Akklamationen der Gemeinde (Amen, Halleluja, Kyrie, Laus tibi), die ihrem Inhalt nach die Zustimmung der Gemeinde zur Rede des Vorstehers oder des Lektors bestätigen. Da sich die Kontakterhaltung in einer Feier mehrfach wiederholt und in jeder Feier neu ausgedrückt wird, verwundert es nicht, dass sich - wie im alltäglichen Leben - auch in der Liturgie Formeln ausgebildet haben. Kennzeichen der Formel ist ihre Kürze und die gleichbleibende, leicht merkbare Formulierung.

Zu e): Auch deklarative Texte, deren Grundfunktion darin besteht, dass durch die sprecherische Realisierung eine neue Realität geschaffen wird, kennt die Liturgie. In erster Linie gehören hierher die bekannten Bekenntnis-Texte wie das Confiteor und das Credo. Darüber hinaus handelt es sich um die sogenannten „sakramentalen Formeln" wie „ich spreche dich los", „ich taufe dich". Das Handbuch der Liturgiewissenschaft selbst (Berger u. a. 1990, 95 f.) bezeichnet die „sakramentalen Formeln" als deklarative Formeln. Sind „sakramentale Formeln" in ein Gebet integriert, dann wird man sie nicht als eigenständigen Text, sondern als Teil- oder Subtexte bewerten.

---

3 Freundlicher Hinweis von Reinhard Meßner (Innsbruck).

Zusammenfassend lässt sich festhalten, dass die Textklassifikation nach der Textfunktion auch für die liturgischen Texte zumindest eine grobe erste Klassifikation ermöglicht. Um allerdings den liturgischen Redesorten voll gerecht zu werden, bedarf es im Einzelfall weiterer theologischer Spezifikationen, die z. B. ganz entscheidend mit der Sprecher-Einstellung und ihrem sprecherischen Ausdruck zu tun haben.

4. Liturgische Text-/Redesorten und liturgische Sprachkultur

Dem liturgischen Feierritual sollte eine kultivierte Sprache entsprechen. Diese Forderung gilt ganz besonders, seitdem die Volkssprache in der Liturgie verwendet wird und eine größere Nähe der Menschen zum liturgischen Geschehen möglich macht. Die Kenntnis der Besonderheiten und der Anforderungen an die sprecherische Umsetzung, die den liturgischen Text- bzw. Redesorten innewohnen, ist eine wichtige Voraussetzung für die Schaffung von liturgischer Sprachkultur.[4]

Welche Kriterien müssen erfüllt sein, damit einem Gottesdienst Sprachkultur zugesprochen werden kann? Ich konzentriere mich bei der Beantwortung dieser Frage auf die am Altar, im Altarraum oder am Ambo Agierenden, berücksichtige also die Gemeinde nicht. Das soll aber nicht heißen, dass die Gemeinde nicht auch zur Sprachkultur des Gottesdienstes beiträgt und nicht auch in die liturgische Sprachkultivierung einbezogen werden soll.

Die wichtigsten Aktionen, die notwendig sind, um eine gottesdienstliche Feier durch Sprachkultur auszuzeichnen, fallen in zwei Phasen auseinander: 1. in die Phase der Vorbereitung und 2. in die Phase der Umsetzung. Die Phase der Vorbereitung ist im Wesentlichen durch die Schriftlichkeit geprägt; die Phase der Umsetzung durch die Mündlichkeit.

Die Voraussetzung, dass die im Gottesdienst gesprochene Sprache sprachkulturellen Anforderungen entspricht, ist die konzeptionelle und visuelle Aufbereitung der Textexemplare z. B. im Messbuch, die zu einer guten sprecherischen Umsetzung der Texte - durch Textformulierung, -aufteilung und Interpunktion hinführen sollen. Auf das Dilemma der sprecherischen Wiedergabe von schriftlich konzipierten Texten bei den Lesungen habe ich bereits hingewiesen (s. o. 3.3)

Die liturgischen Redesorten verlangen nicht nur eine adäquate textliche Gestaltung, sondern sie setzen auch sprecherisches Wissen und Können voraus. Hierzu gehört in erster Linie die Kenntnis der Prosodie (Schwitalla 2003, 56-83). Die Prosodie ist ein überaus komplexes System aus mehreren Aktionen, die beim Sprechen nicht voneinander getrennt werden können. Theoretisch gehören dazu: die Akzentuierung im Wort und im Satz, die wesentlich zur Fokussierung (Heraushebung von Inhalten) beiträgt; der Rhythmus, d. h. der Wechsel von betonten und unbetonten Silben; der Tonhöhenverlauf (Intonation); die Sprechgeschwindigkeit; Lautstärke, Pausen-

---

[4] Hierzu ausführlich: Haunerland (2002).

setzung; die emotionale Klangfärbung. All dies trägt dazu bei, dass das liturgische Hören und das Verstehen erleichtert werden.

Zur Prosodie kommen noch die verschiedenen Möglichkeiten des im Deutschen vorhandenen Sprachkontinuums hinzu: Bei der sprecherischen Wiedergabe der Textsorten wird man z. B. beim Hochgebet die Hochlautung erwarten; bei Begrüßung oder Predigt kann der Vorsteher auf dialektal gefärbte, Individualität und Herkunft heraushebende Aussprache zurückgreifen. Primär zu singende Texte („poetische Formen" wie die Psalmen) sind, wenn sie gesprochen werden, anders wiederzugeben als z. B. Schriftlesungen. Die prosodische Umsetzung der Sprechereinstellung scheint mir - bei aller Ähnlichkeit - den Unterschied zwischen Lektor und Schauspieler auszumachen. Schließlich ist das Sprechen natürlicherweise mit paraverbaler (das Sprechen begleitender) Mimik, Gestik und Augenbewegung verbunden. Sie müssen - kontrolliert - der Sprechsorte, ihrer Funktion und ihrem Inhalt entsprechend eingesetzt werden.

Schließlich sei noch ein Hinweis darauf erlaubt, dass auch eine geschlechtsspezifische Sprache, die in entsprechenden Textsorten, z. B. bei der Anrede, Frauen und Männer gleichermaßen nennt, zur liturgischen Sprachkultur gehört (Greule 1990).

Da die Realisierung all dieser Anforderungen niemandem in den Schoß fällt, muss alles - im Rahmen einer liturgischen Sprachkultivierung - gelernt und eingeübt werden.[5]

5. Literatur

Becker, Hansjakob u. a. [Hrsg.] (2001): Geistliches Wunderhorn. Große deutsche Kirchenlieder. München.

Berger, Rupert u. a. (1990): Gestalt des Gottesdienstes. Sprachliche und nichtsprachliche Ausdrucksformen. 2. Aufl. Regensburg (Gottesdienst der Kirche. Handbuch der Liturgiewissenschaft, Teil 3).

Brinker, Klaus (1985): Linguistische Textanalyse. Eine Einführung in Grundbegriffe und Methoden. Berlin.

Deutsche Bischofskonferenz [Hrsg.] (2001): Der Gebrauch der Volkssprache bei der Herausgabe der Bücher der römischen Liturgie. Liturgiam authenticam. Fünfte Instruktion „zur ordnungsgemäßen Ausführung der Konstitution des Zweiten Vatikanischen Konzils über die heilige Liturgie". 28. März 2001. Lateinisch-Deutsch. Bonn o. J. (Verlautbarungen des Apostolischen Stuhls 154).

Fort, Bernard (2002): Hören, Klang, Raum. Zur Frage der Akustik in Kirchenräumen. In: Heiliger Dienst 56, 283-286.

Greule, Albrecht (1990): Frauengottesdienste, feministische Liturgien und integrative Sprache. In: Berger, Teresa/Gerhards, Albert [Hrsg.]: Liturgie und Frauenfrage. Ein Beitrag zur Frauenforschung aus liturgiewissenschaftlicher Sicht. St. Ottilien, 621-634.

---

5 Dazu im Hinblick auf einen angemessenen Sprechvortrag in Aus- und Fortbildung: Haunerland 2002, 245-248.

Greule, Albrecht (1991): Sprachkultur und Sprachkultivierung in der muttersprachlichen Liturgie. Überlegungen eines Germanisten. In: Becker, Hansjakob u. a. [Hrsg.]: Gottesdienst - Kirche - Gesellschaft. St. Ottilien, 137-144.

Greule, Albrecht (1998): Frühneuhochdeutsch in der Oberpfalz. Die Sprache des Gebenbacher Pfarrbuchs von 1418-1437. In: Donhauser, Karin/Eichinger, Ludwig M. [Hrsg.]: Deutsche Grammatik in Variationen. Festschrift für Hans-Werner Eroms zum 60. Geburtstag. Heidelberg, 381-388.

Greule, Albrecht (2000): Wie Beten zur Sprache kommt. Erfahrungen eines Sprachwissenschaftlers bei der Revision der Meßbuchtexte. In: Willers, Ulrich [Hrsg.]: Beten. Sprache des Glaubens - Seele des Gottesdienstes. Tübingen/Basel, 137-146.

Haunerland, Winfried (1992): LINGUA VERNACULA. Zur Sprache der Liturgie nach dem II. Vatikanum. In: LJ 42, 219-238.

Haunerland, Winfried (2002): Sprachkultivierung und Gottesdienst. Zur praktischen Relevanz einer liturgischen Textsortenlehre. In: Heiliger Dienst 56, 240-248.

Hug, Elisabeth (1985): Reden zu Gott. Überlegungen zur deutschen liturgischen Gebetssprache. Zürich.

Nagel, Eduard [Hrsg.] (1995): Studien und Entwürfe zur Meßfeier. Texte der Studienkommission für die Meßliturgie und das Meßbuch der Internationalen Arbeitsgemeinschaft der Liturgischen Kommissionen im deutschen Sprachgebiet. Freiburg/Basel/Wien.

Pacik, Rudolf (2002): Die Kantillation - gehobene Vortragsweise des Wortes. In: Heiliger Dienst 56, 277-281.

Pahl, Irmgard (2000): Liturgisches Gebet im Spannungsfeld von lateinischer Tradition und gebotener Inkulturation. Leitgedanken der Meßbuchrevision. In: Willers, Ulrich [Hrsg.]: Beten. Sprache des Glaubens - Seele des Gottesdienstes. Tübingen/Basel, 117-136.

Plöger, Josef G./Knoch, Otto (1979): Einheit im Wort. Informationen, Gutachten, Dokumente zur Einheitsübersetzung der heiligen Schrift. Stuttgart.

Schwitalla, Johannes (2003): Gesprochenes Deutsch. Eine Einführung. 2., überarbeitete Aufl. Berlin.

Simmler, Franz (2000): Textsorten des religiösen und kirchlichen Bereichs. In: Brinker, Klaus u. a. [Hrsg.]: Text- und Gesprächslinguistik. Linguistics of Text and Conversation. Ein internationales Handbuch zeitgenössischer Forschung, Halbband 1. Berlin/New York, 676-690.

Sprachkultur und Sprachkultivierung in der muttersprachlichen Liturgie

Überlegungen eines Germanisten

Vorüberlegung

Eine der wichtigen Neuerungen der Liturgiekonstitution war die „linguae vernaculae usurpatio", wie es in Artikel 35,2 heißt – der Gebrauch der Muttersprache in der Liturgie also. Damit wurde – wie wir alle wissen – eine Entwicklung eingeleitet, die dazu führte, daß im Gemeindegottesdienst heute normalerweise nur die Muttersprache verwendet wird.

Vor dieser Entwicklung war die katholische Liturgie für den Germanisten verständlicherweise kein Thema, sieht man von der bereits in althochdeutscher Zeit einsetzenden Übersetzung biblischer, katechetischer und liturgischer Texte und von der langen volkssprachlichen Predigttradition ab. Die Verwendung der Muttersprache fordert heute jedoch die Aufmerksamkeit des Sprachgermanisten in einem Maß heraus, das über das traditionsreiche Interesse an der Bibelübersetzung[1] hinausgehen muß.

Mit den folgenden vorläufigen Überlegungen versuche ich, soweit es der knapp bemessene Raum erlaubt, unter Rückgriff auf die Liturgiekonstitution einen Forschungsrahmen abzustecken, innerhalb dessen sich die Auseinandersetzung der Sprachwissenschaftler mit der liturgischen Sprachverwendung bewegen könnte. Als mehr schlagwortartige Bezeichnung dieses Konzepts bietet sich die Formulierung „Sprachkultur in der muttersprachlichen Liturgie" an.

1. Pflege der Liturgie, Sprachpflege, Sprachkultivierung

Bei der Relecture der Liturgiekonstitution macht der Sprachgermanist eine auffällige Beobachtung. Bereits im Vorwort und an weiteren Stellen des Textes ist die Rede von der Erneuerung und Pflege der Liturgie *(instauranda atque fovenda liturgia)*. Daß mir diese 25 Jahre alte Formulierung gerade jetzt in die Augen sticht, hängt einerseits mit der heutigen Rolle der deutschen Sprache in der katholischen Liturgie zusammen; andererseits damit, daß man sich unter den Germanisten seit einiger Zeit – nach Jahren des Desinteresses – wieder Gedanken über die Sprachpflege, ihre Definition in Bezug auf die moderne Sprachsituation und über ihren Ort in einer allgemeinen

[1] Vgl. unter den neuesten Veröffentlichungen z. B. Brügger (1983).

Sprachtheorie macht.[2] Es besteht zur Zeit weitgehend Einigkeit darüber, daß unter Sprachpflege alle Bemühungen zusammenfallen, die zur Sprachkultur führen. Deshalb wird neben Sprachpflege sinnfälligerweise auch der Ausdruck „Sprachkultivierung" gebraucht.

Sprachkultur besitzen nur solche Äußerungen, die ein qualitatives Niveau, eine bestimmte Geformtheit, Gepflegtheit und Ausbildung, wie sie auch einem allgemeinen Kulturbegriff zuzuweisen wären, aufweisen. Der Maßstab, mit dem Qualität und Niveau sprachlicher Äußerungen gemessen werden, ergibt sich aus den kommunikativen Möglichkeiten und Bedingungen unter den jeweiligen historischen Verhältnissen. Als Bewertungskriterien werden häufig diskutiert: die Einhaltung der standardsprachlichen Normen und die Kommunikationsadäquatheit (vgl. Greule/Ahlvers-Liebel 1986, 75).

Pflege der Liturgie unter muttersprachlichem Aspekt heißt demnach: Bemühung um die Erreichung von Sprachkultur in der jeweiligen konkreten Liturgiefeier. Die Orientierung an der Norm der deutschen Standardsprache scheint mir dabei zunächst nicht infrage zu stehen; in Ausnahmefällen mag die Verwendung einer Mundart (im Sinne von „Basisdialekt") in der Liturgie angebracht sein,[3] wenn zwei Voraussetzungen erfüllt sind: Erstens muß sicher sein, daß die Verwendung der Mundart in einer bestimmten Liturgiefeier niemanden, der diese Mundart weder aktiv noch passiv beherrscht, ausschließt; zweitens muß das Problem der „Übersetzung" der verwendeten biblischen Texte und eventuell verwendeter standardsprachlich fixierter Texte gelöst sein. Liturgische Sprachkultivierung setzt jedoch voraus, daß wir uns Klarheit über die Charakteristika der Liturgie unter kommunikativem Aspekt verschaffen, um durch die entsprechende Sprachverwendung zu liturgischer Sprachkultur zu kommen. – Das Gesagte soll exemplarisch an der Meßliturgie verdeutlicht werden.

2. Die Messe als Feierritual

In der neueren, pragmalinguistisch orientierten Literatur wird die Messe als Feierritual bzw. als Großritual, das aus Teilritualen besteht, kategorisiert (Schönfeldt 1986, 328; Werlen 1984, 148-229. Vgl. ferner Ingwer 1983, 91-106). Dieser Klassifikation entnehme ich als erstes kommunikatives Merkmal der Meßliturgie die R i t u a l i t ä t. Gemäß der Definition des Rituals durch Iwar Werlen (1984, 81, Anm. 5) wird die Messe damit als eine expressive institutionalisierte Handlung gekennzeichnet, wobei ihre Komplexität als Großritu-

---

2 Ein deutliches Zeichen für diesen Neubeginn war die dem Thema „Sprachkultur" gewidmete 20. internationale Jahrestagung des Instituts für deutsche Sprache 1984 in Mannheim. Vgl. hierzu: Wimmer (1985).

3 So begründet Hug (1985), 66-68, durchaus einsichtig im Zusammenhang mit der besonderen sprachlichen Situation der deutschen Schweiz die Verwendung der Mundart in der dortigen Liturgie.

al, das aus mehreren Teilritualen besteht, nicht außer acht gelassen werden darf.

Den Feiercharakter der Messe, ihr zweites kommunikatives Merkmal, betont auch die Liturgiekonstitution (z. B. Sacrosanctum Concilium 27 und 47). Darüber hinaus wird hier drittens die Sakralität der liturgischen Feier als „actio sacra" (SC 7), viertens die Öffentlichkeit (SC 27), fünftens ihre Gemeinschaftlichkeit durch die Gläubigen (SC 27) und sechstens der hierarchische Charakter durch den an der Spitze der Gemeinde handelnden Priester (SC 33) festgestellt.

Im Zusammenhang mit der Gemeinschaftlichkeit kennzeichnet die Liturgiekonstitution die Meßfeier in kommunikativ bedeutungsvoller Weise durch die volle, bewußte und tätige Teilnahme der Gläubigen (SC 14) und durch die Knappheit und Durchschaubarkeit der Riten (SC 34). Aus der Gemeinschaftlichkeit der Meßfeier, an der in der Regel Frauen und Männer teilnehmen, läßt sich ferner die Forderung nach „inklusiver Sprache", d. h. nach nicht-sexistischem Sprachgebrauch, ableiten (vgl. hierzu Sommer 1985; Köhler 1987, 23-31). Eine frauengerechte Sprachverwendung, zumindest bei allen Bezugnahmen auf die liturgiefeiernde Gemeinde, fördert Gemeinschaft und ist eine Grundschicht liturgischer Sprachkultur.

Es ist selbstverständlich, daß nicht alle der genannten kommunikativen Merkmale in gleicher Intensität mit der Sprache zu tun haben und den Grad der Sprachkultur liturgischer Sprechakte bestimmen können. Sicher scheint mir zu sein, daß aufgrund der Ritualität die Sprach*re*produktion in der Messe, also das Ablesen oder Absingen vorgefertigter Texte, gegenüber spontaner Sprachverwendung das Übergewicht hat. Dabei spielt es zunächst keine Rolle, ob die vorgefertigte Sprache von einer liturgischen Institution ohne Rücksicht auf die jeweilige Individualität einer Meßfeier, ob sie vom Zelebranten oder von Gläubigen für diesen individuellen Gottesdienst vorformuliert wurde.

In überzeugender Weise fordert jedoch Klaus Roos im Fernkurs „Liturgie" ein Gleichgewicht von institutionalisierten, also bekannten Texten, und neu gestalteten Texten: „Die Bekanntheit ... macht dem Teilnehmer das Geschehen vertraut, entlastet ihn von dem Streß, ständig neue Worte und Eindrücke verarbeiten zu müssen ... Andererseits ist es zur Abwehr von Erstarrung nötig, auch ein gewisses Maß an aktueller Gestaltung, Neuformulierung und Spontaneität einzubringen ..." (Roos 1986, 31).

Aus der Sakralität des Rituals, aus dem Wissen, daß es bei der Messe um das Heilswirken Gottes geht, leitet Klaus Roos (1986, 28) ferner die Forderung ab, daß in allen Texten, die im Gottesdienst gesprochen werden, der Ausdruck einer inneren Betroffenheit vorhanden sein sollte, wie dies vorbildlich in den Lesungen der Fall sei. Diese Forderung trifft mit den von Elisabeth Hug genannten Stilkriterien für die liturgische Gebetssprache zusammen, nämlich Emotionalität, Konkretheit der Situation und Bildhaftigkeit (Hug 1985, 61; siehe auch Anm. 4).

Einen deutlichen Bezug zur Sprachverwendung in der Messe hat schließlich die Forderung nach der vollen, bewußten und tätigen Teilnahme der Gläubigen. Ihr entspricht die nicht unproblematische Forderung nach formaler Verständlichkeit bzw. leichter Rezipierbarkeit sowohl der von der Gemeinde als ganzer zu gebrauchenden Sprache, als auch besonders der Lesungen, der Predigt und der im Namen der Gläubigen gesprochenen Gebete. Die Verständlichkeit betrifft besonders im zweiten Fall die Maßnahmen zur akustischen Rezipierbarkeit (Lautstärke, Sprechtempo, Betonung u. a. m.) ebenso wie die von Elisabeth Hug für die Erleichterung der Rezeption der Präsidialgebete herausgearbeiteten Kriterien der Textformulierung: kurze und bekannte Wörter, kurze und einfach gebaute Sätze im Aktiv, Verbalstil statt Nominalstil und „Logik" des Textaufbaus.[4] Um richtig verstanden zu werden: Dieses kommunikative Charakteristikum der Messe steht nur im Dienste eines höheren Verstehens! Es dient nur dazu, das „Mysterium wohl verstehen zu lernen", wie es in Artikel 48 der Liturgiekonstitution heißt.

3. Die verbalen Teilrituale der Messe

Als Großritual zerfällt die Messe in eine Sequenz von Teilritualen, die nach ihren verbalen Elementen in verschiedene Klassen eingeteilt werden können. Wichtig scheint mir zu sein, daß die für die Messe insgesamt geltenden Sprachkulturkriterien wie Institutionalisiertheit im Wechsel mit Neuheit, Sakralität und Verständlichkeit für die Teilrituale jeweils unterschiedlich gewichtet und modifiziert werden.

Iwar Werlen (1984, 207 ff.) bietet folgende pragmalinguistische Klassifikation der Teilrituale an: Gebete (mit den Subklassen Bitt-, Lob-, Dankgebet), Lesungen, Segen, Predigt, Hymnen bzw. Lieder, Responsorien und Litaneien (z. B. das Kyrie) und sogenannte Marker zur Markierung der Eröffnung und Beendigung von Teilritualen (z. B. Begrüßung, Gruß – Gegengruß). In einigen der Teilrituale dominiert die Institutionalisiertheit, z. B. bei den Lesungen, beim Bekenntnis oder bei den Responsorien; in anderen dominiert hingegen die Subjektivität und Neuheit der Texte, z. B. sicherlich bei der Predigt. In wieder anderen dominiert sprachlich die sakrale Emotionalität, z. B. bei den Hymnen und Gebeten. Bei den Lesungen ist das Kriterium

---

4 Hug (1985), 123-128. Statt der Übersetzung des Tagesgebetes für die Weihnachtsmesse am Morgen „Allmächtiger Gott, dein ewiges Wort ist Fleisch geworden, um uns mit dem Glanz deines Lichtes zu erfüllen. Gib, daß in unseren Werken widerstrahlt, was durch den Glauben in unserem Herzen leuchtet." (Hug 1985, 177) schlägt Elisabeth Hug folgenden Text vor: „Gott, um uns und in uns ist oft alles dunkel. Dein Sohn ist einer von uns geworden, damit es überall tagt. Mach du auch heute die ganze Welt hell. Und laß uns durch Jesus zum Licht für andere werden" (Hug 1985, 311). Um eine sicherlich nicht erwünschte Assoziation zu vermeiden, sollte allerdings mindestens „es ... tagt" durch „es ... Tag wird" ersetzt werden.

der Verständlichkeit wichtiger als etwa bei Responsorien, Markern und Hymnen.

4. Zwei Arten liturgischer Sprachkultivierung

Große Bedeutung für die Sprachkultur und die Sprachkultivierung der Meßfeier und aller anderen Liturgien kommt der Fragestellung zu, wer die Texte wann verfaßt hat. Dem Zelebranten, dem Lektor, dem Kantor und der Gemeinde bleibt ja beim Vollzug der Liturgie in Anbetracht ihrer Institutionalisiertheit nur die Möglichkeit, durch die Reproduktion der Texte auf Verständlichkeit hinzuwirken und dadurch Sprachkultur zu verwirklichen. Die Beachtung aller anderen Bedingungen der liturgischen Sprachkultur liegt aber normalerweise außerhalb, d. h. zeitlich vor dem Vollzug der Liturgie. Die grundlegende Phase der Sprachkultivierung ist also präliturgisch; die Grundlagen dafür, daß eine konkrete Liturgie den Anspruch auf Sprachkultur erheben kann, werden zum größten Teil außerhalb des liturgischen Vollzugs gelegt.

Setzen wir einmal voraus, daß die Verfasser von Texten liturgischer Formulare in deutscher Sprache von Berufs wegen um die Anforderung der liturgischen Sprachkultur wissen und die Texte entsprechend verfassen, so ist es heute doch mehr denn je möglich, daß Laien (im doppelten Sinn) ad hoc für eine bestimmte Liturgie Texte verfassen. Aus meiner persönlichen Erfahrung handelt es sich dabei vorwiegend um Tages-, Gaben- und Schlußgebet und um die Fürbitten.

Vor diesem Hintergrund zeichnet sich – neben der eigentlichen liturgischen Sprachkultivierung in Form der Abfassung muttersprachlicher Texte und ihrer Konkretisierung im Gottesdienst gemäß den Ansprüchen der liturgischen Sprachkultur – eine zweite Form ab: die Aufgabe, alle diejenigen, die nicht auf die Abfassung liturgischer Texte vorbereitet sind, in einer Zeit vermehrter Spracharmut so zu schulen, daß sie den Anforderungen der liturgischen Sprachkultur gewachsen sind.

5. Ausblick

Durch die Aufgabenstellung der Liturgiekonstitution, die Liturgie nicht nur zu erneuern, sondern ständig zu pflegen, eröffnet sich der germanistischen Sprachwissenschaft ein interessantes Feld der Beschäftigung mit der katholischen Liturgie, besonders mit der Meßfeier. Seitdem die Liturgie im deutschen Sprachgebiet vorwiegend gänzlich in der Muttersprache gefeiert wird, bietet dieses „primär verbale Ritual" (Werlen 1984, 148) dem Sprachwissenschaftler ein interessantes Beobachtungs-, vielleicht sogar Betätigungsfeld. Bei genauem Hinsehen gibt die Liturgiekonstitution selbst schon einen Rahmen für die Beschäftigung der Sprachwissenschaft mit der muttersprachlichen Liturgie vor, insofern als in ihr die Vorstellung von einer liturgischen Sprachpflege – bzw. besser von einer liturgischen Sprachkultivierung – implicite vorhanden ist.

Zu den ersten Aufgaben einer liturgie-orientierten Sprachforschung müßte es gehören, die kommunikativen Charakteristika der Meßfeier und der anderen Liturgien, von deren Vorhandensein der Grad der jeweils verwirklichten Sprachkultur abhängt, hinsichtlich ihrer Versprachlichung herauszuarbeiten. Die von mir hierzu vorgetragenen Gedanken tragen den Charakter der Vorläufigkeit und sind keineswegs als eine endgültige Lösung der Frage anzusehen.

Ein weiterer wichtiger Aspekt ist das Verständnis besonders der Messe als komplexes Großritual, dessen verbale Teilrituale unterschiedliche Sprechakte repräsentieren, deren Sprachkultur von einer unterschiedlichen, noch genauer zu erforschenden Gewichtung der kommunikativen Merkmale des Großrituals abhängt.

Das Konzept der liturgischen Sprachkultur bzw. Sprachkultivierung stellt darüber hinaus an die Sprachwissenschaft auch praktische Forderungen. Indem wir zwei Phasen der Sprachkultivierung unterscheiden müssen, eine intraliturgische, bei der es weitgehend um die adäquate sprachliche Umsetzung vorformulierter Texte im Vollzug der Liturgie geht, und eine präliturgische Phase der Konzipierung und schriftlichen Fixierung der liturgischen Texte, stellt sich erstens die Frage nach der Zusammenarbeit von Sprachgermanisten mit den Liturgikern, die die Texte für die liturgischen Bücher verfassen, oder mit den Autoren der Liedtexte; zweitens die Frage nach der Mitwirkung von Sprachwissenschaftlern an der Ausbildung der Priester, Pastoral- und Gemeindereferenten im Hinblick darauf, daß sie alle liturgische Texte verfassen können müssen; und drittens die Frage nach der Befähigung und der Ausbildung der Laien für die Abfassung liturgischer Texte.[5] Nicht zu vergessen ist, daß auch die intraliturgische Sprachkultivierung der vorbereitenden sprachwissenschaftlichen Schulung bedarf.

Im Gegensatz zu vorkonziliaren Zeiten, als das Latein die Liturgiesprache war, besteht nach der Liturgiereform eine bis dahin gar nicht gekannte Verantwortung gegenüber der in der Liturgie verwendeten „Volkssprache“, aus der sich sogar die Forderung nach ständiger Reform der Liturgiesprache ableiten läßt. In Anbetracht der soziologischen und semantischen Vielschichtigkeit und der beständigen Wandlungen innerhalb einer pluriformen Sprache wie der deutschen Sprache der Gegenwart halte ich es für ein aus der Liturgiekonstitution ableitbares Gebot, daß die für die Liturgie Verantwortlichen mit Sprachwissenschaftlern zusammenarbeiten. Es wäre töricht, aufgrund angeblich schlechter Erfahrungen, die vor Jahren bei der Mitarbeit von Germanisten an der Einheitsübersetzung der Heiligen Schrift (Förster 1975, 89-92; Nüssler 1978, 49-57) gemacht wurden, auf der Seite der Liturgie

---

5 Ein möglicher interessanter Weg zur Ausbildung der Laien im Hinblick auf die Erfordernisse der liturgischen Sprachkultur wird mit dem Fernkurs „Liturgie“ (Roos 1986) beschritten.

für die Zukunft auf den Rat der Sprachwissenschaftler zu verzichten - auch wenn diese mit dem Konzept der liturgischen Sprachkultur vor einer völlig neuen Aufgabe stehen.

6. Literatur

Brügger, Samuel (1983): Die deutschen Bibelübersetzungen des 20. Jahrhunderts im sprachwissenschaftlichen Vergleich. Bern/Frankfurt/New York.

Förster, Uwe (1975): Damit eure Freude vollkommen sei. In: Der Sprachdienst 19 (1975), 89-92.

Greule, Albrecht/Ahlvers-Liebel, Elisabeth (1986): Germanistische Sprachpflege. Darmstadt (Einführungen).

Hug, Elisabeth (1985): Reden zu Gott. Zürich/Einsiedeln/Köln.

Ingwer, Paul (1983): Der evangelische Gottesdienst als institutionell inszeniertes Ritual. In: Osnabrücker Beiträge zur Sprachtheorie 24 (1983), 91-106.

Köhler, Hanne (1987): Frauengerechte Sprache in Gottesdienst und Kirche. In: Evangelische Frauenarbeit Deutschland e.V. [Hrsg.]: Gerechte Sprache in Gottesdienst und Kirche. Mit Bibeltexten zum Frankfurter Kirchentag in frauengerechter Sprache. Frankfurt, 23-31.

Nüssler, Otto (1978): Die Sprachpfleger und die Bibel. In: Der Sprachdienst 22 (1978), 49-57.

Roos, Klaus (1986): Sprache im Gottesdienst. Liturgie im Fernkurs. Lehrbrief 10/1. Hrsg. von den liturgischen Instituten Salzburg, Trier und Zürich.

Schönfeldt, Alfred (1986): Bemerkungen zu sprachlichen Ritualen. In: Debus, Friedhelm/ Dittmer, Arne [Hrsg.]: Sandbjerg 86. Neumünster.

Sommer, Norbert [Hrsg.] (1985): Nennt uns nicht Brüder. Stuttgart.

Werlen, Iwar (1984): Ritual und Sprache. Tübingen.

Wimmer, Rainer [Hrsg.] (1985): Sprachkultur. Jahrbuch 1984 des Instituts für deutsche Sprache. Düsseldorf (Sprache der Gegenwart 63)

Frauengottesdienste, feministische Liturgien und integrative Sprache

1. „Integrative Liturgie“

In Frauengottesdiensten - ich verstehe darunter Gottesdienste, die von Frauen für die Feier durch Frauen konzipiert sind - bietet sich engagierten Christinnen seit einiger Zeit eine wichtige Möglichkeit, sich liturgisch zu emanzipieren. Eine herausragende Rolle spielt dabei die sprachliche Gestaltung, bei der darauf Wert gelegt wird, daß Frauen, sei es als liturgische Gemeinde, sei es in der Rolle der Lektorin, Kantorin oder Liturgin, explizit benannt und dadurch „sichtbar“ gemacht werden. Vor dem Hintergrund der Frauenbewegung wurde das Problem der sprachlichen Nicht-Präsenz der Frauen in der Kirche zuerst in den USA aufgegriffen; seit Anfang der 70er Jahre wird dort teils heftig darüber diskutiert und auch liturgisch experimentiert. Über diese Entwicklungen informiert ausführlich ein Aufsatz von Teresa Berger (1987, 42-58). Besondere Aufmerksamkeit erregten in und außerhalb der USA die sogenannten feministischen Liturgien, die sich primär darauf richten, „die weitgehende Unsichtbarkeit der Frau - und das heißt ihrer Geschichte, ihrer Anliegen, ihrer Bedeutung, ihrer Person - in der traditionellen Liturgie aufzuheben“ (Berger 1987, 50). Charakteristisch für die „feministischen Liturgien“ ist, daß Frauen die Gottesdienste gestalten und leiten, wobei sie mit den traditionellen liturgischen Formen frei umgehen. Die „Aufhebung der liturgischen Androzentrik“ (Berger 1987, 47) findet ihren hörbaren Ausdruck in sprachlichen Formulierungen, die „sexistische“ Sprache - gemeint sind traditionelle Formulierungen, die die Existenz und die Anwesenheit von Frauen beim Gottesdienst ignorieren („exklusive Sprache“)[1] - zu vermeiden suchen. Von dieser Bemühung bleiben auch das Gottesbild und die Gottesanrede nicht unberührt. Eindeutig männliche Gottesbezeichnungen wie Vater und Herr werden abgelehnt; weibliche Bilder (Gott als Gebärerin, als Henne, als Mutter und andere) werden bevorzugt.

Am Ende ihres Aufsatzes wirft Teresa Berger die berechtigte Frage nach der Relevanz und der Übertragbarkeit der amerikanischen Diskussion und Lösungsversuche in den deutschsprachigen Raum auf. Die Relevanz des Kernproblems, nämlich die Androzentrik der traditionellen Liturgie und Liturgiesprache, steht auch für Europa außer Zweifel (vgl. Sommer 1986). Erste Versuche, die Androzentrik der Liturgie in deutschsprachigen Frauengottesdiensten zu überwinden, sollen im folgenden durch die Beschreibung und Problematisierung von vier Modellbüchern diskutiert und bewertet werden. Unter den Problembereichen, die sich in den Ausführungen von Teresa Berger abzeichnen (exklusive oder integrative Sprache, Gottesbilder

---

[1] Vgl. die Definition von sexistischer Sprache durch Guentherodt u. a.(1980), 15.

und Gottesanrede, Gottesdienst-Themen, liturgische Formen) und die auch als Kategorien der Beschreibung und Kritik der Modelle dienen können, stehen die sprachlichen Aspekte im Vordergrund.

2. Ansätze zur Vermeidung sexistischer Sprache im deutschsprachigen Raum

Außerhalb der Kirchen waren es im wesentlichen zwei Impulse, die in der Bundesrepublik dazu führten, die Möglichkeiten und Grenzen integrativer Formulierungen in deutscher Sprache zu testen. Es handelt sich um die Vorschrift der „geschlechtsneutralen" Stellenanzeige, die 1980 in das Bürgerliche Gesetzbuch aufgenommen wurde, und um die feministische Sprachplanung und -lenkung seit Anfang der 70er Jahre.

Die „geschlechtsneutrale" Stellenanzeige fordert das Bürgerliche Gesetzbuch (§ 611b) mit folgendem Wortlaut: „Der Arbeitgeber soll einen Arbeitsplatz weder öffentlich noch innerhalb des Betriebes nur für Männer oder nur für Frauen ausschreiben, es sei denn, daß ein Fall des § 611a Abs. 1 Satz 2 (BGB) vorliegt" (zitiert nach Berschin 1981, 105).

Die Verfasser von Stellenanzeigen, die der BGB-Vorschrift Folge leisteten, entledigten sich ihrer Aufgabe nach einer von drei Möglichkeiten, wobei die „Geschlechtsneutralität" auf die Berufsbezeichnung konzentriert wird (Berschin 1981, 105-113). Man versucht, die „geschlechtsneutrale" Formulierung zu erreichen a) durch die Doppelform (Splitting), zum Beispiel *Zuschneider/Zuschneiderinnen*, *Rechtsanwältin/Rechtsanwalt*, (in Kurzform mit Schrägstrich) *Krankengymnast/in*, (im Plural) *Krankengymnast/inn/en*; b) durch eine sexusneutrale Form, zum Beispiel (im Singular) *Fachkraft*, (im Plural) *Fotomodelle*, die nicht unbedingt auch das Genus neutrum aufweist. c) Die dritte Möglichkeit, die Verwendung einer sogenannten „Allgemeinform", die in der Regel der männlichen Berufsbezeichnung entspricht (zum Beispiel „Werbeassistent - männlich oder weiblich") (Berschin 1981, 106 f.), kann nach der berechtigten feministischen Sprachkritik nicht wirklich als „geschlechtsneutral" akzeptiert werden.

Die aus der feministischen Sprachkritik erwachsene Sprachplanung und -lenkung unterscheidet sich von den unter dem Druck einer Gesetzesvorschrift zustandegekommenen „geschlechtsneutral" formulierten Stellenanzeigen dadurch, daß dort nicht nur die vom deutschen Sprachsystem zur Verfügung gestellten Möglichkeiten, „sexistischen" Sprachgebrauch zu vermeiden (vgl. Guentherodt 1980, 16-21, Anm. 4), voll ausgeschöpft und etwa im Bereich weiblicher Berufsbezeichnungen zunächst ungewohnte Neubildungen (zum Beispiel *Kauffrau*) (Pusch 1985, 23-47) vorgeschlagen wurden, sondern charakteristischerweise dadurch, daß verändernd in das Sprachsystem eingegriffen wird, um zur Änderung der gesellschaftlichen Stellung der Frauen beizutragen. Das wird an dem Extremfall deutlich, wenn Luise F. Pusch bei der „Entpatrifizierung der Sprache" den Spieß herumdreht und statt des vermeintlich als „Allgemeinform" verstandenen Maskulinums (siehe oben) das „umfassende Femininum" (zum Beispiel *weibliche* bzw. *männliche Leserinnen* anstatt *Leser/inn/en*) propagiert (Pusch 1985, 24 u. 37). Weitere Auffälligkeiten der feministischen Sprachplanung und teilweise auch der feministischen Sprachpraxis sind die Pronomina *frau* (statt *man*) und *jedefrau* (statt *jedermann*), die Verwendung von *jemand* und *wer* als Feminina (zum Beispiel *jemand, die mir helfen kann, Wer ..., die ...*) und die Movierung des Bestimmungswortes in Komposita und der Basis von Derivaten (zum Beispiel *Kundinnen-nummer, Siegerinnen-pose, junggesellinnen-haft, Spezialistinnen-tum*) (Pusch 1985, 42).

Überträgt man die Problematik der integrativen Sprache auf den christlichen Gottesdienst, dann tritt zu der rein weltlichen Dimension die theologische hinzu, nämlich das Reden zu und über Gott. Vorschläge zu einer integrativen („frauengerechten") Sprachverwendung im deutschsprachigen Gottesdienst legte bislang nur Hanne Köhler (1987, 23-31) vor. Sie stellt fest, daß die kirchliche Sprache nicht der Grundüberzeugung, daß Frauen und Männer vor Gott gleich sind, entspricht, sondern daß sie Frauen ausschließt und diskriminiert. Frauengerechte Sprache besteht dagegen nach Hanne Köhler aus folgenden vier Kernpunkten (Evangelische Frauenarbeit in Deutschland 1987, 5):[2] 1. Frauen ausdrücklich benennen, 2. Frauen als selbständige Personen beschreiben, 3. Frauen in ihrer Rollen- und Begabungsvielfalt sichtbar machen, 4. Gott nicht durch den Gebrauch männlicher Bilder einschränken. - Die Verfasserin gibt zu, daß in einer Übergangszeit die frauengerechte Sprache in der Kirche sich umständlich und unbeholfen anhören wird; gegen diesen stilistischen Einwand führt sie jedoch ins Feld, daß „es für einen vor Gott verantworteten christlichen Sprachgebrauch angemessener (sei), umständlich zu klingen als verletzend und ausgrenzend zu wirken" (Köhler 1987, 26, Anm. 13).

Die frauengerechte Sprache kann zunächst am besten in selbst formulierten liturgischen Texten (Gebete, Predigten, Gespräche, Fürbitten) eingeübt werden (Köhler 1987, 29). Darüber hinaus fordert Hanne Köhler ein neues Gesangbuch in frauengerechter Sprache und die Vermeidung unnötiger patriarchal interpretierender Übersetzungen von Bibelstellen, wenngleich sie einräumt, daß eine sorgfältige Bibelübersetzung die patriarchalen Voraussetzungen der Bibel nicht verschleiern darf (Köhler 1987, 30).

3. Deutschsprachige Frauengottesdienst-Modelle

Die Untersuchung von Gottesdienstmodellen bzw. Gottesdienstformularen bringt es mit sich, daß zwei Sprachverwendungsebenen in diesen Texten genau unterschieden werden müssen. Das Formular besteht aus dem

---

2 Die Punkte 4 („Behinderte Menschen nicht auf die Abweichung von einer Norm festlegen"), 5 („Menschen anderer Hautfarbe und anderen Glaubens nicht abwerten") und 6 („Jüdische Menschen als Volk Gottes achten") habe ich, weil sie einen anderen Aspekt einbringen, nicht angeführt.

Rubriktext und dem Sprechtext. Der Rubriktext mit seinen Erklärungen und Anweisungen bleibt geschriebene Sprache; der Sprechtext dagegen liegt zwar auch als geschriebene (gedruckte) Sprache vor, er ist aber für die Umsetzung in gesprochene Sprache in einer direkten, wenn auch rituellen Kommunikationssituation vorgesehen. Innerhalb des Sprechtextes ist bei der Untersuchung der einzelnen Modelle unter dem Aspekt der integrativen, frauengerechten Sprache darauf zu achten, ob die Gemeinde, die zumal bei Frauengottesdiensten nur aus Frauen bestehen kann, direkt angesprochen wird („Brüder"-Problem) oder ob auf Dritte, etwa in Fürbitten auf alleinerziehende Mütter und Väter, Bezug genommen wird. Das Verhältnis der in den Modellbüchern abgedruckten bzw. als Lesungen vorgeschlagenen Bibelstellen zur integrativen Sprache verlangt jeweils gesonderte Aufmerksamkeit ebenso wie die Sprachformen der Gottesanrede. – Terminologisch möchte ich noch abklären, daß es – was bislang nicht beachtet wurde – theoretisch zwei Dimensionen sexistischer Sprache gibt, nämlich die bislang ausschließlich diskutierte androzentrische und eine gynäkozentrische, das heißt: eine Formulierung, die Männer zum Beispiel in der Anrede nicht benennt, wenn nur Frauen anwesend sind.

3.1 „Laßt uns loben, Schwestern, loben" (1987)

Das Hauptanliegen dieses von Werner Ripplinger herausgegebenen Modellbuches ist die Weitergabe von in einer Gemeinde erprobten Frauengottesdienst-Modellen (meist Eucharistiefeiern), die so gestaltet sind, daß „die Texte der Gebete, der Besinnung und der Fürbitten Antwort geben auf Fragen, die Frauen in ihrem Leben haben" (7). Thematisch orientieren sich die Gottesdienste an Festen des Kirchenjahres, an biblischen und heiligen Frauen und an aktuellen Problemen. Die Frage nach der frauengerechten Gottesdienstsprache wird nicht gestellt, wiewohl der Buchtitel durch die gynäkozentrische Umformulierung des Liedanfangs *Laßt uns loben, Brüder, loben* Sensibilität in diesem Bereich erwarten läßt. Die biblischen Lesungen werden nicht abgedruckt und somit auch nicht umformuliert[3], sondern nur vorgeschlagen; es wird auch keine bestimmte Übersetzung verlangt. Desgleichen werden Lieder aus dem Gotteslob nur unter Angabe von Nummer und Strophe vorgeschlagen. Der Rubriktext ist sehr knapp gehalten. An der Stelle der Fürbitten heißt es zum Beispiel *Wir formulieren selbst* (11). Die an sich unklare Wir-Formulierung findet sich oft (*Wir stellen uns um den Altar, Wir beten gemeinsam*). Man begegnet im Rubriktext aber auch Formulierungen wie diesen: *Elf Frauen sprechen* (24), *Eine Frau stellt drei Heilkräuter vor* (51). Abgesehen von einer Meditation, in der ein *Lektor* vorkommt (50 f.),

---

3 Eine Ausnahme findet sich auf S. 28. Hier wird nur der Satz Mt 5,9 als Evangelium in folgender Form (mit integrativer Neuerung in der zweiten Hälfte) vorgeschlagen: „Selig sind die Friedensstifter, denn sie werden Söhne und Töchter Gottes genannt werden."

werden die liturgischen Rollen nicht verteilt und nicht benannt, weshalb sich auch die Frage der frauengerechten Benennung hier nicht stellt.

Im Sprechtext finden sich da und dort - man möchte sagen zaghafte - Ansätze zu einer frauengerechten Formulierung, zum Beispiel (gynäkozentrisch) *wir als Hausfrauen* (24), *Geist der Schwesterlichkeit* (31), *Verkünderinnen* (35), *Schwestersein* (48), *Nun, Schwestern, sind wir frohgemut* (Liedanfang, 55); (integrativ) *unserem Nachbarn und unserer Nachbarin* (28), *zu Brüdern und Schwestern werden* (81), *für unsere Brüder und Schwestern in aller Welt* (86). - Selbst wenn man die zahlreichen nichtbiblischen Zitattexte, die offenbar unverändert wiedergegeben werden sollen, außer acht läßt, bleiben noch viele Möglichkeiten, die androzentrische Formulierung zu ändern, in diesem Modellbuch ungenutzt, zum Beispiel *Forscher, der Mensch als Herr der Erde* (20), *jeder einzelne, die leisen Mahner* (25), *Mache uns zu Boten des Friedens* (27), *bei dem von uns/dem anderen/mit ihm/Versager* (29), *in allen Christen* (31), *für die Politiker/Wissenschaftler* (53), *keiner weiß, bei Künstlern und Verehrern* (83), *als Zeugen* (86).

Das inkonsequente Verhalten zeigt sich auch in den wenigen Bibelzitaten, die als Sprechtext abgedruckt sind. Einerseits wird Mt 5,9 integrativ geändert (... *denn sie werden Söhne und Töchter Gottes genannt*, 28), andererseits nicht (*Selig die Friedensstifter, denn sie werden Söhne Gottes genannt werden*, 32). - Durchgehend traditionell androzentrisch sind die Gottesanreden formuliert: *Gott, unser Vater; Herr, unser Gott; Gott, dem Herrn der ganzen Schöpfung; Gott, du Schöpfer und Erhalter der Welt; Guter Vater; Herr über unser Leben.*

Das Modellbuch hinterläßt den Eindruck, daß die Verfasser/innen sich mehr auf die thematische Seite der Gottesdienstgestaltung und die Auswahl frauenspezifischer, nichtbiblischer Texte konzentrierten als auf die sprachliche Gestaltung und daß sie bewußt oder unbewußt das Problem, wie von Gott außer in androzentrischer Weise noch gesprochen werden könnte, umgingen.

3.2 „Frauengottesdienste" (1987)

Für dieses Modellbuch verfaßte Elisabeth Aeberli elf Modelle, die zum größeren Teil als Wortgottesdienste konzipiert sind und die Möglichkeit zur Feier ohne Priester bieten. Thematisch handelt es sich um Mariengottesdienste und um Gottesdienste, in denen Frauen des Alten und Neuen Testamentes sowie heilige Frauen im Mittelpunkt stehen. Die Bibeltexte wurden teilweise abgedruckt, und zwar in der Fassung der Einheitsübersetzung. Bei den Liedern wird auf das (Schweizer) Kirchengesangbuch (KGB) zurückgegriffen. Beachtenswert ist der Versuch, von Gott auch in weiblichen Bildern zu sprechen. Männliche Attribute zur Gottesbezeichnung fehlen.

Im Rubriktext fällt die klare Verteilung der liturgischen Ämter und ihre entsprechende Benennung auf: Gottesdienst-Leiterin, Lektorin, Sprecher(innen), Predigerin. Die Teilnehmerinnen am Gottesdienst werden als solche und nicht in der Wir- oder Ihr-Form benannt. Der Sprechtext ist nahezu durchgehend adäquat formuliert, das heißt integrativ, wenn auf Dritte (Männer und Frauen) Bezug genommen wird; mit einem Femininum, wenn eine Frau bezeichnet wird bzw. wenn die Teilnehmerinnen angesprochen werden.

Zum Beispiel (integrativ) *seine Jüngerinnen und Jünger* (12), *Lebensaufgabe jeder Frau und jedes Mannes; du hast Menschen gerufen, Männer und Frauen* (35), *an Politikerinnen, an Politiker* (49), *Prophetinnen, Propheten* (53), *die Gesprächspartnerin, der Gesprächspartner* (62), *als Begleiterin, als Begleiter; den Christinnen und Christen* (67), *Begleiterin/Begleiter* (68)[4], *Arbeiterinnen und Arbeiter* (70), *von Partner, Partnerin, von Freund, Freundin* (76), *die Frauen und Männer von heute* (82); (gynäkozentrisch) *uns Frauen* (58)[5]; *Maria ist Fürbitterin und Beschützerin* (19), *Johanna war Zeugin der Auferstehung* (37), *die Frauen am Grab waren die ersten Zeuginnen und Verkündigerinnen* (40), *die Samaritanerin gilt als erste Apostolin* (62). – Als weniger gelungen muß man vor diesem Hintergrund die nicht seltenen Stellen bewerten, an denen „der Mensch" als vermeintliche Allgemeinform verwendet wird. Auch halte ich *die Leute* (11) als integrierende Allgemeinform für nicht so gut wie das Splitting *Frauen und Männer*.

Elisabeth Aeberli hat die Modelle konsequent für Gottesdienste konzipiert, an denen nur Frauen teilnehmen. Deshalb ist es angemessen, daß sie im Rubriktext und wenn die Teilnehmerinnen angesprochen werden, ebenso konsequent gynäkozentrisch formuliert. Die Sprachsensibilität der Texte zeigt sich aber auch in den integrativen Formulierungen, in denen das explizite Splitting in der bedenkenswerten Reihenfolge Femininum – Maskulinum den Vorzug genießt und das dort eingesetzt wird, wo der Bezug auf Männer und Frauen adäquat ist. Auf der anderen Seite zeigen die Modelle die Grenzen auf, die dem Bemühen, Gott gynäkozentrisch zu benennen, gesetzt sind: Auch Elisabeth Aeberli verzichtet nicht auf Lieder wie *Hilf, Herr meines Lebens* (42) und auf Wendungen wie *Dem Herrn gehört die Erde* (47), *Mein Herr und Gott* (85).

3.3 „Wir sind keine Fremdlinge mehr. Frauen halten Gottesdienst" (1984)

Es handelt sich um die deutsche Fassung eines Werkstattbuches, das von einer ökumenischen Projektgruppe unter dem Originaltitel „No longer strangers" erarbeitet wurde. Das Buch enthält Gebete und Gedichte aus vielen Teilen der ökumenischen Welt, aus verschiedenen Traditionen, Kulturen und Religionen, die alle zeigen sollen, wie Frauen heute mit selbstverfaßten Texten beten. Die Herausgeberinnen betonen die Wichtigkeit nichtsexistischer, inklusiver Sprache und ermuntern dazu, das Werkstattbuch so zu

---

4 Zum Splitting mit Schrägstrich im Sprechtext vgl. unten 3.4.

5 Dagegen sexistisch-gynäkozentrisch: *Wir denken an die Frauen, die allein für ihre Kinder sorgen müssen* ... (44).

benutzen, daß neue Gottesdienstformen entstehen. Demgemäß sind die vorgeschlagenen Modelle - die Abendmahlsliturgie wird bewußt ausgeklammert - nur in Umrissen dargestellt, und folglich findet man auch fast keinen Rubriktext. Wenn die liturgischen Rollen verteilt und benannt werden, dann folgendermaßen: *Leiterin, Sprecherin, Vorbeter/in,* (in einem Wechselgesang:) *Männer, Frauen, Alle.*

Der Sprechtext ist entsprechend der thematischen Orientierung der Gebete und Liturgien gynäkozentrisch gestaltet. Deutlich wird das zum Beispiel im Wechselgesang über die Kraft der Frauen (34 f.), in dem Gedicht „Eine wandernde Aramäerin war meine Mutter" (63) oder in der Überschrift „Vorbotinnen" (74) und dem Gottesdienstthema „Gott der Matriarchinnen" (88). Daneben gibt es aber zahlreiche Stellen mit integrativer Formulierung, zum Beispiel *Schwestern und Brüder - steht auf* (26), *deine Töchter und Söhne* (30 und öfter), *Meine Freundinnen und Freunde* (31), (alle) *Frauen und Männer* (zu lieben) (33 und öfter), *die vor uns Sünderinnen und Sünder waren* (88).

Zur Auswahl der Bibelstellen rät das Werkstattbuch, solche Texte zu wählen, „die die Lage von Frauen zum Gegenstand haben oder in denen eine weibliche Vorstellung von Gott vorkommt" (20). Beispielstellen werden genannt; eine bestimmte Übersetzung wird aber nicht empfohlen. Durch die gezielte Wahl der Bibelstellen dürfte sich der sprachliche Eingriff in die Texte erübrigen. Andernfalls - das zeigen die wenigen abgedruckten Stellen - wird, wie bei 1 Joh 4,7-12 und 16-21 integrativ eingegriffen (*Freundinnen, Freunde, unsere Schwestern und Brüder,* 37), und Lk 10,38-42 wird in einer feministischen Erweiterung einer dänischen ökumenischen Frauengruppe abgedruckt (80).

Ihr Hauptaugenmerk richten die Herausgeberinnen, die auch dazu ermuntern, durch die im Werkstattbuch abgedruckten Beispiele inspiriert, selbst Gebete zu schreiben, bei der sprachlichen Formulierung auf die Gottesanrede und Gottesbildlichkeit. Sie gehen dabei wesentlich weiter als Elisabeth Aeberli (s. o. 3.2). Es wird empfohlen, „Herr" und „er" durch „Gott" zu ersetzen und Wörter zu benutzen, die neue Bilder von Gott hervorrufen und die Dominanz der männlichen Gottesbegriffe brechen. Dies geschieht im Werkstattbuch mit verschiedenen Formulierungen, zum Beispiel *Gott des Lebens und Gebärens* (30), (Gott) *Mutter und Vater über alles Leben, Herrin des Friedens,* (36), *meine Mutter und mein Vater zugleich* (47), *Ich glaube an ... den weiblichen Geist Gottes* (65), *Ich glaube an Gott, den Mutter-Vater-Geist* (66), *Gott, du Bäckerin* (78).

3.4 „Feministische Liturgien für die Fastenzeit" (1987)

Das Buch enthält die Übersetzung von fünf Modellen für feministische Liturgien am Aschermittwoch, Palmsonntag, Gründonnerstag, Karfreitag und in der Osternacht, die im Rahmen der amerikanischen „Women's Alliance for Theology, Ethics and Ritual" im wesentlichen von Diann Neu entworfen wurden. Zwar beteuern die Übersetzerinnen, möglichst genau und gut lesbar (!) übersetzt zu haben; sie zeigen sich aber den Problemen, die die integrativen Formulierungen in deutscher Sprache, wenn sie gesprochen werden, bieten, nicht ganz gewachsen.

Ein „Leitfaden für die Planung feministischer Liturgien" (5-6) setzt in puncto Sprache neue Akzente: „Die Sprache ist nicht nur inklusiv, wenn sie frei ist von sexistischen, rassistischen und herrschaftstabilisierenden Bezeichnungen, sondern auch, wenn sie hinsichtlich der Kultur inklusiv ist. Frauen des Glaubens sprechen viele Sprachen! Wann immer möglich, verwendet eine Vielfalt von Sprachen in der Liturgie!" Die Lesungen sollen frei sein von sexistischen, rassistischen und von „Herrschafts-Strukturen" bei der Bezeichnung von Menschen und Gott.

Obwohl man annehmen darf, daß die vorgeschlagenen Liturgien für eine ausschließlich weibliche Gemeinde konzipiert sind (handelt es sich doch um Gottesdienste, die in den USA von frauenkirchlichen Basisgemeinden gefeiert wurden), sind die betreffenden Formulierungen im Rubriktext merkwürdig inkonsequent. Einerseits werden die Rollen, wie zu erwarten, mit der weiblichen Form bezeichnet (*jede Frau, Teilnehmerinnen, Leserin(nen), Leiterin(nen), Musikerinnen, Segnerin, Verkündigerin, Erzählerin*), und die Anweisungen werden in der vertraulichen Ihr-Form gegeben. Andererseits erinnert man sich dann anscheinend des Gebots zu inklusiver Formulierung und formuliert integrativ. Dabei spielt eine Form des Splittings eine Rolle, die beim nur zu lesenden Text noch hingenommen werden kann, aber nicht beim Sprechtext, nämlich die Großschreibung am Anfang des Motionssuffixes: *TeilnehmerInnen, TänzerInnen, SegnerInnen*. Erstens kann diese Schreibweise gynäkozentrisch statt integrativ mißverstanden werden, und zweitens ist damit zu rechnen, daß bei gesprochener Wiedergabe nur das Femininum (also Teilnehmerinnen) umgesetzt wird. Diese Schreibweise ist also, wenn sie integrativ gemeint ist, unehrlich. – Im Rubriktext finden sich auch andere, im Grunde überflüssige integrative Formulierungen wie (jede) *Person, die Leute, die Anwesenden, für jede/n*. Die Probleme der Übersetzerinnen mit der deutschen Sprache werden deutlich, wenn sie *Mimen, Mime 1, Mime 2* und sogar *die Mime* (41) schreiben und unnötigerweise das geläufige Femininum Mimin(nen) meiden. Ins Groteske gleitet die Übersetzung aber an der Stelle ab, wo es heißt: *Die Segnerin ... faßt die Erfahrungen des Abends zusammen, fängt die Geistin ein* (sic) *und sendet die Anwesenden fort ...* (31); die Parallelstelle hat dann auch die richtige Formulierung: *... indem sie den Geist des Gottesdienstes zusammenfaßt* (45).

An der integrativen Sprache des Sprechtextes ist deutlich zu merken, daß sich die Übersetzerinnen meistens der Probleme nicht bewußt waren, die sich bei der Umsetzung ihrer graphischen Regelungen in gesprochene Sprache einstellen. Die Praxis dieses Modellbuches ist in sprachlicher Hinsicht jedenfalls nicht akzeptabel. Das wird nicht nur an dem Pseudosplitting *MärtyrerInnen, TheologInnen und FreundInnen* (9), *NicaraguanerInnen, Friedensar-*

beiterInnen (27), *StudentInnen* (40) usw.[6] sichtbar, sondern auch an Formulierungen mit Pronomen, zum Beispiel *sich an jede/n überall erinnern, die/der aufgrund ihrer/seiner Rasse und ihrer/seiner Religion gestorben ist* (21).

Neben integrativen Formulierungen existieren auch gynäkozentrische, die bei Anreden an die Gemeinde ein Beweis dafür sind, daß die feministischen Liturgien ausschließlich weibliche Gemeinden voraussetzen, zum Beispiel *Als Frauen tauchen wir unsere Hände ein* (28), *Auf uns, Schwestern, Freundinnen, Friedenskämpferinnen* (= Trinkspruch, 29), *wir ... Frauen, die in Schwesternschaft zusammengekommen sind* (30), *für die Weisheit von Schwesternschaft* (48).

In integrativer Absicht greifen die Übersetzerinnen in die aus der Züricher Bibel übernommenen, abgedruckten Bibelstellen ein, zum Beispiel *alle Bewohnerinnen des Landes* (8), *einer Jüngerin/eines Jüngern* (sic!) *Zunge* (19), *nehme sich eine jede/ein jeder ein Lamm, mit der Nachbarin/dem Nachbarn, die/der zunächst bei ihrem/seinem Haus wohnt* (25), *mit seinen FreundInnen* (= Einsetzungsbericht, 29), *meine Magd/mein Knecht* (43). – Getreu der Anweisung von Diann Neu „Verwendet Du Eine/r, Heilige/r oder Gott/Göttin statt Herr" (5) werden Gottesanrede und -benennung konsequent integrativ (das heißt bisexuell) umgestaltet, zum Beispiel *Gott ist gnädig ..., es gereut sie/ihn des Übels* (9), *Gott, die/der mir Recht verschafft* (19), *Gott/Göttin, der/die ...* (28).

Das Modellbuch, dessen Feminismus nicht allein in der Sprache, sondern auch in einem kämpferischen, weltweiten Pazifismus zum Ausdruck kommt, zeigt deutlich, wo bei integrativer Formulierung in deutscher Sprache die Schwierigkeiten liegen und daß diejenigen, die solche Texte formulieren, nicht allein mit dem Mut zum sprachlichen Experiment auskommen, sondern daß sie, wenn die Texte Bestand haben sollen, ein äußerst sensibles Sprachgefühl besitzen müssen.

4. Integrative Sprache als Teil der liturgischen Sprachkultur

Daß die Frauenbewegung in den letzten Jahren auch vor dem christlichen Gottesdienst nicht haltgemacht hat, wirkt sich auf die Liturgie und Liturgiesprache durchaus belebend und erneuernd aus (Berger 1987, 56 ff., Anm. 1). Zuerst in den USA, dann auch im deutschsprachigen Raum ging und geht es darum, von der traditionellen androzentrischen Orientierung der Liturgie, die sich am unmittelbarsten in der Sprache manifestiert, wegzukommen, indem Frauen als Gemeinde oder in einer liturgischen Funktion explizit benannt werden; indem weiter frauenspezifische Themen und entsprechende Texte in die Gottesdienste aufgenommen werden und indem schließlich das Reden zu und von Gott sich nicht nur in männlichen, sondern auch in weiblichen Metaphern vollzieht.

---

6 Inkonsequenterweise bleiben zwei Maskulina stehen: *Feinschmecker* (27) und *Äthiopier* (33).

In den vorausgehenden Kapiteln wurden vier neue, fast gleichzeitig erschienene Modellbücher[7] darauf untersucht, wie dieses Anliegen besonders im Bereich der Sprache gerade in (deutschsprachigen) Frauengottesdiensten realisiert wird. Das Ergebnis ist uneinheitlich, was nicht damit zusammenhängt, daß die Modellbücher I und II deutsche Originaltexte, die Modellbücher III und IV aber Übersetzungen sind. Es hat schon eher damit zu tun, daß sich die Bücher unterschiedlich, von I bis IV zunehmend stärker um frauengerechte Formulierungen bemühen. Mehr noch erstaunt es den kritischen Betrachter, daß dabei dem fundamentalen Unterschied zwischen Rubriktext und Sprechtext bzw. innerhalb des Sprechtextes dem Unterschied zwischen Anrede der Gemeinde und ihrer Selbstbezeichnung einerseits und dem Reden über Dritte andererseits kaum Beachtung geschenkt wird. Wie anders wäre es sonst zu erklären, daß wir integrative Formulierungen finden, wo sie überflüssig sind, zum Beispiel einer rein weiblichen Gemeinde gegenüber oder bei der Bezeichnung liturgischer Funktionen, die im Frauengottesdienst von Frauen ausgeübt werden.

Ich halte es für ein Gebot der liturgischen Sprachkultur (vgl. dazu Greule 1990, 55-59), daß wir im Gottesdienst grundsätzlich eine exklusive Sprache vermeiden; ich plädiere aber nicht allein für die integrative Sprache, sondern für eine geschlechtsspezifische. Die vorliegende Untersuchung zeigt, daß man, wenn neue Gottesdienstmodelle entworfen oder vorhandene umformuliert werden, am besten differenziert vorgeht und nicht um jeden Preis integrativ formuliert. Entscheidend ist die Zusammensetzung der Gemeinde. Der sprachliche Bezug auf eine Gemeinde, die sich im Normalfall aus Männern und Frauen zusammensetzt, sollte integrativ sein. Dasselbe gilt für die Bezeichnung der liturgischen Funktionen. Es sollte aber unbedingt darauf geachtet werden, daß das im Rubriktext sinnvolle Schrägstrich-Splitting (zum Beispiel Lektor/in) im Sprechtext durch ein ausformuliertes Splitting, wie es sich vorbildlich im Modellbuch II findet, in der Reihenfolge Femininum – Maskulinum ersetzt ist. Das Splitting im Sprechtext erlaubt allerdings keine syntaktischen Konstruktionen mit pronominalem Bezug. – Der Frauengottesdienst (bzw. vice versa der Männergottesdienst), also geschlechtsspezifische Gottesdienste, bedürfen der integrativen Formulierung in den oben angeführten Bereichen nicht; das heißt: im Frauengottesdienst sollte durchaus gynäkozentrisch formuliert werden: Gottesdienstleiterin, Teilnehmerinnen, wir Frauen, liebe Schwestern usw.

Für alle Gottesdienste sollte aber gelten, daß beim sprachlichen Bezug auf Dritte möglichst integrativ formuliert wird. Ausnehmen will ich hiervon die Bibeltexte und -zitate. Schon um der Gefahr zu entgehen, die Texte zu entstellen, sollte in sie nicht integrativ eingegriffen werden, ausgenommen bei der Anrede *Schwestern und Brüder* (vgl. hierzu Köhler 1987, 30 f., Anm. 1). Den sprachlichen Bezug auf Gott mittels des Splittings, wie dies in den fe-

---

7 Hinzuweisen ist in diesem Zusammenhang auch noch auf Radford Ruether (1988) und Hojenski (1990).

ministischen Modellen (s. o. 3.3) geschieht, halte ich für keine befriedigende Lösung. Um zum Ausdruck zu bringen, daß „Gott weder männlich noch weiblich ist, sondern über allen menschlichen Kategorien steht" (Evang. Missionswerk/Weltgebetstag der Frauen 1980, 20), sind die Vorschläge gut, die empfehlen, den Gottesbegriff nicht durch ausschließlich männliche Bilder zu determinieren. Das heißt, daß man beim Entwurf von Gottesdiensten weder nur männliche noch nur weibliche Bilder in der Gottesanrede verwenden sollte, sondern zum Beispiel „Gott, Mutter und Vater über alles Leben" (Evang. Missionswerk/Weltgebetstag der Frauen 1980, 36). Der pronominale Bezug sowohl mit dem maskulinen „der" als auch mit dem gesplitteten „der/die" kann schließlich durch die Wiederholung des Wortes Gott vermieden werden (Evangelische Frauenarbeit in Deutschland 1987, 5). Die Formulierung *Gott, der (der/die) mir Recht verschafft, ist nahe* könnte auch lauten: *Gott verschafft mir Recht; Gott ist nahe.*

5. Bibliographie

5.1 Modellbücher

Aeberli, Elisabeth (1987): Frauengottesdienste. Modelle. Luzern/Stuttgart.

Evangelisches Missionswerk/Weltgebetstag der Frauen - Deutsches Komitee e. V. [Hrsg.] (1984, [2]1987): Wir sind keine Fremdlinge mehr. Frauen halten Gottesdienst. Ein Werkstattbuch.

Neu, Diann (1987). Feministische Liturgien für die Fastenzeit, übersetzt von Angelika Elixmann/Martina Meyer. Münster.

Ripplinger, Werner (1987): Laßt uns loben, Schwestern, loben. Frauengottesdienste. Würzburg.

5.2 Literatur

Berger, Teresa (1987): Auf der Suche nach einer „integrativen Liturgie". Beobachtungen aus den USA - Herausforderungen für den deutschsprachigen Raum. In: LJ 37 (1987), 42-58.

Berschin, Helmut (1981): Sprachpfleger(in) mit Deutsch als Mutter-/Vatersprache gesucht. In: Der Sprachdienst 25 (1981), 105-113.

Evangelische Frauenarbeit in Deutschland [Hrsg.] (1987): Gerechte Sprache in Gottesdienst und Kirche. Mit Bibeltexten zum Frankfurter Kirchentag in frauengerechter Sprache. Frankfurt.

Greule, Albrecht (1990): Überlegungen zu Sprachkultur und Sprachkultivierung in der muttersprachlichen Liturgie. In: Becker, Hansjakob/Hilberath, Bernd Jochen/Willers, Ulrich [Hrsg.]: Gottesdienst - Kirche - Gesellschaft. Standortbestimmungen nach 25 Jahren Liturgiereform. St. Ottilien (Pietas Liturgica 5), 55-59.

Guentherodt, Ingrid u. a. (1980): Richtlinien zur Vermeidung sexistischen Sprachgebrauchs. In: Linguistische Berichte 69 (1980), 15-21.

Hojenski, Christine u. a. [Hrsg.] (1990): „Meine Seele sieht das Land der Freiheit." Feministische Liturgien - Modelle für die Praxis. Münster.

Köhler, Hanne (1987): Frauengerechte Sprache in Gottesdienst und Kirche. In: Evangelische Frauenarbeit Deutschland e.V. [Hrsg.]: Gerechte Sprache in Gottesdienst und

Kirche. Mit Bibeltexten zum Frankfurter Kirchentag in frauengerechter Sprache. Frankfurt, 23-31.

Pusch, Luise F. (1985): Frauen entpatrifizieren die Sprache. Feminisierungstendenzen im heutigen Deutsch. In: Hellinger, Marlies [Hrsg.]: Sprachwandel und feministische Sprachpolitik: Internationale Perspektiven. Opladen, 23-47.

Radford Ruether, Rosemary (1988): Unsere Wunden heilen, unsere Befreiung feiern. Rituale in der Frauenkirche. Stuttgart.

Sommer, Norbert [Hrsg.] (1986): Nennt uns nicht Brüder! Frauen in der Kirche durchbrechen das Schweigen. Zweite Auflage. Stuttgart.

Wie Beten zur Sprache kommt

Erfahrungen eines Sprachwissenschaftlers bei der Revision der Meßbuchtexte

Vorbemerkung

Anders als die Überschrift es möglicherweise erwarten läßt, sind die folgenden Ausführungen kein Abschlußbericht. Der Verfasser wurde gebeten, seine Erfahrungen bei der Revision der Texte des deutschen Meßbuchs niederzuschreiben, bevor der Auftrag der Arbeitsgruppe „Gebetstexte" im Rahmen der Studienkommission „Meßbuch" ganz erfüllt oder beendet war. So stützt er sich nur auf die Texte, die von der Arbeitsgruppe nach mehrmaligen Lesungen verabschiedet wurden; es sind vorrangig Tagesgebete. Selbst dabei ist zu bedenken, daß zur Zeit der Abfassung dieser Ausführungen die schwierige Frage der Gebetsschlüsse noch nicht abschließend in der Arbeitsgruppe behandelt war.

1. Das II. Vaticanum und die Folgen

„Mit seinen Bestimmungen hat das Konzil einen Anfang gesetzt, der in weniger als vier Jahren dazu führte, daß prinzipiell alle Teile der Liturgie in den nichtlateinischen Sprachen vollzogen werden durften" (Haunerland 1992, 220). Ein Schlüsselbegriff der Liturgiekonstitution des Konzils ist bekanntlich die „actuosa participatio"; setzt man ihn in Beziehung mit der in der Liturgie verwendeten Sprache, so wird man mit Winfried Haunerland feststellen können, daß die Sprache die volle, bewußte und tätige Teilnahme aller Gläubigen an der liturgischen Feier nicht behindern darf, sondern sie ermöglichen muß (Haunerland 1992, 224 ff.). M. E. definiert sich der in diesem Zusammenhang verwendete und schwer zu übersetzende Begriff der „lingua vernacula" als die Sprache, die die jeweils zum Gottesdienst versammelte Gemeinde versteht und als Muttersprache spricht. Dabei dürfte es im Gebiet der deutschen Sprache keinen Zweifel daran geben, daß dies im Normalfall die deutsche Standardsprache ist. Das Wesentliche daran ist, daß die jeweilige „lingua vernacula", weil sie von Menschen als tägliches Kommunikationsmittel in viel höherem Maß außerhalb als innerhalb der Liturgie verwendet wird, eine lebende Sprache ist. Lebende Sprachen aber sind sich verändernde Sprachen. Von daher kommt es, daß das Konzil direkt den Anstoß gab, deutsche Gebetstexte zu schaffen, und indirekt, die deutschen Texte der Liturgie dauernd zu revidieren (vgl. Haunerland 1992, 232 f.).

1975 erschien das deutsche Meßbuch in erster, 1988 in zweiter, nur geringfügig geänderter Auflage. Den bereits zu diesem Zeitpunkt erhobenen Forderungen nach einer weitergehenden Revision des Meßbuchs entsprach die Internationale Arbeitsgemeinschaft der Liturgischen Kommissionen im deutschen Sprachgebiet (IAG) 1988 mit der Einsetzung einer „Studienkommission für die Meßliturgie und das Meßbuch" (Nagel 1995, 12). Die Revision der „euchologischen Texte" (so hieß der Aufgabenbereich anfänglich) wurde einer Arbeitsgruppe übertragen, die sich seit ihrer konstituierenden Sitzung als „Arbeitsgruppe 3: Gebetstexte" bezeichnete. Bei ihrer Zusammensetzung wurde Wert darauf gelegt, „daß in ihr alle für die Gebetssprache relevanten Kompetenzbereiche, vor allem Liturgie, Sprache und Pastoral, vertreten sind" (Nagel 1995, 17). Nicht nur die Vertreter verschiedener Kompetenzbereiche prägen die Arbeitsgruppe, sondern auch die Tatsache, daß in ihren Mitgliedern auch die verschiedenen deutschen Sprachregionen präsent sind: neben der alten Bundesrepublik mit einem Schwergewicht auf dem Süden und dem Westen auch die Schweiz, Österreich, Südtirol und die ehemalige DDR, wo sicherlich andere Glaubenserfahrungen gemacht und versprachlicht wurden als im „Westen".

2. Sprachwissenschaft und Sprache der Liturgie

Die Berufung des Verfassers, eines Sprachwissenschaftlers und Nicht-Theologen, in die AG 3 war insofern ein Novum, vielleicht sogar ein Abenteuer, als sich die germanistische Sprachwissenschaft - abgesehen von den Bibelübersetzungen, angefangen bei Martin Luther, und den Revisionen der Bibelübersetzung - kaum mit den Problemen einer modernen deutschen Sakral- oder Liturgiesprache auseinandergesetzt hat, schon gar nicht mit der Sprache unter den Bedingungen der römisch-katholischen Liturgie, die sich zunächst als „Übersetzung" lateinischer Texte mit alter Tradition zu bilden und zu bewähren hatte. Bislang war die Beschäftigung mit Problemen einer deutschen Sakralsprache nach dem Konzil, wenn ich recht sehe, hauptsächlich eine Sache interessierter Theologen, wobei unter streng sprachwissenschaftlichen Maßstäben nicht selten auch dilettiert wurde.

Unter diesen Bedingungen mußte der germanistische Sprachwissenschaftler, dessen Fachkompetenz in der Arbeitsgruppe gefragt war und ist, zunächst selbst suchen und bestimmen, wie er bei der zu leistenden Revisionsarbeit nützlich sein konnte. Seine Fachkompetenz war besonders in zwei Bereichen gefragt: Er ist der Ansprechpartner, wenn es um spezifische, die deutsche Sprache bzw. Sprachwissenschaft betreffende Fragen geht. Darüber hinaus wird von ihm aber auch erwartet, daß er sein Wissen bei der konkreten Textformulierung einbringt und die Gewöhnung der Theologen an bestimmte Formulierungen in den Gebetstexten gleichsam von außen hinterfragt. Beim Übergang vom Latein zum Deutschen als Liturgiesprache wird in der Tat eine Fülle von Problemkreisen berührt, zu deren Lösung die sprachwissenschaftliche Forschung einiges beitragen kann. Dies sind einerseits allgemein sprachwissenschaftliche (um nicht zu sagen: linguistische) Forschungsbereiche (z. B. die Sprache als Kommunikationsmittel, ihr Eingebundensein in die Kommunikationssituation, Sprache als semiotisches System, die hierarchischen Ebenen des Sprachsystems - Phonetik/Graphetik, Morphologie, Syntax, Textgrammatik und deren semantische Implikationen), andererseits aber spezifisch germanistische (z. B. Möglichkeiten und Grenzen des deutschen Sprachbaus im Vergleich etwa mit dem Latein, der Unterschied zwischen geschriebener und gesprochener deutscher Sprache, die Verstehbarkeitsproblematik, die Stellung der deutschen Standard- bzw. Literatursprache, die Textsortenlehre, Einsichten zu den Stilebenen, die Regionalität bzw. Plurizentrizität des Deutschen, Benutzung und Einschätzung der wichtigsten deutschen einsprachigen (Bedeutungs-)Wörterbücher). Einige dieser Themen konnte der Verfasser im Rahmen der Behandlung eines Studienthemas in aller Ausführlichkeit mit der AG 3 erarbeiten (vgl. Greule 1995).

3. Leitlinien und Terminologie

Die Arbeit der AG 3 konzentrierte sich zunächst auf die Abfassung von Leitlinien.[1] Die Leitlinien wurden - zunächst in Verbindung mit der Arbeit am Modell - und werden in Richtung auf ergänzende Kriterien fortgeschrieben. So existieren zur Zeit teils verabschiedete, teils in der Diskussion befindliche „Ergänzende Kriterien" für das Sanctorale, für die Messen für Verstorbene, für Gaben- und Schlußgebet, für das Eucharistische Hochgebet, für den Gebetsschluß, für die Perikopenorationen, für das Segensgebet über das Volk und für den Feierlichen Schlußsegen.

In den Leitlinien werden auch spezifische Bestimmungen über die Sprache und ihre Verwendung bei der Gebetsformulierung getroffen. So stellt bereits die Einleitung den kommunikativen Charakter der Liturgie und des liturgischen Gebetes fest: „Die Teilnehmenden machen sich die Gebete zu eigen und treten ein in den lebendigen Dialog mit Gott" (Nagel 1995, 55); deshalb „müssen die Gebete in ihrem Vollzug der Gemeinde unmittelbar zugänglich sein" (Nagel 1995, 55), wobei dieser Satz sich auf die Zugänglichkeit im Hören beim sprechenden Vollzug durch den Vorsteher bezieht und nicht in dem Sinne verstanden werden darf, daß die Gebetstexte den Teilnehmenden in schriftlicher Form vorliegen sollen. So banal diese Feststellung sein mag, sie hat doch erhebliche Konsequenzen für die Formulierung der Gebete, ihre drucktechnische Präsentation im Meßbuch und ihre sprecherische „Darbietung" durch den Vorsteher im Gottesdienst. Darauf gehen eigene Leitlinien gesondert ein (Leitlinien 25, 35; Nagel 1995, 60 f.). Ferner bieten die Leitlinien als Ergebnis intensivster Diskussion in der AG 3 eine textsortentypologische Klassifikation der Orationen und eine entsprechende Terminologie, die an oberster Stelle „Übersetzungsorationen" und „Deutsche Eigenorationen" unterscheidet (Nagel 1995, 56 f.).

---

1 „Leitlinien für die Revision der Gebetstexte des Meßbuchs", abgedruckt in Nagel 1995, 55-62; vgl. auch den Beitrag von Pahl (2000), 117-136.

Sowohl bei der Revision der Gebetstexte des Meßbuchs als auch bei der Schaffung von Eigenorationen erweist sich die Ausrichtung an der „beraka“-Struktur des jüdisch-christlichen Betens immer wieder als äußerst hilfreich. Terminologisch wurde diese (normale) Binnenstruktur des liturgischen Gebets folgendermaßen festgelegt: (Gebetseinladung) – Gottesanrede – Prädikation (Preisung, anamnetische Aussage) – Bitte (Epiklese) – Schlußformel (Conclusio) (Leitlinien 12-24; Nagel 1995, 59 f.). Den sprachlichen Aspekten ist ein eigener, umfangreicher Abschnitt der Leitlinien (Leitlinien 25-47; Nagel 1995, 60-62) gewidmet. Auf die Kernpunkte Textgestalt, Satzbau und Wortschatz werde ich unten (s. u. 4) näher eingehen. An dieser Stelle möchte ich nur zwei Leitlinien kurz kommentieren. Leitlinie 5 empfiehlt, daß sich die Gebete möglichst an der Sprache der Bibel orientieren sollen. Hierbei ist insofern Vorsicht geboten, als man sich ein neues Problem einhandeln kann, weil die deutschen Bibeltexte selbst wieder Übersetzungen und daher nicht frei von Übersetzungsproblemen sind; ich erinnere nur an die *Eimer-* statt *Scheffel*-Übersetzung der Einheitsübersetzung. Leitlinie 27 legt fest, daß ein einzelner Satz nicht mehr als 20 Wörter haben soll. Dies ist durchaus nur ein Richtwert, der sich auf statistische Beobachtungen bei anderen Textsorten und auf stilistische Wunschvorstellungen stützt. Der Tenor der Leitlinie ist der, sich bewußt zu sein, daß jedes Wort ein Sinn- oder Funktionsträger ist, der beim Hören aufgeschlüsselt werden muß, und daß bei der Gebetsrevision darauf geachtet wird, daß nicht zu viele Wörter die Verstehbarkeit des Satzes erschweren oder unmöglich machen.

4. Revision an Beispielen

Bei der Revision der Gebetstexte des Meßbuchs, die zahlreiche Stationen von verschiedenen Lokalgruppen bis zu einer Endredaktion durchläuft, wird eine dreifache Strategie verfolgt. Es wird zuerst geprüft, ob das vorliegende Gebet den Anforderungen der Leitlinien entspricht. Zweitens wird geprüft, ob es die Aussagen der lateinischen Vorlage wiedergibt. Drittens wird – wo nötig – das Gebet mit Rücksicht auf den lateinischen Text und die Leitlinien umgestaltet oder gänzlich neu formuliert. Führt man sich die Ergebnisse vor Augen, so werden bestimmte häufiger wiederkehrende Notwendigkeiten der sprachlichen Revision erkennbar.

4.1 Ergänzung der fehlenden Prädikation

Nicht wenigen Meßbuch-Gebeten fehlt entsprechend der lateinischen Vorlage die von der Grundstruktur des Gebets geforderte (preisende) Prädikation. Sie wird zumindest bei den Tagesgebeten immer ergänzt, was meist im Einklang mit dem lateinischen Text durch Umformulierung einer Bitte erreicht werden kann.

Beispiel: Tagesgebet des 18. Sonntags im Jahreskreis (Nagel 1995, 82)
Meßbuch-Fassung

Gott, unser Vater,
steh deinen Dienern bei ...

Der Revisionsentwurf fügt die fehlende Prädikation durch Aufnahme von Elementen der Bitte (*adesto, perpetuam benignitatem lagire, te auctorem et gubernatorem*) ein, so daß die Prädikation nun lautet:

(Gott) du hast uns geschaffen
und lenkst unser Leben.
Immer bist du uns nahe.
Tag für Tag läßt du uns deine Liebe erfahren.

4.2 Herstellung einer Anrede-Text-Korrespondenz

Nicht selten stimmt die Gottesanrede im Meßbuchtext nicht mit dem Inhalt von Prädikation und/oder Bitte überein, oder sie stimmt nicht zu der neu geschaffenen Prädikation. In solchen Fällen wird bei der Revision auf eine Korrespondenz von Anrede und folgendem Gebetstext geachtet.
Beispiel: Tagesgebet des 3. Sonntags im Jahreskreis (Nagel 1995, 66). Auf die Anrede *Allmächtiger, ewiger Gott* folgt im Meßbuch unmittelbar die Bitte *lenke unser Tun nach deinem Willen.* Der revidierte Vorschlag fügt folgende Prädikation ein:

du bist uns Menschen nahe gekommen
in deinem geliebten Sohn Jesus Christus

Mit dieser Prädikation harmoniert die (neue) Anrede *Guter Gott* besser.

4.3 Reduzierung gehäufter bzw. wechselnder Referenzobjekte

Die in Leitlinie 32 (Nagel 1995, 61) angeratene Vermeidung zu vieler Referenzobjekte hat ihre theoretische Begründung in der Textgrammatik und dient der Verstehbarkeit. Zwar ist die Koreferenz, das mehrmalige Referieren auf ein Referenzobjekt im Verlauf eines Textes, eine wesentliche Voraussetzung für die Kohärenz eines Textes, jedoch hindert das komprimierte Auftreten mehrerer Referenzobjekte im Rahmen des verhältnismäßig kurzen Gebetstextes dessen Verstehbarkeit.

Beispiel: Tagesgebet des 15. Sonntags im Jahreskreis (Nagel 1995, 79). Die Meßbuchfassung enthält auf knappem Raum fünf personale Referenzobjekte: *Gott, du – die Irrenden, sie – alle, die, sich Christen nennen – wir – Jesus Christus.* Der Revisionsvorschlag der AG 3 reduziert das komplizierte Referenzgeflecht auf seinen Kern, der aus drei wesentlichen Referenzobjekten besteht, nämlich *Gott, du – wir – Jesus Christus.*

4.4 Reduzierung komplexer Satzgebilde

Ebenfalls mit dem Verstehbarkeitspostulat hängt das in Leitlinie 33 (Nagel 1995, 61) formulierte Umgehen mit mehrfach hypotaktischen Sätzen zusammen. Die Leitlinie fordert, daß Orationen nur aus „einfachen Sätzen" bestehen sollen; die darüber hinausgehende Komplexität soll einen Nebensatz bzw. eine Infinitivkonstruktion nicht überschreiten. Daß dies bei der Revision nicht immer durchführbar ist, zeigt das folgende Beispiel.

Beispiel: Tagesgebet des 21. Sonntags im Jahreskreis (Nagel 1995, 85). Die Bitte des Meßbuchtextes ist wie folgt formuliert:

Gib, daß wir lieben, was du befiehlst, und ersehnen, was du uns verheißen hast, damit in der Unbeständigkeit dieses Lebens unsere Herzen dort verankert seien, wo die wahren Freuden sind.

Der Satz weist folgende Struktur auf: Der Hauptsatz besteht aus einem Wort, dem Imperativ *gib*, davon hängt ein Nebensatz (*daß* ...) mit koordiniertem Prädikat (*lieben* + *ersehnen*) ab. Von jedem dieser Prädikate hängt je ein weiterer Nebensatz (*was* ...) ab, ferner ein Finalsatz (*damit* ...). In den Finalsatz ist schließlich noch ein Nebensatz (*wo* ...) integriert. Es handelt sich um eine Struktur, die selbst und deren Inhalte nicht beim einmaligen Hören erschließbar sind. Der Revisionsvorschlag müht sich gegen die Satzkomplexität im Meßbuchtext, ohne aber die Forderung der Leitlinie 33 (1 Nebensatz) erfüllen zu können:

Laß uns deine Weisungen lieben, damit wir in der Unbeständigkeit dieses Lebens dort verankert bleiben, wo die wahren Freuden sind.

4.5 Nutzung der relativen Stellungsfreiheit

Die Revisionsvorschläge nutzen in geschickter Weise die Möglichkeit des deutschen Satzbaus aus, Satzglieder durch eine von der normalen, unmarkierten Satzgliedstellung abweichende Positionierung zu betonen. Es sind dabei im wesentlichen zwei Strategien denkbar: die Topikalisierung, d. h. die Positionierung eines Satzgliedes, das nicht das Subjekt ist, vor das finite Verb. Diese Struktur finden wir in den Revisionsvorschlägen vor allem, wenn es um den Anschluß der Prädikation an die Gottesanrede geht.

Beispiel: Tagesgebet des 25. Sonntags im Jahreskreis (Nagel 1995, 89). Nach der Anrede *Heiliger Gott* wird die Prädikation durch die Topikalisierung des Objekts *eines nur verlangst du* angeschlossen, wogegen die Formulierung des Meßbuchs mit gewohnter unmarkierter Satzgliedstellung ... *du hast uns das Gebot der Liebe ... aufgetragen* bieder, um nicht zu sagen langweilig, wirkt.

In ähnlicher Weise funktioniert die Ausklammerung, d. h. ein Satzglied wird gegen die erwartete Reihenfolge, die im Deutschen einen festen Rahmen durch die sogenannte Klammer aus den beiden auseinandergezogenen Prädikatsteilen erhält, erst nach der Klammer erwähnt. Die Wirkung ist einerseits wie bei der Topikalisierung eine Betonung des Ausgeklammerten, andererseits fördert sie die von Leitlinie 45 (Nagel 1995, 62) geforderte Satzmelodie, womit auch mit Blick auf die Kantillierbarkeit ein Rhythmus gemeint ist.

Beispiel: Tagesgebet des 3. Sonntags im Jahreskreis (Nagel 1995, 66). Im Revisionsvorschlag lautet hier die Prädikation folgendermaßen:

du bist uns Menschen nahe gekommen in deinem geliebten Sohn Jesus Christus

Die verbale Klammer wird durch *bist* und *gekommen* gebildet; was dann folgt ist ausgeklammert, wobei durch die Ausklammerung nicht nur Rhythmus gewonnen, sondern auch eine Steigerung zu einem Gipfel in der Nennung des Namens Jesu Christi bewirkt wird.

4.6 Vermeidung von veraltetem Wortgebrauch

Mit der Begründung, es handele sich um nicht mehr zeitgemäßen Sprachgebrauch, werden nicht selten Wörter oder ganze Formulierungen aus den Gebeten des Meßbuchs durch Angemesseneres ersetzt. Sehr deutlich ist dies beim Tagesgebet des 29. Sonntags im Jahreskreis (Nagel 1995, 93), wo es in der Prädikation heißt: *du bist unser Herr und Gebieter.* Dieser Hendiadyoin wird als Historismus („Vasallensprache") erkannt und ersetzt durch: *was du gebietest ist richtig und gut.* – Ich führe noch einige andere Beispiele an: statt *um unser Los zu teilen* (Tagesgebet 23. Dezember) wird vorgeschlagen *um unser Schicksal zu teilen,* statt *Knechtschaft der Sünde* und *dieses alte Joch* (Tagesgebet 30. Dezember) *Fessel der Sünde* und *was uns von dir trennt,* statt *in unserem Fleisch sichtbar* (Tagesgebet 3. Januar - nach Erscheinung des Herrn) *als Mensch unter uns sichtbar,* statt *in Zucht nehmen* (Tagesgebet Mittwoch der 1. Fastenwoche) *Verzicht, den wir uns auferlegen,* statt *sich dem Tod überliefert* (Tagesgebet 5. Fastensonntag) *sich dem Tod unterworfen,* statt *den Tod vernichtet* (Karfreitag Tagesgebet 2) *die Macht des Todes gebrochen,* statt *Verlockungen der Sünde* (Osternacht, Oration 2 zur 1. Lesung) *Verführungen zur Sünde.* – Als aus der juristischen Fachsprache stammend wird die Wendung *an Kindes Statt angenommen* (Tagesgebet Montag der 2. Osterwoche) abgelehnt und ersetzt durch *du hast uns als deine Kinder angenommen.* – Interessanterweise wird auch *Vorsehung* (Tagesgebet des 8. Sonntags im Jahreskreis, Nagel 1995, 72) abgelehnt und durch die personale Formulierung *du ordnest den Lauf der Dinge* ersetzt. So wird im Einklang mit den Leitlinien ein der Erfahrung der heutigen Menschen zuwider laufender Begriff, der im Deutschen zudem durch den Nationalsozialismus belastet ist, vermieden.

4.7 Vermeidung exklusiver, androzentrischer Sprache

Bislang sehr gering ist die durch die Leitlinie 42 (Nagel 1995, 61) geforderte inklusive Sprache, die Frauen und Männer gleicherweise benennt (vgl. Greule 1990). In einem Fall mußte die androzentrische Formulierung *du entziehst* keinem *deine väterliche Hand* (Tagesgebet des 12. Sonntags im Jahreskreis, Nagel 1995, 76) umformuliert werden; jetzt wird folgende Prädikation vorgeschlagen: *Du entziehst uns nie deine schützende Hand.* Anders ist der zweite Fall gelagert. Im Tagesgebet des 4. Januar (nach Erscheinung) heißt es: *du hast* unsere Väter *durch die Propheten erleuchtet.* Der inklusiv formulierte Vorschlag lautet: *du hast* die Menschen *des Alten Bundes durch die Propheten erleuchtet.*

5. Weitere Beobachtungen

Neben den im Urteil der AG 3 als „veraltet" erscheinenden und deshalb ersetzten Ausdrücken (s. o. 4 f.) beobachtet der Sprachwissenschaftler mit Interesse, daß nicht wenige Ausdrücke in den Gebeten des Meßbuchs mit einer rein theologischen Begründung gemieden und andere Formulierungen dafür vorgeschlagen werden. Ich nenne einige Beispiele, durch die ein Schlaglicht darauf fällt, wie die heutige christliche Theologie die liturgische Sprache beeinflußt und was sich seit der ersten Auflage des Meßbuchs 1975 geändert hat. In den Tagesgebeten des 2., 24. und 26. Sonntags im Jahreskreis (Nagel 1995, 65, 88, 90) werden *gebieten* und *Macht* als Gottes-Prädikationen ersetzt durch: *Himmel und Erde hältst du in deiner Hand* bzw. *du lenkst die Herzen der Menschen* (2. Sonntag im Jahreskreis), *die Kraft deiner Liebe* (24. Sonntag im Jahreskreis) und *du erweist deine Größe* (26. Sonntag im Jahreskreis). *Die Finsternis des Irrtums* (Bitte im Tagesgebet des 13. Sonntags im Jahreskreis, Nagel 1995, 77) wird ersetzt durch *in den Dunkelheiten des Lebens verirren.* Die Prädikation im Tagesgebet des 14. Sonntags im Jahreskreis (Nagel 1995, 78) wird von einem ganzen Bündel theologischer Begrifflichkeit (*Erniedrigung deines Sohnes, gefallene Menschheit, Knechtschaft der Sünde*) entlastet durch folgende Formulierung: *du hast uns deinen Sohn gesandt um die Welt zu retten. In allem ist er uns gleich geworden außer der Sünde. Er hat uns Freiheit und Heil gebracht.* Die Äußerung *den Reichtum deiner Verheißung erlangen* (Bitte im Tagesgebet des 20. Sonntags im Jahreskreis, Nagel 1995, 84) wird ersetzt durch *Erfülle an uns deine Verheißungen; Liebe zu deinem Namen* (Prädikation im Tagesgebet des 22. Sonntags im Jahreskreis, Nagel 1995, 86) durch *die Liebe zu dir. Die ursprüngliche Reinheit* (unseres Lebens) wird im Revisionsvorschlag gestrichen (Bitte im Tagesgebet, Montag der 2. Adventswoche); *gleich deiner demütigen Magd* (= Maria) (Bitte im Tagesgebet des 20. Dezember) wird ersetzt durch *Hilf uns, ihrem* (der Mutter deines Sohnes) *Vorbild zu folgen* und schließlich *das Ostergeheimnis deines Sohnes* – paschalia festa – (Bitte im Tagesgebet, Samstag der 7. Osterwoche) durch *den Tod und die Auferstehung deines Sohnes.*

Auffallen muß auch, daß die AG 3 keine Änderungsvorschläge an den Meßbuchtexten macht, die die in Leitlinie 36 (Nagel 1995, 61) genannte Stilebene betreffen. Dort wird empfohlen, beim Wortschatz eine gehobene Stilebene anzustreben. Man kann daraus den Schluß ziehen, daß bereits die ersten Übersetzer der Meßbuchtexte den richtigen, heute noch gültigen Ton getroffen und damit eine wichtige Entscheidung für die Gestalt der deutschen liturgischen Sprache gefällt haben.

6. Resümee

Wohl kaum jemals zuvor hatte ein (germanistischer) Sprachwissenschaftler und Nicht-Theologe die Möglichkeit, an der Schaffung von liturgischen Gebeten, einem zweifellos theologisch und kirchlich empfindlichen Bereich, mitzuwirken, wie in der AG 3 geschehen. Aber nicht nur dieses Faktum allein ist bemerkenswert, sondern auch die Tatsache, daß dem sprachwissenschaftlichen Urteil dort in unerhofftem Maße Gehör geschenkt und Resonanz zuteil wurde. Der Verfasser kann nur hoffen, daß seine Mitwirkung an der Gestaltung einer modernen deutschen Liturgiesprache dem hohen liturgischen und pastoralen Anliegen zum Nutzen gereicht. Im Übrigen ist er dankbar für die vielfältigen sprachwissenschaftlichen Erfahrungen, die er im interdisziplinären Ringen um die beste Gestalt hunderter von Gebeten in deutscher Sprache für sich selbst und seine Wissenschaft machen konnte. Es ist dabei deutlich geworden, daß lebende Sprachen dann Sakralsprache werden können, wenn es gelingt, einen Kompromiß zwischen Stilisierung und Verständlichkeit zu finden - worum sich die AG 3 mit ihren Revisionsvorschlägen bemüht hat und immer wieder bemüht. - Ein Problem, das alle Bemühungen der Arbeitsgruppe bis hin zum sorgfältigen Abdruck der Texte im neuen Meßbuch aber gefährden kann, soll abschließend nicht unerwähnt bleiben. Es geht um die „Aufführung" oder Umsetzung des gedruckt vorliegenden Gebetstextes in der konkreten Gottesdienstsituation. Alle Bemühungen um eine situationsangemessene Gebetssprache nützen nichts oder wenig, wenn der im Gottesdienst vorbetende Priester nicht situationsangemessen „vorträgt". Doch damit würde man ein neues Feld betreten, nämlich das von Sprachkultivierung und Pflege der Liturgie (vgl. dazu Greule 1991).

7. Literatur

Greule, Albrecht (1990): Frauengottesdienste, feministische Liturgien und integrative Sprache. In: Berger, Teresa/Gerhards, Albert [Hrsg.]: Liturgie und Frauenfrage. St. Ottilien, 621-634.

Greule, Albrecht (1991): Sprachkultur und Sprachkultivierung in der muttersprachlichen Liturgie. In: Becker, Hansjakob/Hilberath, Bernd Jochen/Willers, Ulrich [Hrsg.]: Gottesdienst - Kirche - Gesellschaft. St. Ottilien, 137-144.

Greule, Albrecht (1995): Zur Sprachgestalt der Orationen. Linguistische Gesichtspunkte. In: Nagel, Eduard u. a. [Hrsg.]: Studien und Entwürfe zur Meßfeier. Texte der Studienkommission für die Meßliturgie und das Meßbuch der Internationalen Arbeitsgemeinschaft der Liturgischen Kommissionen im deutschen Sprachgebiet 1. Freiburg/Basel/Wien, 99-110.

Haunerland, Winfried (1992): Lingua vernacula. Zur Sprache der Liturgie nach dem II. Vatikanum. In: LJ 42 (1992), 219-238.

Nagel, Eduard u. a. [Hrsg.] (1995): Studien und Entwürfe zur Meßfeier. Texte der Studienkommission für die Meßliturgie und das Meßbuch der Internationalen Arbeitsgemeinschaft der Liturgischen Kommissionen im deutschen Sprachgebiet 1. Freiburg/Basel/Wien.

Pahl, Irmgard (2000): Liturgisches Gebet im Spannungsfeld von lateinischer Tradition und gebotener Inkulturation. Leitgedanken der Meßbuchrevision. In: Willers, Ulrich [Hrsg.]: BETEN: Sprache des Glaubens, Seele des Gottesdienstes. Fundamentaltheologische und liturgiewissenschaftliche Aspekte. Tübingen/Basel, 117-136.

Was bedeutet *widersagen*?

Die Versprachlichung der abrenuntiatio in der deutschen Sprache

1. Abrenuntiatio jetzt und einst

Dem katholischen Christen begegnet die Abrenuntiation, die feierliche, rituelle „Absage“ an den Teufel, an drei Stellen: Bei der Spendung der Taufe, bei der Erneuerung des Taufversprechens in der Osternacht und bei der Firmung. Unter der Rubrik Absage (Gotteslob Nr. 47,8) wird im Verlauf der Feier der Kindertaufe folgender Frage-Antwort-Dialog zwischen Zelebrant einerseits und Eltern und Paten andererseits in einer ausführlichen und zwei Kurzfassungen vorgeschrieben. Ich zitiere die mittlere Fassung, weil sie in der Textgeschichte der lateinischen Formulierung am ehesten entspricht.

Widersagen Sie dem Satan? – Ich widersage.
Und all seiner Bosheit? – Ich widersage.
Und all seinen Verlockungen? – Ich widersage.

Diese dreifache Formel ist mehr oder weniger aus dem Lateinischen übersetzt (zitiert nach Wiegand 1899, 246):

Abrenuntias Satanae? – Abrenuntio.
Et omnibus operibus? – Abrenuntio.
Et omnibus pompis eius? – Abrenuntio.

Im Firmritus gibt das Gotteslob (Nr. 52) auf die einmalige Frage *Widersagt ihr dem Satan und all seiner Verführung*? als Antwort *Ich widersage* vor, in der Osternacht soll die Gemeinde auf die Fragen des Priesters allerdings *Wir widersagen* antworten (Gotteslob Nr. 211).

Abgesehen von der an allen drei Stellen unterschiedlichen Korrespondenz des Adressaten- und Senderpronomens (*Sie – Ich, ihr – Ich, ihr – Wir*) – konsequent ist dagegen das Latein (*du – ich*) – taucht immer wieder die Frage auf: Was bedeutet eigentlich *widersagen*? Der Germanist greift in dieser Situation zum „Großen Wörterbuch der deutschen Sprache“ des Dudenverlags und findet im 10. Band (Mannheim 1999) unter dem Lemma *widersagen* die Information: selten, synonym zu *widersprechen* sowie als Beleg ein juristisches Zitat aus der FAZ von 1984. Schwerlich kann mit dieser Information, die das Verb in die Nähe eines Archaismus stellt, der religiöse Inhalt des Wortes im Zusammenhang des Taufritus erschlossen werden. Ein weiterer Weg, um Licht in das semantische Dunkel zu bringen, besteht darin, das Wort in der Sprachgeschichte zu verfolgen.

2. Historische Belege für die abrenuntiatio

Die abrenuntiatio begegnet uns in deutscher Sprache seit dem späten 8. Jahrhundert, und zwar zunächst als Teil des Taufgelöbnisses und danach häufiger in Verbindung mit Glaubensbekenntnissen und Beichtformularen. In den Taufgelöbnissen finden wir die dreifache Dialogformel, wie oben aus dem Gotteslob und lateinisch zitiert; in den Glaubensbekenntnissen dagegen ohne Dialog nur als bekenntnishafte Abschwörung, die gleichsam das Glaubensbekenntnis einleitet.[1]

1. Altsächsisches Taufgelöbnis, Handschrift vom Ende des 8. bzw. Anfang des 9. Jh., Provenienz: Mainz (vgl. Wagner 1996, 297-300. Dort auch Wiedergabe des altsächsischen Textes und Übersetzung). *Abrenuntias Satanae? – Abrenuntio* wird übersetzt mit *Forsachistu diabolae? – ec forsacho diabolae.*

2. Altfränkisches Taufgelöbnis, Handschrift des 1. Drittels des 9. Jh., Provenienz: Merseburg, die Schrift weist auf Fulda (Wagner 1996, 297-300; dort auch Wiedergabe des Textes). Übersetzung der Dialogformel durch: *Forsahhistu unholdun? – Ih fursahu.*

3. Altwestfälisches Taufgelöbnis, Abschrift von 1607 und 1615, Entstehungsort und -zeit des Textes: Werden an der Ruhr Ende 9. Jh. (?) (Foerste 1950, 115, 125). Übersetzung der Dialogformel durch: *Farsakis thu unaholdon? – Farsaku.*

4a. Bamberger Glauben und Beichte (= B), Handschrift 11. Jh. (Steinmeyer 1971, 135): *Ihc firsago demo tivuale …*

4b. Erster Wessobrunner Glauben und Beichte (= W), Handschrift 11. Jh., Provenienz: Wessobrunn (?) (Steinmeyer 1971, 152): *Ih intsago mih demo tiufeli …*

Nach Steinmeyer (1971, 152) scheint die gemeinsame Vorlage von B und W alemannisch gewesen zu sein.

5. St. Galler Glauben und Beichte III, Hand des 11./12. Jh., Provenienz: St. Gallen (Steinmeyer 1971, 353): *Ich widirsage deme tiefle ...*

6. St. Galler Glauben und Beichte II, Schrift des 12. Jh., Provenienz: St. Gallen (Steinmeyer 1971, 343): *Íh fersáche dén tíufel ...*

7. „Münchner" Glauben und Beichte, älteste Handschrift 12. Jh. (Steinmeyer 1971, 346): *Ich widersage deme tiufel minen lip und mine sele.*

8. Wessobrunner Glauben und Beichte II, Handschrift des 12. Jh., Provenienz: Wessobrunn (Steinmeyer 1971, 356): *... so widersag ich dem tiuuile ...*

---

1 Für die hilfreiche Zusammenstellung der Belegstellen aus den Materialien des Althochdeutschen Wörterbuchs habe ich Frau Dr. Ingeborg Köppe, der Leiterin der Arbeitsstelle „Althochdeutsches Wörterbuch" der Sächsischen Akademie der Wissenschaften zu Leipzig, zu danken.

9. Benediktbeurer Glauben und Beichte III, Handschrift des 12. Jh. (Steinmeyer 1971, 358): *Ich widersage mich dem tievel ...*

10. Alemannischer Glauben und Beichte, spätere Abschriften aus einer Handschrift des 13. Jh. (?), Provenienz: St. Gallen (?) (Steinmeyer 1997, 350): *Ich widersaig diem tiuvel ...*

Nach Ausweis des Deutschen Wörterbuchs (1960, Sp. 1165-1169) kennen auch Luther (1523) (*wider sagstu dem teuffell ...*) und Abraham a Santa Clara (*widersagst du dem teifl – ich wider sag*) die abrenuntiatio mit dem Verbum *widersagen.*

3. Deutsche *abrenuntiare*-Entsprechungen im Verlauf der Textgeschichte

Die Übersicht zeigt, dass lateinisch *abrenuntiare* in der Teufels-Absage im Verlauf der Textgeschichte einerseits mit verschiedenen deutschen Verben, andererseits aber schon relativ früh (11./12. Jh.) auch mit *widersagen* übersetzt wurde, ohne dass wir uns jetzt schon fragen, warum Abrenuntiation und Taufgelöbnis bereits am Ende des 8. Jahrhunderts überhaupt in die Volkssprache übersetzt wurden. Abgesehen von Beleg 6 *ih fersache* (allerdings mit Akkusativ-Objekt statt mit Dativ-Objekt!) sind alle Belege ab dem 11. Jh. mit einer Präfixbildung zum Verbum *sagen* gebildet: *fir-sagen, int-sagen* und *wider-sagen,* von denen sich *widersagen* deutlich durchsetzt. Im Unterschied dazu weisen die ältesten Übersetzungen das Verbum ahd. *forsahhan* (altsächsisch korrekt wäre *forsakan*) auf, eine Präfixbildung zu ahd. *sahhan* (mit Stammformen der 6. Ablautreihe: *suoh, gisahhan*) ‚streiten', einem Verb, dessen Bedeutungsumfang durch das zugehörige Nomen ahd. *sahha* (altsächs. *saka*) ‚Gerichtssache, Ursache' besser umschrieben wird und das im Neuhochdeutschen außer in *Sache, sächlich* und vor allem *Widersacher* verloren gegangen ist. Wenn man für das Präfix *for-, fur-, fir-, far-* ursprünglich perfektiv-finitive Bedeutung im Hinblick auf das Simplexverb *sahhan* annehmen darf, dann könnte die Grundbedeutung von *forsahhan* ‚aufhören zu streiten bzw. zu rechten' gewesen sein.

Für das Verschwinden dieses Verbs aus der Abrenuntiation und seine Ablösung durch eine Präfixbildung mit *sagen* könnten mehrere Ursachen namhaft gemacht werden. Die Ablösung fällt mit dem Epochenübergang vom Althoch- (und Altnieder-)deutschen zum Mittelhochdeutschen zusammen.[2] Weiter fällt auf, dass *forsahhan* in den altfränkischen bzw. altsäch-

---

2 Die frühesten Belege für *widarsagen,* aber im Sinne von ‚verneinen', finden sich in Arator-Glossen und im Werk Notkers des Deutschen von St. Gallen. Die Handschriftengruppe, die Glossen zu Arators Versepos ‚De actibus apostolorum' enthält und unter der Nr. DXXVII zusammengefasst wird, wird von Schlechter (1993, 341 und 359), auf einen Archetypus aus der 1. Hälfte des 9. Jahrhunderts zurückgeführt. *Negat* wird dort durch *fersaget vuidarsaget* glossiert, (vgl. Schlechter 1993, 168).

sischen Texten steht, *widersagen* jedoch in solchen oberdeutscher Herkunft; die Ausnahme bildet wiederum Beleg Nr. 6. Jedenfalls stimmt dieser Befund in etwa damit überein, dass *for-, fur-, far-, firsahhan* mit den Bedeutungen ,negare', ,renuntiare', ,verschmähen, abweisen' auch in der althochdeutschen Tatianbilingue und im Evangelienbuch Otfrids von Weißenburg vorkommen, nicht jedoch *widarsagen*. Schließlich darf nicht außer Acht gelassen werden, dass das Verbum *forsahhan* ,abrenuntiare' in den Taufgelöbnis-Dialog-Formularen steht, die späteren Belege jedoch in einem bekenntnishaften Satz, der auf das Glaubensbekenntnis hinsteuert und die formelhafte Dreigliedrigkeit und damit das Eigengewicht der (feierlichen) Abrenuntiation verloren hat.

Eine kleine, aber nicht zu übersehende Änderung der Funktion der Abrenuntiation darf also konstatiert werden. Damit einher ging sicherlich der Verlust des Eid-Charakters, den Andreas Wagner der Abrenuntiation und dem Taufgelöbnis zuspricht.

4. Die abrenuntiatio als Eidesleistung

Die Frage, warum gerade das Taufgelöbnis bereits früh, noch in karolingischer Zeit, in altfränkische und altsächsische Sprache übersetzt wurde, warf Andreas Wagner vor kurzem erneut auf (Wagner 1996, 303-317). Wagner gibt sich mit der bekannten Erklärung, die sich auf die pseudobonifatianischen Statuten („Nullus sit presbyter qui in ipsa lingua qua nati sunt baptizandos abrenunciationes vel confessiones aperte interrogare nun studeat, ut intelligant quibus abrenunciant vel quae confitentur" (zitiert nach Wiegand 1899, 310 f.)) stützt, dass die Täuflinge also verstehen sollen, wem sie abschwören, nicht zufrieden. Vielmehr macht er glaubhaft, dass die Abschwörungsformeln der Taufgelöbnisse auch im 7., 8. und 9. Jahrhundert in den christianisierten Gebieten - angesichts des Kampfes der Kirche gegen Zauber und Magie - ihren realen Hintergrund hatten und nicht nur in der Heidenmission „eingesetzt" wurden. Weiter nimmt er an, dass die Taufe in fränkischer Interpretation als Analogon zum Lehenswesen, in dem der Eid seinen Platz hat, behandelt wird. Das Verständnis des Eid-Textes in der Muttersprache scheint bei den Germanen für die Rechtswirksamkeit des Eides wichtig gewesen zu sein; denn der Eid ist ein Willensakt. Auch der Täufling vollzieht parallel zum Lehenswesen einen Willensakt; das Taufgelöbnis begründet den Herrschaftswechsel bei der Taufe. Somit gehören für Wagner die Taufgelöbnisse zu den Eid-Texten; die Abrenuntiation darin ist ein Absage-Eid.

Nehmen wir an, Andreas Wagners Überlegungen stimmen, dann müssen sie aber nicht über das 9. Jahrhundert hinaus stimmen, über die Zeit hinaus, für die Wagner argumentiert. Mir scheint es nicht unwahrscheinlich, dass der Wechsel der Überlieferung der deutschsprachigen Abrenuntiation als Teil des Taufgelöbnisses und dann - in verkürzter Form - als Teil von Glauben und Beichten auch damit zu tun hat, dass die abrenuntiatio nach dem 9.

Jahrhundert ihren Charakter als Absage-Eid verliert. Das dürfte auch einen sprachlichen Niederschlag darin gefunden haben, dass das rechtssprachliche Verb *forsahhan*, obwohl es im Mittelhochdeutschen als *versachen* noch existiert (Lexer 1878, 209 f.), durch ein stilistisch unbelastetes Verb, nämlich eine Ableitung von *sagen*, ersetzt wurde.

5. Probleme mit der Übersetzung von *abrenuntio* bis heute

Für die Geschichte der Übersetzung von lat. *abrenuntio* bedeutet dies, dass es darin eine markante Zäsur gibt, weil *abrenuntio* neu übersetzt wurde, wobei sich *widarsagen* relativ rasch verbreitet und rund 1000 Jahre bis heute erhalten geblieben ist. Die Neuübersetzung dürfte ihren Grund im Wechsel der Abrenuntiation in eine andere, nicht rechtssprachliche Textsorte hin zum Bekenntnis gehabt haben. Ob damit auch bereits die Lösung der sprachlichen Bedeutung aus der Verankerung im Weltbild der althochdeutschen Sprecher (vgl. Wagner 1996, 319) angedeutet ist, wage ich nicht zu entscheiden. Sicher ist, dass die Verstehensvoraussetzungen für die Anlehnung an den Lehenseid heute nicht mehr gegeben sind und dass sie überhaupt durch das heute außerliturgisch nahezu außer Gebrauch gekommene Verbum *widersagen* eher weiter vernebelt als wiederhergestellt werden. Es gibt wohl nur zwei Wege, wenn die abrenuntiatio dort, wo sie im Gotteslob vorkommt, erhalten bleiben soll: Man formuliert sie mit Bezug zum heutigen „Weltbild", ohne den lateinischen Text mit der Absage an einen personalen Satan oder Teufel übersetzen zu wollen, gänzlich neu oder man geht zu der historischen Wurzel zurück und benutzt zur Übersetzung das (allerdings klammerbildende) Verb *abschwören*. Die Abrenuntiation müsste dann lauten:

Schwörst du dem Satan ab? – Ich schwöre dem Satan ab.
Und all seiner Bosheit? – Ich schwöre ab.
Und all seinen Verlockungen? – Ich schwöre ab.

6. Zusammenfassung

Eine kritische Betrachtung der deutschen Liturgiesprache kommt für den Fall „widersagen" zu folgenden Ergebnissen:

1. *Ich widersage* ist für den heutigen Christen, dem diese Formel in einer bedeutungsvollen liturgischen Situation gleichsam in den Mund gelegt wird, eine schwammige Leerformel.

2. Sprachhistorisch gesehen existiert das Verb *widersagen* als Übersetzung von *abrenuntio* in der Abschwörungsformel seit etwa 1000 Jahren.

3. *widarsagen* ersetzte vermutlich im 11. Jahrhundert das althochdeutsche/altsächsische Verb *forsahhan/farsakan*, möglicherweise weil dieser rechtssprachlich geprägte Ausdruck der Kommunikationssituation nicht mehr angemessen war.

4. *abrenuntio* muss entweder gänzlich neu (mit Rücksicht auf das im Vergleich zum Mittelalter geänderte „Weltbild“) übersetzt werden, oder man betont wieder - als historische Reminiszenz - den quasi-rechtlichen Charakter der Abrenuntiation und übersetzt das performative Verb *abrenuntio* durch *Ich schwöre ab*.

5. Die Verwendung von *abschwören* hätte auch den Vorteil, dass es heute nicht ausschließlich rechtssprachlich verstanden werden muss, sondern auch ‚sich von etwas Negativem lösen, etwas aufgeben‘ bedeuten kann (vgl. Großes Wörterbuch der deutschen Sprache, 1. Band).

7. Literatur

Grimm, Jacob und Wilhelm (1960): Deutsches Wörterbuch, bearbeitet von der Arbeitsstelle des Deutschen Wörterbuchs zu Berlin, Leipzig 1960.

Dudenverlag [Hrsg.] (1999): Großes Wörterbuch der deutschen Sprache. 3. Auflage. Mannheim.

Foerste, William (1950): Untersuchungen zur westfälischen Sprache des 9. Jahrhunderts. Marburg.

Lexer, Matthias (1878): Mittelhochdeutsches Handwörterbuch, Band 3. Leipzig (Vf-Z. Nachträge).

Schlechter, Armin (1993): Die althochdeutschen Aratorglossen der Handschrift Rom Bibliotheca Apostolica Vaticana Pal. Lat. 1716 und verwandte Glossierungen. Göttingen.

Steinmeyer, Elias von [Hrsg.] (1971): Die kleineren althochdeutschen Sprachdenkmäler. 3. Auflage. Dublin/Zürich.

Wagner, Andreas (1996): Taufe als Willensakt? In: Zeitschrift für deutsches Altertum 125, 297-321.

Wiegand, Friedrich Ludwig Leonhard (1899): Die Stellung des apostolischen Symbols im kirchlichen Leben des Mittelalters. Neudruck der Ausgabe. Leipzig.

Empor die Herzen!

Emotionen in der deutschen Sakralsprache

Einleitung

Zumindest in der katholischen Kirche Deutschlands, der ich angehöre, ist man an sprachgermanistischen Forschungen zur Sakralsprache, die durchaus keine Kirchenkritik im Schilde führen, sondern einzig und allein aus dem Geist des II. Vatikanischen Konzils den Chancen und Problemen der Volkssprachlichkeit im Gottesdienst Rechnung tragen wollen, nicht interessiert. Die Internationale Arbeitsgemeinschaft der Liturgischen Kommissionen im deutschen Sprachgebiet (IAG) setzte 1988 eine Studienkommission mit dem Auftrag ein, eine Neubearbeitung des 1988 in 2. Auflage erschienenen deutschen Messbuchs zu prüfen und der IAG Vorschläge zu unterbreiten.[1] Ich wurde 1989 in die Arbeitsgruppe „Gebetstexte" berufen und habe bis zur Beendigung der Studienkommission im Jahre 2000 meinen Sachverstand in die sehr produktive AG 3, wie diese Arbeitsgruppe kurz auch genannt wurde, eingebracht (Greule 2000, 137-146). Dies habe ich nicht zuletzt auch aus Interesse an der Sprachkultur getan, weil bis dahin die IAG die einzige Institution war, deren Wirkungsbereich das gesamte deutsche Sprachgebiet umfasste.

Dass die ergebnisreiche Arbeit der AG 3 mehr oder weniger abrupt eingestellt und die Analyse der Entwicklung der deutschen Sakralsprache der IAG aus der Hand genommen wurde, erfüllt mich – um schon einmal eine Emotion zu äußern – mit Schmerz und Trauer. Ab der Mitte ihrer Arbeit schwebte zunächst gerüchteweise die Drohung über der AG 3, dass in Rom eine neue Übersetzerinstruktion in Vorbereitung sei. Sie liegt unter dem Titel „Der Gebrauch der Volkssprache bei der Herausgabe der Bücher der römischen Liturgie" seit 2001 vor. Die von der AG 3 geleistete Arbeit entspricht aber offensichtlich nicht den Vorstellungen dieser Instruktion, der es um eine viel größere Nähe der Übersetzungen zum Latein geht. Die Instruktion sagt nicht ein einziges Mal, welche Volkssprache/n der Weltkirche sie meint. Man wird aber den Eindruck nicht los, dass sie in erster Linie auf das Deutsche gemünzt ist, von wo man durch die Revision der Messbuchübersetzung Gefahren offensichtlich witterte. Die Forschung zur deutschen Sakralsprache wird deshalb interessiert auf die Arbeit der durch die Deutsche Bischofskonferenz neu eingesetzten Übersetzergruppe blicken; ihr gehört bezeichnenderweise kein Sprachgermanist an.

Diese Einleitung halte ich für notwendig, damit die Leser wissen, vor welchem Erfahrungshintergrund ich über ein Thema referiere, das bis dato

---

1 Zum so genannten „Meßbuchprojekt" vgl. Pahl (2000), 118-120.

so gut wie nirgendwo behandelt wurde. Ich bin Andreas Wagner für die Entdeckung der Forschungslücke und die Anregung, mich damit zu befassen, sehr dankbar.

Meine Ausführungen sind in drei Kapitel gegliedert. Diese gehen folgenden Fragen nach:

1. Was ist Sakralsprache, speziell deutsche Sakralsprache?
2. Was sind „Emotionen“ und wie ist ihr Verhältnis zur Sprache?
3. Wie verhalten sich Emotionalität und Sakralität zueinander?

1. Was ist Sakralsprache, speziell deutsche Sakralsprache?

Sprachtheoretisch möchte ich die Sakralsprache in der Sprachkultur verankern. Das heißt: Eine Kultursprache wird unter anderem definiert durch das Vorhandensein von Literalität, von Überregionalität und Polyfunktionalität. Alle Merkmale - es kommen noch weitere hinzu - konstituieren die Sprachkultur einer Kultursprache. Ohne Sprachkultur keine Kultursprache.

Zur Sprachkultur gehört - das lehrt vor allem die Sprachgeschichte - die Sakralität, die Ausbildung einer Sakralsprache (Greule 2004, 133-142). Das lässt sich im Falle des Deutschen etwas vereinfacht an der Bibelübersetzung durch Martin Luther zeigen. Mit Luthers Bibelübersetzung war die autochthone Basis gelegt, auf der eine deutsche Sakralsprache entstehen konnte.

Wenn wir das Problem der Definition von Sakralsprache so - wie vorgeschlagen - angehen, dann muss man allerdings der Vermutung Raum geben, dass es im Deutschen mindestens zwei Sakralsprachen gibt: die auf der Luther-Bibel und den von ihm verfassten Texten beruhende und eine römisch-katholische, um die noch immer gerungen wird (siehe oben).

Aus Gründen einer klaren Abgrenzung, die mit Mitteln der Kommunikationstheorie getroffen werden kann, plädiere ich dafür, Sakralsprache nicht mit Sprache der Religion gleichzusetzen. Vielmehr halte ich dafür, unter Sakralsprache nur das zu verstehen, was im Rahmen des Gottesdienstes oder der Liturgie und seiner unterschiedlichen Formen, also in spezifischen Kommunikationssituationen, konkret gesprochen wird - oder mit Bezug auf die vorgeschriebenen Texte und Gebete - gesprochen werden soll.

2. Was sind „Emotionen“ und wie ist ihr Verhältnis zur Sprache?

Wer definieren will, was Emotionen sind, steht vor großen Schwierigkeiten. Auch in der neuesten Handbuchliteratur wird eingeräumt, dass „der Begriff der Emotion in der Psychologie nicht einheitlich gebraucht und die Phänomene, die gemeint sind, wenn von Emotionen die Rede ist, nur schwer zu definieren“ sind (Hielscher 2003, 470).

2.1 Basis-Emotionen

Dennoch wird heute von den Fachleuten ausdrücklich betont, dass es Emotionen als eigenständiges Phänomen tatsächlich gibt (Hielscher 2003, 470). Dabei handelt es sich offensichtlich um leib-seelische Zustände eines Menschen, an denen sich eine subjektive Erlebniskomponente, eine neurophysiologische Erregungskomponente, eine kognitive Bewertungskomponente und eine interpersonale Ausdrucks- und Mitteilungskomponente unterscheiden lassen (Hielscher 2003, 471). Emotionen werden vor diesem Hintergrund definiert als zeitlich begrenzte, intensive, auf ein Ziel oder Objekt gerichtete affektive Zustände, die dem betroffenen Menschen bewusst sind.

Relativ einig ist man sich unter den Psychologen auch in der Annahme bestimmter Basisemotionen wie Freude, Ärger, Angst und Traurigkeit, die genau wie die zugehörigen Stimmungszustände sprechsprachlich artikuliert werden können, z. B. *ich freue mich über* und *ich bin glücklich*. Auf den Basisemotionen bauen spezifische Emotionen auf.

Der selten thematisierte Zusammenhang zwischen Emotion und Sprache wird, wenn schon, auf der Ebene der kognitiven Repräsentation von Ereignissen und Gefühlen hergestellt. Es wird allerdings von der Psycholinguistik eingeräumt, dass auf dieser Basis nicht erklärt werden kann, dass Menschen bestimmte Ereignisse erinnern können, ohne selbst starke emotionale Empfindungen zu erleben. (Den spezifischen Zusammenhang zwischen Emotion und Sakralsprache, als eine pragmatisch sehr eingeschränkte, spezifische Sprachverwendung, sehe ich nirgendwo auch nur ansatzweise beschrieben.)

2.2 Sprachliche Verarbeitung von Emotionen

Versuchen wir, uns die sprachliche Verarbeitung von Emotionen zu verdeutlichen!

Liegt eine Emotion beim Sprecher/bei der Sprecherin vor, die aktuell von Sprecher/Sprecherin intensiv erlebt wird, handelt es sich also um eine „hot emotion", so wird davon eine sprachliche Äußerung in mehrfacher Weise beeinflusst. Zur Verdeutlichung beziehe ich mich auf das Modell von Martina Hielscher, das die Interaktion von emotionalen und sprachlichen Verarbeitungsmechanismen schematisch verdeutlichen will (Hielscher 2003, 477). Grob gesagt, sind darin drei Verarbeitungsebenen bzw. Module zu unterscheiden: die konzeptuelle Verarbeitung, die Formulierung und die Artikulation. Das heißt mit anderen Worten: Zuerst wählt der Mensch aus, über welches Ereignis gesprochen wird, dann muss er die geplante Botschaft über die Auswahl aus seinem mentalen Lexikon und seiner Grammatik sprachlich umsetzen und dann schließlich konkret artikulieren; er muss z. B. entscheiden, ob er schnell oder langsam spricht, laut oder leise spricht usw.

Wir sollten nicht vergessen, dass das vorliegende Modell ein Sprachproduktionsmodell ist und dass es sich dabei nur um die eine Seite der sprachlichen Kommunikation handelt. Es wird mit diesem Modell auch kein Bezug genommen auf den kommunikativen Rahmen, in dem die Emotion sprachlich umgesetzt wird; dies scheint mir im Hinblick auf die Kommunikationssituation des Gottesdienstes nicht unwichtig zu sein. Auch sollte in diesem Zusammenhang bedacht werden, dass wir in bestimmten Rollen handeln, wenn wir kommunizieren. Von wessen Emotionen reden wir also? Von den artikulierten Emotionen des Priesters oder Pfarrers oder von denen der Gläubigen? Gibt es überhaupt kollektive „hot emotions" im Gottesdienst? Und schließlich bleibt die Frage völlig offen, wie die Verarbeitung gehörter und gesehener Emotionen beim Hörer selbst vor sich geht. Löst das Hören von Äußerungen, die auf Emotion beim Sprecher schließen lassen, beim Hörer ebenfalls Emotion aus? Ist es die gleiche Emotion wie beim Sprecher? Ist es vorstellbar, dass der am Gottesdienst teilnehmende Gläubige sich ärgert über die vom Prediger geäußerte Emotion? Ich denke schon.

2.3 Sprachliche Kommunikation emotionaler Inhalte

Stellen wir diese Fragen zunächst zurück und schauen wir, was die Forschung grundsätzlich und empirisch zu den sprachlichen Mitteln zu sagen hat, durch die der Sprecher die Emotion transportieren kann.[2] Bei der konzeptuellen Verarbeitung der Emotion sind nach Erkenntnis der Psycholinguisten zwei Fragestellungen wichtig, nämlich: „Was wird berichtet?" und „Wie wird die Äußerung eingeführt und gestaltet?" Zum Beispiel weiß man, dass emotional gefärbte Alltagserlebnisse weit häufiger reproduziert werden als neutrale Ereignisse, wenn nachgefragt wird. Noch ungeklärt ist die Frage des Zusammenhangs von Emotion und Wahl des Sprechakttyps. Für uns wichtig ist dabei die Frage, ob der Sprechakttyp BETEN eine Affinität zu einer bestimmten Emotion hat. Ist die Emotion gemäß dem Sprichwort „Angst lehrt beten" ein Movens, das den Sprechakt BETEN auslöst?

Der Prozess der Formulierung, um zum nächsten Schritt zu kommen, betrifft zunächst die Wahl der lexikalischen Einheiten; zum Beispiel die Wahl des Wortes (*ich bin*) *stinksauer* als Ausdruck heftigen Ärgers. Dabei ist erwiesen, dass sich die emotionale Bewertung nur selten in der konkreten Bezeichnung der Emotion ausdrückt. Die direkte Formulierung *Ich bin enttäuscht, dass ...* ist weit seltener als die Wahl von Nomina, Adjektiven oder Verben mit entsprechender Konnotation – wie etwa *Dieser Köter kläfft nerventötend* als Ausdruck des Ärgers. Um die Intensität des Ausdrucks zu steigern, werden häufig metaphorische Ausdrücke und Umschreibungen eingesetzt. Dies ist ein wichtiges Mittel, um z. B. das eucharistische Hochgebet emotional herauszuheben. In diesem Zusammenhang wird auch die Rolle der Interjektionen wie *ach Gott!* hervorgehoben. Für die Sakralsprache müsste untersucht werden, ob und wie die so genannten liturgischen „Rufe" wie *Herr erbarme dich!* Ausdruck von Emotionalität sind.

Auf die lexikalische Kodierung folgt die grammatisch-syntaktische. Hier kann im Deutschen das Durchbrechen des gewohnten Satzrahmens durch

---

2 Das Folgende nach Hielscher (2003), 478-487.

Ausklammerung oder Spitzenstellung durchaus zum Ausdruck erhöhter emotionaler Beteiligung des Sprechers benutzt werden. Bei der phonologischen Kodierung sind Einflüsse der Emotion auf die Prosodie interessant: Wählt der Sprecher zum Beispiel metrische Muster oder wählt er gar Melodien, um die Emotionen zu artikulieren? So soll eine Anhebung der Tonhöhe Erregung, Anspannung und erhöhte Emotionalität ausdrücken; die Wahl eines tieferen Registers Entspannung, aber auch Bedrohung (Hielscher 2003, 485). Am Ende unseres Modells steht die eigentliche Artikulation bzw. der vokale Ausdruck, also das, was hörbar gesprochen wird. Nach den Ergebnissen der Psycholinguistik können aktuell erlebte Emotionen die Muskulatur der Stimme direkt modulieren; beeinflusst werden der Stimmklang, die Klangfülle, die Sprechgeschwindigkeit und die Sprechpräzision, wobei diese Parameter nur bedingt der willkürlichen Kontrolle des Sprechers unterliegen.

Wir wissen jetzt, auf die Forschungsergebnisse der Psycholinguistik gestützt, welche sprachlichen Mittel der Sprecher/die Sprecherin in der deutschen Sprache zur Verfügung hat, um Emotionen auszudrücken, oder umgekehrt - was für uns noch wichtiger ist -, aus welchen sprachlichen Mitteln auf eine Emotion des Sprechers geschlossen werden kann.

3. Wie verhalten sich Emotionalität und Sakralität zueinander?

Wo finden sich überhaupt Emotionen im Gottesdienst? Welche Art von Basisemotionen könnte es im christlichen Gottesdienst geben? Wie werden sie ausgedrückt, wenn es sie gibt? Wer ist ihr Träger? Schließen sich Sakralität und Emotionalität nicht aus? Oder ergänzen sie sich?

Die Leitlinien, die die AG 3 zur sprachlichen Revision des deutschen Messbuchs (siehe oben die Einleitung) nach langer Diskussion entworfen hat, sagen dazu bezeichnenderweise so gut wie nichts. Es heißt dort lediglich, dass Selbstanklagen in den Bußakt gehören und nicht in das Tagesgebet (vgl. Nagel 1995, 59, Nr. 11).

Während die Psychologen die Ergebnisse, die ich eben kurz und zugespitzt zusammengefasst habe, auf empirische Versuche stützen können, ist mir das nicht möglich. Es liegt bei meiner Fragestellung „Emotionalität in der Sakralsprache?" eine durchaus andere Datenlage vor: Es ist nämlich vorderhand unmöglich, bei einem konkreten Gemeindegottesdienst Versuche über das Vorhandensein von Emotionen und ihre Klassifikation zu machen. Ich werde mich auf die römische Messliturgie, in der ich mich am besten auskenne, beziehen und von dort her auch die Beispiele nehmen. Zu beobachten wären dort der Zelebrant, der Lektor, der Prediger, der Sprecher/die Sprecherin der Fürbitten und die Teilnehmer/innen (die Gemeinde) an diesem konkreten Gottesdienst.

Ich gehe einen anderen Weg, der zwar nicht unproblematisch ist, aber schneller zu ersten Ergebnissen zu führen verspricht. Ich untersuche die im Messbuch vorgeschriebenen Texte auf sprachliche Äußerungen, die nach unserer oben gemachten Erfahrung auf Emotion schließen lassen, und zwar untersuche ich die Texte des Ordinariums und des Propriums des 12. Sonntags im Jahreskreis (Lesejahr A), weil dieser Sonntag (der 19. Juni 2005) dem Zeitpunkt der Abfassung dieser Untersuchung am nächsten lag und ich an diesem Sonntag an einem Gottesdienst teilnahm. Problematisch ist dieses Vorgehen deshalb, weil ich nicht weiß, ob die vorgeschriebenen Texte in den konkreten Gottesdiensten auch tatsächlich gesprochen wurden und wie sie gesprochen oder gar gesungen wurden. Mit anderen Worten: Rückschlüsse von der Artikulation bzw. Singweise auf Emotionen sind mir nicht möglich. Wir müssen uns ferner im Klaren sein, dass wir nicht die spontan gesprochene Sprache des Menschen XY untersuchen, sondern die - im Rahmen eines Rituals - vorgeschriebene Sprache.

Möglicherweise ist der Hinweis auf die Ritualität bereits ein Indiz dafür, dass alle sich zum Gottesdienst einfindenden Menschen einer Grundemotion folgen, die ich zu umschreiben versuche als ein Getriebensein aus Gewohnheit, aus geistlichem Bedürfnis, aus Verantwortung, an dem Gottesdienst teilzunehmen, die aber sprachlich nicht zum Ausdruck kommt. Im Übrigen gelten die Messe und ähnliche christliche Liturgien als „Feierrituale". Mit dem offiziellen Titel „Die Feier der Gemeindemesse" wird möglicherweise auch eine weitere Grundemotion versprachlicht, die für den Gottesdienst charakteristisch ist und für deren Ausdruck alle zu sorgen haben sollten, die die Liturgie vorbereiten und daran teilnehmen. Ein weiterer Ausdruck dieser Feier-Emotion sind selbstverständlich Musik und Gesang.

3.1 Die biblischen Texte

Der Eröffnungsvers aus Psalm 28 enthält keine Hinweiße auf Emotionen. Im Zwischengesang aus Psalm 69 (68) sendet der Psalmist hingegen deutliche Signale, die auf konträre Emotionen schließen lassen, aus. Es ist die Rede von *Schmach, Schande, Fremdsein, Schmähung* und *Gebeugtsein* einerseits und von *Eifer für das Haus des Herrn*, von *Freude*, vom *Aufleben des Herzens* andererseits. Dieser emotionale Kontrast zwischen Schmach und Freude in den Psalmworten folgt auf die 1. Lesung aus Jeremias (20,10-13), wo aus den Worten des Propheten heftigste Emotionen deutlich werden, die sich auf ihn, aber auch auf die, mit denen er kommuniziert, beziehen: *Grauen ringsum!, sich rächen wollen, Verfolger, sie werden schmählich zuschanden, in ewiger, unvergesslicher Schmach, ich werde deine Rache schauen.*

Die zweite Lesung, aus dem Römerbrief (5,12-15), ist demgegenüber ohne jeden erkennbaren Ausdruck von Emotion - es sei denn, dass aus dem belehrenden Ton auf eine tiefe Glaubensüberzeugung quasi ex silentio als Emotion geschlossen werden kann.

Wieder ganz anders verhält sich das Evangelium aus Matthäus (10,26-33). Durch das dreifache *Fürchtet euch nicht*, das Jesus den Jüngern zuruft, kann nicht auf eine Emotion des Sprechers geschlossen werden; vielmehr benennt Jesus wie ein Arzt, der die Ursache der Krankheit diagnostiziert, eine bei den Menschen permanent und latent vorhandene Emotion, nämlich die der Furcht.

Ist das Warten eine Emotion, dann wird auch sie, und zwar im Kommunionvers aus dem Psalm 145 (144), zum Ausdruck gebracht.

3.2 In den Eigengebetstexten

In den Eigengebetstexten des 12. Sonntags wird die Emotion „Furcht" im Tagesgebet direkt aufgegriffen, aber es ist die Furcht des Menschen vor Gott und sie wird mit der Liebe verbunden. Im Gabengebet wird sie durch die Metapher *Verstrickung des Menschen* umschrieben und präzisiert. Das Schlussgebet artikuliert möglicherweise eine neue, letzte Emotion, nämlich das „Bewusstsein der Stärke". Wollen wir dieses Bewusstsein als Emotion verstehen, dann wird sie im selben Gebet von der „Angst", die gewonnene Stärke zu verlieren, begleitet.

Welches liturgische Psychogramm vermitteln diese Eigentexte?

Im Vordergrund werden deutlich die urmenschlichen Emotionen von Furcht und Angst thematisiert. Auf sie wird reagiert mit der Botschaft des Evangeliums, mit einer Aufforderung, *Fürchtet euch nicht*! Der Ausdruck anderer Emotionen stützt dies ab: die „Freude", „Glaubensüberzeugung", „Warten"!

Um es noch einmal deutlich zu sagen: Wir befinden uns - im Rahmen der liturgischen Kommunikation - auf einer Metaebene. Nicht die Teilnehmer an der Liturgie sagen: „Ich fürchte mich. Ich habe Angst", sondern es wird von Emotionen anderer (Prophet, Psalmist) berichtet und es wird berichtet, dass einer, nämlich Jesus, die negative Basisemotion der Angst kennt und sie mit uns bekämpft.

3.3 In den Texten des Ordinariums

Im Unterschied zu den Eigentexten ist es schwieriger, in den Texten des Ordinariums den Ausdruck von Emotionen klar und deutlich zu erkennen. Es dominieren vielmehr die Sprechakte des BETENs und BEKENNENs, die - das will ich nicht bestreiten - mit einer eigenen Gestimmtheit, sei sie feierlich, sei sie „zerknirscht", sei sie stolz, bei denen, die sie sprechen (oder singen), verbunden sein können. Eine Ausnahme macht sicherlich das Eucharistische Hochgebet, das sowohl durch den Einladungsdialog als auch durch die deutsche Benennung „Hoch-gebet" auf eine außerordentliche, an die Emotion heranreichende Stimmung schließen lässt. *Erhebet die Herzen*: Diesen Imperativ und diese Wortwahl verstehe ich als eine ritualisierte Aufforderung, sich aus den alltäglichen Stimmungen und Emotionen zu lösen und sich der Heiligkeit des Geschehens mit allen Kräften des Gemüts bewusst zu werden. Dazu werden wir aufgefordert in Gestalt einer wunderbaren Metapher, was wir, weil die Formel „eingeschliffen" ist, meist vergessen. Ich muss es mir versagen, an Beispielen aus Präfationstexten weiters die besondere Gestimmtheit dieses Teils des Gottesdienstes, die im gesungenen Dreimalheilig ihren besonderen Ausdruck findet, zu verdeutlichen. Schließlich scheint mir die mehrfache, durch Gesten unterstrichene Zusage des *Friedens* und die Aufforderung zum *Frieden* am Ende des Gottesdienstes - durch das Schlüsselwort *Friede* zum Ausdruck gebracht - jenen leib-seelischen Zustand des Menschen zu benennen, zu dem ihn der Ritus und dessen Sprache letztlich führen wollten: durch Tiefen und Höhen menschlicher Emotionen zum inneren Frieden - und damit vielleicht gänzlich zur Freiheit von Emotionen.

4. Schluss

Wo und wie findet sich der sprachliche Ausdruck von Emotionen im Verlauf eines Gottesdienstes? Das war die Ausgangsfrage des letzten Teils meiner Ausführungen. Fassen wir zusammen, was wir bei der Untersuchung der bei der Messfeier eines Sonntags im Jahreskreis verwendeten Text-Menge feststellen konnten. Ich erfasse alles kurz mit einigen wenigen Worten und Formeln. Dies sind: *Feier* (der Gemeindemesse), *Schmach, Schande, Fremdsein, Gebeugtsein, Verstrickung, Freude, Aufleben des Herzens*, und ganz zentral: *Fürchtet euch nicht* und *Erhebet die Herzen* und zum Schluss *Der Friede sei mit euch.*

Diese Ergebnisse sind aber völlig anders gewonnen worden als die Erkenntnisse der Sprachpsychologen zum sprachlichen Ausdruck von Emotionen. Diese schließen von sprachlichen Besonderheiten in der Rede eines Menschen auf dessen Emotion. Ganz anders war unsere „Versuchsanordnung“: Wir untersuchten die Sprache eines Formulars, das den Ritus und damit auch die Texte, die in diesem Ritus zu verwenden sind, vorschreibt. Abgesehen von der Frage, ob und wie die vorgeschriebenen Texte von den am Ritus Beteiligten sprachlich umgesetzt wurden, ist festzuhalten, dass verschiedenste Emotionen benannt werden. Dies geschieht, wenn das Formular realisiert wird, auf verschiedene Weise: durch die Lektionen, durch den Gesang der Psalmen, in Begleitung von Bekenntnissen und Gebeten, in Aufforderungen des Priesters an die Gemeinde.

Wenn das von mir entworfene liturgische Psychogramm stimmt, dann werden der Gemeinde auf diese Weise Emotionen vor Augen geführt und sie wird zu Emotionen aufgefordert; wir wissen aber nicht, ob jede/r Teilnehmer/in am Gottesdienst die benannten Emotionen gewissermaßen akzeptiert und welche anderen Emotionen dagegenstehen.

Zweifellos müsste man, damit man die von den Psychologen angewandte Methode auch auf die Emotionen in der Sakralsprache übertragen könnte, einen tatsächlich stattgefundenen Gottesdienst mit Eigenbeobachtung und Befragung ausgewählter beobachteter Teilnehmer genauestens untersuchen. Dies böte auch die Möglichkeit, die Predigt in die Untersuchung der Emotionen einzubeziehen. Die Analyse eines Fernsehgottesdienstes auf der Grundlage von dessen Aufzeichnung wäre wohl ein möglicher vorbereitender Schritt.

Dass ich weit mehr Fragen gestellt als Antworten gegeben habe, wirft ein bezeichnendes Licht auf den Stand der Forschung und sollte dazu anregen, Liturgiewissenschaft, Psychologie und Linguistik um den Forschungsgegenstand Emotionen in der Liturgie enger zusammenzuführen.

5. Literatur

Greule, Albrecht (2000): Wie Beten zur Sprache kommt. Erfahrungen eines Sprachwissenschaftlers bei der Revision der Meßbuchtexte. In: Willers, Ulrich [Hrsg.]: BETEN. Sprache des Glaubens, Seele des Gottesdienstes. Fundamentaltheologische und liturgiewissenschaftliche Aspekte. Tübingen/Basel, 137-146.

Greule, Albrecht (2004): Über die Anfänge deutscher Sprachkultur und Sprachkultivierung. In: Greule, Albrecht/Meineke, Eckhard/Thim-Mabrey, Christiane [Hrsg.]: Entstehung des Deutschen. Festschrift für Heinrich Tiefenbach. Heidelberg, 133-142.

Hielscher, Martina (2003): Emotionen und Sprachproduktion. In: Rickheit, Gert/Herrmann, Theo/Deutsch, Werner [Hrsg.]: Psycholinguistics/Psycholinguistik. Ein internationales Handbuch. Berlin/New York.

Nagel, Eduard [Hrsg.] (1995): Studien und Entwürfe zur Meßfeier. Texte der Studienkommission für die Meßliturgie und das Meßbuch der Internationalen Arbeitsgemeinschaft der Liturgischen Kommissionen im deutschen Sprachgebiet 1. Freiburg/Basel/Wien, S. 59, Nr. 11.

Pahl, Irmgard (2000): Liturgisches Gebet im Spannungsfeld von lateinischer Tradition und gebotener Inkulturation. Leitgedanken der Meßbuchrevision. In: Willers, Ulrich [Hrsg.]: BETEN: Sprache des Glaubens, Seele des Gottesdienstes. Fundamentaltheologische und liturgiewissenschaftliche Aspekte. Tübingen/Basel, 117-136.

Das geistliche Lied: Sprachkultur und Gesang in der Liturgie

So sie's nicht verstehen, so sollten sie's nicht singen?

Über den Beitrag der Sprachwissenschaft zur Kirchenliedforschung

Vorbemerkung

Ursprünglich sollte ich im Rahmen dieser Studientagung über die Entwicklung des religiösen Wortschatzes im Kirchenlied sprechen. Ein interdisziplinäres Seminar[1] im Vorfeld dieser Tagung zusammen mit den Kollegen Hansjakob Becker und Hermann Kurzke hat mich jedoch sehr rasch belehrt, daß es zunächst einer grundsätzlichen Positionsbestimmung der Sprachwissenschaft im Rahmen der Kirchenliedforschung bedarf, bevor man mehr als nur beiläufige Bemerkungen zur Entwicklung des religiösen Wortschatzes im deutschen Kirchenlied beitragen kann.

Die folgenden Ausführungen sollen daher – durch die Besinnung auf die Möglichkeiten und Grenzen der germanistischen Sprachwissenschaft – ausloten und illustrieren, wo im Rahmen einer interdisziplinären Erforschung der Kirchenlieder die Aufgaben der germanistischen Sprachwissenschaft liegen. Durch die Analyse dreier Liedtexte unter jeweils unterschiedlichem Aspekt wird sich zeigen, daß der Sprachwissenschaft nicht nur bei der Erforschung der sprachlichen Entwicklung der Kirchenlieder eine Aufgabe zukommt, sondern auch im Bereich einer Kriteriologie heutiger Lieder und Liedfassungen. Wie notwendig gerade diese Aufgabe ist, macht ein Blick in einen Kriterienkatalog zum Neuen Geistlichen Lied deutlich.[2]

---

1 Ohne die engagierten Diskussionen im Verlauf dieses Seminars im Wintersemester 1989/90 an der Universität Mainz wäre dieser Vortrag nicht zustandegekommen. Ich bin allen Teilnehmerinnen und Teilnehmern des Seminars zu großem Dank verpflichtet. Vortrag auf der 6. Theologischen Studientagung in Nothgottes/Rüdesheim 1990. Leicht modifiziert veröffentlicht in: ZfdPh 111/1 (1992), 65-77.

2 Es handelt sich um die „Kriterien zum Umgang mit Neuen Geistlichen Liedern" des Arbeitskreises Kirchenmusik und Jugendseelsorge im Bistum Limburg (1982). Die Kriterien der sprachlichen Gestaltung sind darin so formuliert: „1. Ist die Sprache gut durchgeformt oder holprig? 2. Ist der Sprachrhythmus ebenmäßig? (Kann der Text auch rhythmisch gesprochen werden?) 3. Sind inhaltliche Aussage und sprachlicher Ausdruck übereinstimmend? 4. Ist die Sprache originell oder klischeehaft? Ist sie natürlich oder gekünstelt, konkret oder unverbindlich?".

1. Primat des Textes - Dominanz der Melodie?

Eine mich bedenklich stimmende Erfahrung des oben genannten Seminars ist die, daß für die Wahl eines bestimmten Liedes im Gottesdienst immer wieder - oft resignierend - das Argument vorgebracht wird, das Lied sei so beliebt wegen seiner schönen Melodie und die Leute sängen es halt so gerne. Auch wenn es nicht ausgesprochen wird, beinhaltet diese Begründung die Konsequenz: Der Text des Liedes spielt eigentlich keine Rolle.

Die Dominanz der Melodie über den Text ist eine in der Geschichte der Kirchenlieder immer wieder beobachtbare Tatsache. Auch Waldtraut Ingeborg Sauer-Geppert kommt zu der Feststellung:

> „Es sieht so aus, als seien sie [die Melodien] fester noch als die Texte in Gefühl und Erinnerung der Menschen verwurzelt, die darum auf ihren Verlust empfindlicher reagieren als auf eine auch sehr weitgehende Veränderung der Texte. Das führt in extremen Gesangbüchern der Aufklärung dazu, daß die alten Lieder nur noch in den Überschriften zur Bezeichnung der Weise vorkommen, so daß über die Melodie ein letzter Zusammenhang gewahrt bleibt."[3]

Es zeichnet sich hier ein Dilemma ab, wenn man bedenkt, daß Luther den Gesang zum bevorzugten Träger des Gotteswortes erhebt, gerade weil die Musik stärker auf den Menschen einwirkt als das gesprochene Wort.[4] Allerdings forderte die Reformation den Primat des Wortes; die Reformatoren wollten „eine Melodie, die dem Text seine ganze Klarheit und Kraft beläßt, ja verstärkt."[5]

An dieser Auffassung gemessen, wäre ein von der Gemeinde gesungenes Lied, dessen Melodie den Text derart dominiert, daß er - extrem formuliert - beliebig austauschbar, also unwichtig geworden ist, eine Perversion im wahren Sinn des Wortes. Sollte die Dominanz der Melodie beim Kirchenlied allgemein gelten, dann wäre Sprache nur noch Melodieträgerin, und sprachwissenschaftliche Argumente wären überflüssig.

Aber ich glaube, wir sind uns einig, daß am Primat des Textes festgehalten werden muß und daß es nicht gleichgültig oder unwichtig ist, welche Inhalte von einer Melodie - sei sie noch so schön und beliebt - transportiert und in den Gottesdienst eingebracht werden. Ist dem so, dann ist auch leicht Konsens zu erreichen bezüglich der Forderung, daß es der singenden Gemeinde bzw. jedem Glied derselben beim Singen möglich sein muß, die Liedtexte zu verstehen. Dies meinte ich mit der provokativen Umformulierung des Tagungsmottos: So sie's nicht verstehen, so sollten sie's nicht singen. - Doch geraten wir mit diesen Gedanken schon in den Bereich sprachli-

---

3 Sauer-Geppert, Waldtraut I. (1979): Studien zur Sprache und Frömmigkeit im deutschen Kirchenlied. Vorüberlegungen für eine Darstellung seiner Geschichte. Tübingen, 145.

4 Vgl. Veit, Patrice (1986): Das Kirchenlied in der Reformation Martin Luthers. Eine thematische und semantische Untersuchung. Stuttgart, 27-32.

5 Veit (1986), 31.

cher Bewertung von Kirchenliedern, dessen Behandlung ich noch aufschieben will.

2. Sprachwissenschaftliche Beiträge zur Kirchenliedforschung

Der diesbezügliche Forschungsbericht fällt knapp aus. Es ist hier müßig, darüber zu spekulieren, worin das Desinteresse der germanistischen Sprachwissenschaft an einer populären und in manchen Fällen durch die ganze deutsche Sprachgeschichte belegten Textsorte[6] begründet ist. Es ist aber erstaunlich, daß zum Beispiel - anders als bei der Lutherbibel[7] - die sprachliche Entwicklung der Kirchenlieder Luthers keine sprachwissenschaftliche Aufmerksamkeit erregt.

Die einzige ausschließlich sprachwissenschaftliche Untersuchung zu deutschen Kirchenliedern sind die „Semantischen Untersuchungen zum Wortschatz des Kirchenliedes im 16. Jahrhundert" von Winfried Ulrich.[8] Ulrich will die damals neue semantische Theorie der Komponentialanalyse für die Beschreibung historischer Wortinhalte nutzbar machen. Seine Textbasis sind die in den Bänden 3 und 4 der Sammlung von Philipp Wackernagel[9] abgedruckten Lieder aus den Jahren 1523-1584. Als bislang wichtigste Veröffentlichung zu unserem Thema kann die Habilitationsschrift von Waldtraut Ingeborg Sauer-Geppert zu „Sprache und Frömmigkeit im deutschen Kirchenlied" gelten.[10] Ihr Untersuchungsmaterial sind im wesentlichen die Lieder des Stammteils im Evangelischen Kirchengesangbuch. Schließlich ist eine französische Dissertation von Patrice Veit zu erwähnen, deren deutsche Bearbeitung unter dem Titel „Das Kirchenlied in der Reformation Martin Luthers. Eine thematische und semantische Untersuchung" erschien.[11] Veit faßt die Ergebnisse in nützlichen Tabellen zusammen, in denen der gesamte Wortbestand der Lieder Luthers semantisch gegliedert ist und die Häufigkeit und die Fundstellen nachgewiesen sind. - Nachzutragen wären drei Aufsätze über die sprachliche Gestalt im evangelischen Kirchenlied des 16. Jahrhunderts[12], über die Psalmlieder Martin Luthers[13] und über den Wortschatz in Bruder Hansens Marienliedern[14].

---

6 Vgl. auch Sauer-Geppert (1979), 4.

7 Vgl. Frettlöh, Regina (1986): Die Revisionen der Lutherbibel in wortgeschichtlicher Sicht. Göttingen.

8 Ulrich, Winfried (1969): Semantische Untersuchungen zum Wortschatz des Kirchenliedes im 16. Jahrhundert. Lübeck/Hamburg.

9 Wackernagel, Philipp (1864-1877): Das deutsche Kirchenlied von der ältesten Zeit bis Anfang des 17. Jahrhunderts, 5 Bände. Leipzig.

10 Sauer-Geppert (1979).

11 Veit (1986).

12 Hahn, Gerhard (1982): Gebrauchssituation und sprachliche Gestalt im evangelischen Kirchenlied des 16. Jahrhunderts. In: Gajek, Bernhard/Wedel, Erwin [Hrsg.]: Gebrauchsliteratur. Interferenz, Kontrastivität. Beiträge zur polnischen und deutschen Literatur- und Sprachwissenschaft. Regensburg, 225-235.

3. „Es kommt ein Schiff geladen" oder: Die Verwurzelung der Kirchenlieder im Deutsch des Mittelalters

Die lexikalische und syntaktische Verwurzelung der Lieder des Stammteils im Evangelischen Kirchengesangbuch (EKG) in der Sprache und im Stil mittelalterlicher Dichtung betonte und belegte Waldtraut Ingeborg Sauer-Geppert: „Das deutsche geistliche Lied ist als Gattung so alt wie die Geschichte der Sprache und Literatur, in der es lebt. Es hat seine entscheidende Prägung in mittelalterlicher Frömmigkeit und Kunstübung empfangen."[15] Es ist klar, daß hier der Sprachwissenschaftler als Kenner der mittelalterlichen und frühneuzeitlichen Sprachvarietäten des Deutschen aufgefordert ist, einen ersten klärenden Beitrag zur Erforschung der Kirchenlieder zu leisten. Die Möglichkeiten, die er dabei hat, verdeutliche ich an einem Problemfall, der anders liegt als die Beispiele von Sauer-Geppert.[16] Während sie die mittelhochdeutschen Ursprünge von Wörtern und Wendungen in den EKG-Liedern nachweist, geht es hier um die mittelalterlichen Ursprünge des Liedes „Es kommt ein Schiff geladen".

Aufgrund der bis dahin unbekannten ältesten Fassung des Liedes im Cod. germ. berol. oct. 53 (= Cgbo., paginae $181^{v}/182^{r}$) konnte Eucharis Becker im Jahre 1961 die alte Behauptung erhärten, daß das Lied in besonderer Beziehung zu dem Mystiker Johannes Tauler stehe. Sie hält es für ein echtes, mystisches Lied und weist nach, daß die darin verwendeten Metaphern in den Predigten der Mystiker, besonders in denen Taulers, Entsprechungen haben. „Nimmt man an, daß das Lied ein Produkt der deutschen Mystik des Mittelalters ist, dann muß man zugeben, daß es in deren Blütezeit gehört".[17] Dieses Faktum, gestützt durch die vermutliche Herkunft des Cgbo. 53, legen nach Eucharis Becker die Autorschaft Taulers nahe.[18]

Der Cgbo. 53 ist nach Ausweis von Papier und Schrift in der Mitte des 15. Jahrhunderts entstanden und stammt sehr wahrscheinlich aus dem Dominikanerinnenkloster St. Nikolaus in undis in Straßburg. In diesem Kloster soll eine Schwester Taulers gelebt haben, dort soll er öfter gepredigt haben und 1361 auch gestorben sein. Das Kloster könnte zu einer Pflegestätte der Mystik geworden sein, in der auch fast 100 Jahre nach Taulers Tod sein Gedankengut etwa im Cgbo. 53 schriftlich festgehalten wurde.[19]

---

13 Piirainen, Ilpo Tapani (1983): Die Psalmlieder Martin Luthers. In: Muttersprache 94 (1983/84), 104-110.

14 de Grauwe, Luc (1989): Zu Wortschatz, Wortbildung und Phraseologie in Bruder Hansens Marienliedern. In: ZfdPh 108, Sonderheft (1989), 193-215.

15 Sauer-Geppert (1979), 4.

16 Sauer-Geppert (1979), 13 ff.

17 Becker, Eucharis (1961): Untersuchungen zu dem Tauler zugeschriebenen Lied „Es kumpt ein schiff geladen". In: Filthaut, Ephrem [Hrsg.]: Johannes Tauler, ein deutscher Mystiker. Gedenkschrift zum 600. Todestag. Essen, 77-92; hier 89-91.

18 Becker (1961), 91.

19 Becker (1961), 91 f.

Diese interessanten Vermutungen rufen einerseits den Kodikologen auf den Plan, der Genaueres über den Cgbo. 53, besonders den Nachweis der Entstehung in Straßburg, beizubringen hätte, und andererseits den Sprachwissenschaftler, dessen Urteil über die Sprache dieser ältesten Fassung von „Es kommt ein Schiff geladen" die Vermutung einer Straßburger Tauler-Tradition bis weit ins 15. Jahrhundert hinein vielleicht stützen könnte.

„Es kommt ein Schiff geladen" in der Fassung des Cgbo. 53

1 Es kůmpt ein schiff geladen
2 bis an sin hőgste bort
3 Es draget den sőn des vaters
4 das eweliche wort

5 Maria godes můtter gelobet můstu sin[n]
6 Du edele kůnyngyn(n)e
7 der engel anschyn

8 Das schiff das geit so stille
9 Es draget so duren last
10 der segel ist die myn(n)e
11 der heilg(e) geist der mast

12 Maria gottes mőtter

13 Der ancker ist vß geworffen
14 dz schiff dz geit an lant
15 Got ist mensche worden
16 der sůn ist vns gesant

17 Maria gottes mőtter

18 Es liget in der kribben
19 das liebe hübsche kindelin
20 Es ist unser brod(er) worden
21 gelobet můß es sin

22 Maria gottes můter

23 So wer das kint wilt küssen
24 für sine(n) rote(n) můnt
25 der enfhohet grőssen glusten*
26 von im zů der selben stunt

**f* über *p*

Die Analyse der vermutlichen Straßburger Liedfassung zeigt jedoch, daß ihre Sprache eine Mischschreibsprache ist, die rhein- bzw. mittelfränkische und alemannische Sprachformen mischt. Oberdeutsche Elemente sind z. B. *es, das, mutter, gottes, kindelin* (Z. 19), *enfhohet* (Z. 25). Dagegen stehen, um nur einige zu nennen, folgende westmitteldeutschen Charakteristika: *hőgste* (Z.

2) mit <g> für [ch],[20] *draget* (Z. 3, 9), *godes* (Z. 5), *duren* (Z. 9) mit [d] statt obdt. [t], *geit* (Z. 8, 14),[21] *kribben* (Z. 18),[22] *brod(er)* (Z. 20),[23] *wilt* (Z. 23).[24]

Was ist daraus zu folgern? Vorausgesetzt, die vorliegende Liedfassung ist tatsächlich in Straßburg entstanden, dann ist sie aber mit großer Wahrscheinlichkeit von einer aus dem westmitteldeutschen Raum stammenden Vorlage des Liedes abgeschrieben worden, wobei natürlich Anpassungen an die Schreib- und Sprechsprache Straßburgs einflössen. Das heißt: die Straßburger Liedfassung rückt in die Nähe der niederländischen Fassung aus dem 15. Jahrhundert[25] und der Fassung im Werdener Liederbuch[26], insofern als die Vorlage der Straßburger Fassung aus dem mittel- bis niederrheinischen Raum gestammt haben dürfte. Die Nähe des Liedes zur Mystik brauchte deswegen nicht aufgegeben zu werden, da zum Beispiel auch die älteste Niederschrift der Taulerschen Predigten im 14. Jahrhundert im ripuarischen Raum entstand.[27] Nur die sprachgeographische Blickrichtung müßte sich in der Frage der Entstehung von „Es kommt ein Schiff geladen" ändern, und zwar von Straßburg vielleicht nach Köln.

4. „Christe qui lux es" oder: Die Sprachentwicklung im Kirchenlied

Das Interesse der Kirchenliedforschung an einer Analyse der Sprache unter dem Aspekt der Entwicklung besteht in den Worten von Sauer-Geppert darin, das jeweils Neue greifbar zu machen, damit sich zeige, „welche Inhalte und Formen des alten Liedes untragbar erschienen [...] und welche neuen Aussagen als so wichtig galten, daß man vertrautes Überkommenes opferte, um ihm (muß heißen: ihnen) Raum zu schaffen".[28] Die Tatsache der anpassenden Umgestaltung von Kirchenliedern gilt zugleich als Beweis für die These von der Beliebtheit und Unersetzlichkeit der in der Tradition verwurzelten Lieder.[29]

---

20 <g> ist als Zeichen für [ch] möglich, weil <g> im Mitteldeutschen im In- und Auslaut Reibelaut ist, vgl. Paul, Hermann (1989): Mittelhochdeutsche Grammatik, 23. Aufl., neu bearbeitet von Peter Wiehl und Sigfried Grosse. Tübingen, § 136.

21 *geit* ist rhein- und mittelfränkisch, vgl. Paul (1989), 271.

22 Als oberdeutsche Form wäre *krippe* oder *kripfe* zu erwarten.

23 Zu mittelfränkisch *brôder* vgl. Paul (1989), 176.

24 Nach Dussart-Debèfve, Suzanne (1969): Die Sprache der Predigten Johannes Taulers nach der Wiener Handschrift Nr. 2744. Marburg, 129, die typisch ripuarisch-moselfränkische Form der 3. Person Singular von *wollen*.

25 Becker (1961), 80 f.

26 Becker (1961), 82 f.

27 Vgl. Dussart-Debèfve (1969).

28 Sauer-Geppert (1979), 145.

29 Sauer-Geppert (1979), 146. Sauer-Geppert selbst verfolgt die Umgestaltung von drei Liedern ihres Korpus vom 15. Jh. bis in die Gegenwart. Winfried Ulrich (1969) wagt den diachronen Vergleich, indem er der semantischen Entwicklung ganzer aus den Kirchenliedern des 16. Jh. rekonstruierter Wortverbände bis in die Gegenwart nachgeht.

Bevor man Schlüsse auf Änderungen in der Geisteshaltung ziehen kann, muß der Sprachwissenschaftler als Gründe für die anpassende Umgestaltung von Kirchenliedern zunächst Lautwandel, Bedeutungswandel, Wortverlust, syntaktischen Wandel und - vor der Existenz einer überregionalen deutschen Schriftsprache - die sprachliche Anpassung an verschiedene Dialekträume (siehe Kapitel 3) im Auge haben.

Eine wichtige methodische Grundvoraussetzung, um die Sprachentwicklung überhaupt verfolgen zu können, ist, daß Vergleichbares vorliegt. Das heißt, daß dem diachronen Vergleich vergleichbare Liedfassungen zugrunde liegen. Ähnlich äußert sich Sauer-Geppert: „Demgegenüber scheint es aussichtsreicher, die Betrachtung auf [...] die - gewiß auch sehr zahlreichen - Neufassungen älterer Lieder [einzuschränken]. Bei diesem Vorgehen ist eine sichere Grundlage für den Vergleich gegeben: die Originalfassung".[30] Dies setzt den möglichst lückenlosen Nachweis der gesamten Textüberlieferung voraus.

Für die deutschsprachigen Fassungen des ältesten, aus dem 8. Jahrhundert stammenden Komplet-Hymnus „Christe qui lux es" wurden die Voraussetzungen dazu von Martina Michiels geschaffen.[31] Sie trägt 52 deutsche Übersetzungen zusammen, unter denen sie 17 „Grundtraditionen" ausmacht.[32] Drei Grundtraditionen haben besondere Beachtung gefunden und bilden mit ihren Nachfolgefassungen je eine „Textfamilie".[33]

Ich wähle nur eine Zeile der lateinischen „Originalfassung" (Zeile 2 der Strophe 1) aus, um die Entwicklung dieses Satzes in den „Grundtraditionen" zu verfolgen:

Christe qui lux es et dies
noctis tenebras detegis
lucisque lumen crederis
lumen beatis praedicans

Detegere/‚aufdecken' verlangt ein personales Agens im Nominativ. Es ist im Lateinischen in der Verbindung *deteg-is* impliziert; das heißt, als Agens ist ein DU zu ergänzen, dessen Bezugspunkt mit größter Wahrscheinlichkeit der in Zeile 1 angerufene Christus ist. Ferner verlangt *detegere* ein konkretes Objekt, das normalerweise auf etwas referiert, was aufgedeckt werden kann. Die Besetzung der Objektsposition mit *noctis tenebras*, also die Referenz auf die normalerweise nicht aufdeckbare Finsternis der Nacht, legt es nahe, von einer Metapher zu sprechen und von vornherein in der deutschen Rezeption hier mit Übersetzungsproblemen zu rechnen.

---

30 Vgl. dazu Sauer-Geppert (1979), 145.

31 Michiels, Martina (1989): Komplet und Kirchenlied. Tradition und Transformation. Staatsexamensarbeit am Fachbereich Katholische Theologie der Universität Mainz. 2 Bände.

32 Michiels (1989), 44-48

33 Michiels (1989), 54.

In den Grundtraditionen ist die Stelle folgendermaßen übersetzt:[34]

1AHD (Murbacher Hymnar, 9. Jh.)
dera naht finstri intdechis

2MHD (Vindobonensis, 12. Jh.)
der naht vinster(e?) entekchest

3MÖN (Mönch von Salzburg, 14. Jh.)
du dekchest ab dyfinstern nacht

4NDT (Gebetbuch Oldenburg, 15. Jh.)
vor deme syk kan vorborghen nicht

5STU (Stuttgarter Handschrift, 15. Jh.)
der nacht finstrin bedecken mag

6ORT (Ortulus animae, Straßburg 1501)
der nacht finsterin endecken mag

7SAL (Salus animae, Nürnberg 1503)
die vinsternuß der nacht veriag

8SIG (Sigmundsluster Hymnar, 1524)
Christe die vinster nacht veryag

9RIG (Rigische Kirchenordnung, 1530)
du vorlägest de dustemisse der nacht

10BÖH (Böhmische Brüder, 1531)
wir bieten: erhalt vns jnn deiner warheit

11DAC (Dachsersches Gsgb., Augsburg 1538)
entdeckest der nacht finstere

12ERA (Erasmus Alberus, 1558)
für dir die nacht nicht bleiben mag

13PHL (Anonym, Nürnberg 1620)
Christe, dem nichts verborgen ist

14ZAB (Zabuesnig, 1822)
Wo Schattennacht auf uns auch lag

15LDK (Anonymus, Schaffhausen 1846)
Vor dir muß sich die Nacht zerstreun

16SIM (Simrock, 1850)
Der durch die Finsternisse brach

17DÖR (Dörr, Gotteslob 1969)
Dein Glanz durchbricht die dunkle Nacht.

---

34 Nach Michiels (1989), Band 2, Materialsammlung, besonders Textsynopse.

Die Ergebnisse des Vergleichs, wobei 10BÖH, eine völlig neue Übersetzung, als unvergleichbar ausgeschieden werden muß und Reimzwänge bzw. metrische Zwänge außer acht gelassen werden, sind folgende:

1. Bis auf 4NDT und 13PHL ist die einzige Konstante aller Fassungen das Wort *Nacht*.

2. Eine großenteils durchgehaltene Konstante ist die Sprecherhandlung der BEHAUPTUNG („Du, Christus, machst etwas"). Anders verhalten sich 7SAL und 8SIG; hier liegt die Sprecherhandlung BITTEN vor. In 5STU und 6ORT bezieht sich die Behauptung nicht auf Christus, sondern auf den Tag. Ganz anders verhält sich 14ZAB.

3. Differenzen sind festzustellen bei der Übersetzung von *tenebrae*:
- ein Adjektiv-Abstraktum von *finster* verwenden 1AHD, 2MHD, 5STU, 6ORT, 7SAL, 11DAC und 16SIM. Ein Heteronym hat 9RIG.
- das Adjektiv *finster* verwenden 3MÖN und 8SIG; das Adjektiv *dunkel* 17DÖR.
- mit *Schatten* übersetzt 14ZAB.
- keine Entsprechung haben (wie bei der Behandlung von *noctis*) 4NDT und 13PHL.

4. Größte Uneinheitlichkeit herrscht bei der Wiedergabe von *detegere*. Es wird übersetzt durch:
- *ent-decken* (1AHD, 2MHD, 6ORT, 11DAC), *ab-decken* (3MÖN) oder *be-decken* (5STU),
- *verjagen* (7SAL, 8SIG, 9RIG),
- *durchbrechen* (16SIM, 17DÖR).

Während in den genannten Fällen die lateinische syntaktische Konstruktion (Christus als logisches Subjekt) beibehalten wurde, ändern einzelne Fassungen mit der Verbwahl auch die Konstruktion (Christus ist nicht mehr der Handelnde), was interessanterweise mit einer Modalisierung verbunden ist:

- *nicht bleiben mag* (12ERA), *nichts kann sich verbergen* (4NDT), *nichts ist verborgen* (13PHL), *muß sich zerstreuen* (15LDK).

Die erwarteten Schwierigkeiten mit der Metapher „die Finsternis der Nacht aufdecken" zeigen sich also in erster Linie bei der sehr unterschiedlichen Behandlung des Verbs. Dabei ist zu beachten, daß die Präfixbildungen von *decken* zwar in den ältesten Fassungen verwendet werden, aber nach 1536 nicht mehr vorkommen, was damit zusammenhängt, daß *entdecken* unter dem Einfluß von französisch *découvrir* die Bedeutung ‚auffinden'[35] und *abdecken* auch die Bedeutung ‚zudecken' annahm. Die Übersetzungsalternativen intensivieren entweder die von Christus getragene Handlung (verjagen,

[35] Vgl. Kluge, Friedrich (1989): Etymologisches Wörterbuch der deutschen Sprache, 22. Aufl., völlig neu bearbeitet von Elmar Seebold. Berlin/New York, 199.

durchbrechen) oder zeigen ihn durch die Wahl von Prädikaten, die Christus nicht als Agens haben, als eine untätige Größe, vor der sich etwas ereignet.

5. „Wie schön leuchtet der Morgenstern" oder: Sprachwissenschaftliche Grundlagen der Kirchenlied-Kritik

Mit Recht verlangen Liturgiewissenschaftler, wenn es ihnen ernst ist mit dem eingangs behaupteten Primat des Textes vor der Melodie, von der Sprachwissenschaft Kriterien, die ihnen die Beurteilung eines Liedtextes im Hinblick auf seine Verwendung im heutigen Gottesdienst erleichtern. Ich möchte daher - wieder an einem Beispiel - die sprachwissenschaftlichen Analyse-Kategorien diskutieren, die der sprachkritischen Beurteilung eines Textes nach heutiger Erkenntnis zugrunde liegen sollten. Es handelt sich dabei noch nicht um die Fassung eines in der Praxis einsetzbaren Kriterienkatalogs; ein solcher könnte erst in der Zusammenarbeit mit den anderen an der Kirchenliedforschung beteiligten Wissenschaften und mit Praktikern erstellt werden.

Unter den Christus-Liedern findet sich im „Gotteslob" als Nr. 554 „Wie schön leuchtet der Morgenstern"; als Quelle wird Philipp Nicolai 1599 angegeben.[36] Hier soll uns nicht die Problematik der Umgestaltung des Liedes in einer großen Zahl von Bearbeitungen interessieren,[37] sondern es geht allein um die Exemplifizierung der sprachwissenschaftlich begründeten Textanalyse einer, eben der „Gotteslob"-Fassung.[38]

1. *Wie schön leuchtet der Morgenstern,*
voll Gnad und Wahrheit von dem Herrn
uns herrlich aufgegangen.
Du Sohn Davids aus Jakobs Stamm,
mein König und mein Bräutigam,
du hältst mein Herz gefangen.
Lieblich, freundlich,
schön und prächtig, groß und mächtig, reich an Gaben,
hoch und wunderbar erhaben.

2. *Du meine Perl, du werte Kron,*
wahr' Gottes und Marien Sohn,
ein König hochgeboren!
Mein Kleinod du, mein Preis und Ruhm,
dein ewig Evangelium,

---

[36] Die Bischöfe Deutschlands und Österreichs und der Bistümer Bozen-Brixen und Lüttich [Hrsg.] (1975): Gotteslob. Katholisches Gebet- und Gesangbuch. (Stammausgabe) Stuttgart.

[37] Sauer-Geppert (1979), 173-212.

[38] Über die Bearbeitung des Liedtextes für das „Gotteslob" legt Markus Jenny im Redaktionsbericht zum Einheitsgesangbuch „Gotteslob", hrsg. von Paul Nordhues und Alois Wagner (Paderborn 1988, 735-738), Rechenschaft ab.

das hab ich mir erkoren.
Herr, dich such ich.
Hosianna. Himmlisch Manna, das wir essen,
deiner kann ich nicht vergessen.

3. *Gieß sehr tief in mein Herz hinein,*
du leuchtend Kleinod, edler Stein,
die Flamme deiner Liebe
und gib, daß ich an deinem Leib,
dem auserwählten Weinstock, bleib
ein Zweig in frischem Triebe.
Nach dir steht mir
mein Gemüte, ewge Güte, bis es findet
dich, des Liebe mich entzündet.

4. *Von Gott kommt mir ein Freudenschein,*
wenn du mich mit den Augen dein
gar freundlich tust anblicken.
Herr Jesu, du mein trautes Gut,
dein Wort, dein Geist, dein Leib und Blut
mich innerlich erquicken.
Nimm mich freundlich
in dein Arme und erbarme dich in Gnaden.
Auf dein Wort komm ich geladen.

5. *Herr Gott Vater, mein starker Held,*
du hast mich ewig vor der Welt
in deinem Sohn geliebet.
Er hat mich ganz sich angetraut,
er ist nun mein, ich seine Braut;
drum mich auch nichts betrübet.
Eja. Eja,
himmlisch Leben wird er geben mir dort oben.
Ewig soll mein Herz ihn loben.

6. *Stimmt die Saiten der Kitara*
und laßt die süße Musica
ganz freudenreich erschallen,
daß ich möge mit Jesus Christ,
der meines Herzens Bräutgam ist,
in steter Liebe wallen.
Singet, springet,
jubilieret, triumphieret, dankt dem Herren.
Groß ist der König der Ehren.

7. *Wie bin ich doch so herzlich froh,*
daß mein nun ist das A und O,
der Anfang und das Ende.

Er wird mich doch zu seinem Preis
aufnehmen in das Paradeis;
des schlag ich in die Hände.
Amen, Amen,
komm, du schöne Freudenkrone, säum nicht lange.
Deiner wart ich mit Verlangen.

Der rein sprachlichen Analyse geht die auf den Text gestützte pragmatische Analyse unter drei Aspekten voraus.[39] Es muß gefragt werden:

1. Wer spricht im Liedtext selbst zu wem? Mit anderen Worten: Welche Sprecherkonstellation wird simuliert? Die simulierte Sprecherkonstellation ist nicht identisch mit dem „Sitz im Leben", also der Situation, in der das Lied normalerweise gesungen wird oder wurde. Für unseren Beispieltext ist aus den Wörtern *uns, Du, Sohn Davids; mein; Herr, Gott, Vater, du; du, Freudenkrone* usw. und dem impliziten *ihr*! (Strophe 6) zu konstatieren, daß ein Individuum allein oder in einer Gruppe mindestens zwei Du-Individuen und eine Ihr-Gruppe anspricht. Das bedeutet für die simulierte Sprecherkonstellation, daß der Text mehrfach adressiert ist.

2. Was bezweck/t/en der/die Sender? (Senderintention) – In unserem Text sind mehrere Sprecherhandlungen erkennbar, und zwar mitteilende (*Von Gott kommt mir ein Freudenschein* u. a. m.), auffordernde (*Gieß ... hinein, Singet, springet*!) und kontakterhaltende (Invokationen und Imperative). Eine dominierende Hauptfunktion ist kaum auszumachen.

3. Welche Einstellung hat der Sender zu dem, was er sagt? (Sprechereinstellung) – Die im Vordergrund stehende Sprechereinstellung in unserem Lied ist die des FÜR-WAHR-HALTENs, versprachlicht durch nicht modalisierte Indikative (*Groß ist der König der Ehren*). Nur ein Mal (in der Schlußstrophe) wird DISTANZIERUNG zum Ausdruck gebracht: *Er wird mich doch ... aufnehmen*. Die dominante Sprechereinstellung wird noch verstärkt durch die parallel laufende Einstellung der BEGEISTERUNG, die durch Interjektionen wie *Hosianna, Eja, eja, Amen, Amen,* Ausrufesätze (*Wie schön leuchtet der Morgenstern*), Verdoppelungen und gereihte Invokationen (z. B. Strophe 2) zum Ausdruck kommt.

Die beiden folgenden Analyse-Kategorien rücken die Sprache in den Vordergrund, die darauf hinterfragt werden muß, wie weit die Sprache eines gegebenen Kirchenliedes heutiger Spracherfahrung entspricht oder widerspricht; wie weit die Formulierungen den singenden Nachvollzug des Gemeinten ermöglichen, erschweren oder unmöglich machen.

---

[39] Vgl. Polenz, Peter von (1985): Deutsche Satzsemantik. Grundbegriffe des Zwischen-den-Zeilen-Lesens. Berlin/New York, 194-230.

Unter morphologisch-syntaktischen Aspekten zeigt unser Beispiellied folgende morphologische Auffälligkeiten: häufige Apokope (nicht nur im Hiat) (*Perl, Kron, wahr, bleib* als Konjunktiv, *säum*); Flexionslosigkeit von *wahr* (Strophe 2) erschwert den Bezug; Genitiv (*deiner*) nach *vergessen* (Strophe 2) und *warten* (Strophe 7); *des* statt *dessen* (Strophe 3); *des* als Adverb (Strophe 7); das analytische Prädikat *tust anblicken* (Strophe 4). Als Gesamteindruck entsteht der einer veralteten Sprache. - Syntaktische Auffälligkeiten: Zahlreiche pragmatisch bedingte Setzungen (das sind verblose Äußerungen) in der Funktion von Invokationen; kompliziert-komplexer Satzbau in den Strophen 3 und 6; Neigung zu rechtsstehenden - und was besonders problematisch ist - erweiterten Attributen (besonders in Strophe 1); die Attributreihe im Abgesang der Strophe 1 ist darüber hinaus noch „ferngestellt", wodurch der Bezug unklar wird. Überhaupt erschwert die relativ freie Serialisierung den Nachvollzug der inhaltlichen Bezüge.

Die lexikalisch-semantische Analyse richtet das Augenmerk zunächst auf die Einzelwörter. Unser Text weist eine relativ hohe Zahl an Archaismen (*wert, erkoren, traut, Musica, wallen, Paradeis, säumen, sich antrauen*) und Technizismen (im Sinn von fachsprachlichen Wörtern, *Stamm, Manna, in frischem Triebe, Kitara*) auf. Erwähnt seien auch der Idiomatismus *das A und O* und die feste Wendung *das Gemüt* [statt: der Sinn] *steht nach*. Darüber hinaus steht bei den Metaphern die semantische Verträglichkeit der Wörter infrage: z. B. „das Herz gefangen halten", „die Flamme gießen", „ein Zweig am Leib", „die Liebe entzündet mich", „geladen kommen".

Schließlich hilft die sprachliche Analyse bei der Erschließung der Text-Thematik. Ein erster Schritt dazu ist die Ermittlung der verbalen Textkohärenz.[40] Daß die Sätze oder die Äußerungen unseres Textes durch mehrfache Referenz auf ein oder mehrere außersprachliche Bezugsobjekte zusammengehalten werden, kann höchstens für die Referenz auf das DU, das wohl mit Jesus zu identifizieren ist, behauptet werden. Für die Frage nach der Einheit oder Vielfalt des Themas ist ganz besonders die Feststellung sogenannter Isotopien wichtig. Um sie festzustellen, muß man ein (oder mehrere) in den Wörtern des Textes wiederkehrendes semantisches Merkmal ausfindig machen. In unserem Lied ist zum Beispiel das Merkmal ‚froh sein/Freude' in nicht wenigen Wörtern vorhanden: *freundlich* (mehrfach), *Freudenschein, freudenreich, jubilieren, froh, Freudenkrone, nicht betrüben*. Diese über den Text verbreitete Wortreihe erlaubt die Annahme einer Isotopie ‚froh sein/Freude'. Weitere Isotopien des Textes sind ‚wertvoll', ‚Macht/mächtig', ‚Hochzeit', ‚Essen'. Man gewinnt den Eindruck, daß die Kohärenz des Liedes eher durch mehrere Isotopien als durch Koreferenzketten zustandekommt.

„Wie schön leuchtet der Morgenstern" kann also durch folgende Stichpunkte sprachanalytisch charakterisiert werden: 1. mehrfach adressiert, 2. mehrere nicht hierarchisierte Sprecherhandlungen, 3. emphatisches FÜR-

---

40 Vgl. Greule, Albrecht (1995): Möglichkeiten und Grenzen der textgrammatischen Analyse. In: Studia Germanica Posnaniensia XXI (1995), 55-65.

WAHR-HALTEN als durchgehende Sprechereinstellung, 4. veraltete Sprache im morphologischen Bereich, 5. verständniserschwerende Attribuierungen, 6. schwache Textkohärenz durch Koreferenz, 7. thematisch dicht, das heißt: Vernetzung mehrerer Isotopien.

Diese Feststellungen sind noch keine Bewertung an sich. Es befinden sich unter ihnen zwar solche, die dem Grundprinzip des erleichterten Textnachvollzugs beim Singen zuwiderlaufen und damit negativ zu Buche schlagen. Die anderen können als Bewertungsmaßstäbe erst dann dienen, wenn der so charakterisierte Text in Beziehung zu einer gottesdienstlichen Verwendungssituation gesetzt und geprüft wird, ob er in diese Situation hineinpaßt oder nicht. Aufschlußreich ist jedoch, daß nach der Einschätzung von Maria Luise Thurmair „Wie schön leuchtet der Morgenstern" keine Aufnahme ins „Gotteslob" gefunden hätte, wenn es nicht mit einer „unverzichtbaren Melodie" verbunden wäre![41]

6. Schluß

Meine Ausführungen sollten die Frage klären, welche Aufgaben der Sprachwissenschaft im Rahmen der Kirchenliedforschung zufallen. Das Resümee lautet wie folgt: 1. Die Verwurzelung der Kirchenlieder im mittelalterlichen Deutsch, das viel stärker als heute regionalisiert war und dem eine einheitliche Standardnorm fehlte, fordert den Kenner der mittelalterlichen und frühneuzeitlichen Sprachvarietäten des Deutschen heraus. – 2. Die Tatsache, daß viele in der Tradition verwurzelte Kirchenlieder immer wieder angepaßt und umgestaltet wurden, macht eine Erforschung ihrer Entwicklung unumgänglich und ruft den Sprachwissenschaftler auf den Plan, der in der Lage sein muß, die sprachliche Entwicklung im Extremfall über mehr als 1000 Jahre hinweg zu beschreiben. – 3. Sofern der Primat des Textes vor der Melodie anerkannt ist, verlangt die Liturgiewissenschaft sprachliche Kriterien, die zur Beurteilung eines Liedes allgemein und im Hinblick auf seine Verwendung in einer konkreten liturgischen Situation beitragen. Auf diese Forderung kann der Sprachwissenschaftler dadurch reagieren, daß er die Grundlagen für eine entsprechende Kriteriologie schafft, aus der zusammen mit den anderen Disziplinen ein in der Praxis handhabbarer Kriterienkatalog zu formen wäre.

---

41 Thurmair, Marie Luise (1988): Gesichtspunkte der Textrevision. In: Jenny, Markus (1988), 200-203; hier 203.

Gesangbücher als Quelle des Frühneuhochdeutschen in Böhmen

Einleitung

„Das Böhmen des 16. Jahrhunderts (ist) das Mutterland des Gesangbuchs". Mit dieser programmatischen Aussage, die sich auf das im Jahre 1501 in Prag gedruckte, nur noch in einem Exemplar im tschechischen Nationalmuseum vorhandene, älteste evangelische Gesangbuch Europas bezieht, leitet Irmgard Scheitler ihren verdienstvollen Aufsatz über den „Beitrag der böhmischen Länder zur Entwicklung des Gesangbuchs und des deutschen geistlichen Liedgesangs" von 1999 ein (Scheitler 1999, 159). Und sie führt weiter aus (Scheitler 1999, 162):

> „Was den Gesangbuchdruck von 1501 so faszinierend macht, ist, dass uns hier erstmals (...) die konfessions- und sprachübergreifende Kontinuität des böhmischen Liedgesangs demonstriert wird. (...) Der Schatz an Melodien, den Böhmen vor Einsetzen der lutherischen Reformation aufzuweisen hatte, ist auf 350-400 Weisen zu veranschlagen. Zu diesen Weisen (...) gehörten vor 1500 bereits ca. 1000 Texte, mehr als 400 lateinische, ca. 600 tschechische, dazu die deutschen".

Zwar war – nach den Untersuchungen von Jan Kouba – Johannes Hus kein Liederdichter, allenfalls hat er drei lateinische Kantionen übersetzt, z. B. ‚Králi slavný, Kriste dobrý' (aus „Rex gloriae, Christe pie"). Bahnbrechend ist jedoch die Rolle, die die taboritischen Hussiten für die Einführung des volkssprachlichen Kirchengesangs spielten – als Folge ihrer ganz tschechischen Liturgie seit 1465 (Scheitler 1999, 162).

Volkssprachliches Kirchenlied und Gesangbuch erleben auch außerhalb Böhmens im 16. Jahrhundert eine ausgesprochene Blütezeit. Vieles, was im Mittelalter an volkssprachlichen Kirchenliedern herangewachsen war, kam als Folge der Reformation, die den deutschsprachigen Kirchengesang voll entfaltete, zu neuer Geltung. Die von Martin Luther und dann von seinen Mitstreitern geschaffenen Lieder wurden zunächst auf Flugblättern verbreitet; alsbald lag aber die Sammlung einzelner Flugblätter in Liederheften nahe. Mit dem „Achtliederbuch" von 1523/24 beginnt die Reihe evangelischer Gesangbücher mit Noten (Möller 2000, 69).

Die Definition von Gesangbuch ist sehr einfach. Man geht sicher nicht fehl, wenn man Gesangbuch definiert als eine Sammlung geistlicher Liedtexte („Kirchenlieder"), die vorwiegend für den Gebrauch der Gemeinde im Gottesdienst bestimmt ist (Völker 1984); die Angabe der Melodien zu den Liedtexten in Form von Noten war – im Unterschied zu heute – nicht selbstverständlich. Neben Liedtexten finden sich in Gesangbüchern nicht selten Vorreden, Unterweisungen, Gebete und ein Register.

Mit den folgenden Ausführungen will ich darauf aufmerksam machen, dass Gesangbuch und Kirchenlied typische Erscheinungen im frühneuhochdeutschen Textspektrum sind, die für die sprachwissenschaftliche Forschung aber noch nicht so recht ins Blickfeld geraten sind. Darüber hinaus soll gerade auf die böhmischen Länder, die für das Kirchenlied eine herausragende Rolle spielten, ein besonderes Licht geworfen werden. Ich sondiere diesbezüglich die Frühneuhochdeutsch-Forschung und will an drei Textkorpora, die im Abstand von ungefähr drei mal 50 Jahren in Böhmen bzw. Mähren entstanden sind, exemplarisch Probleme und Möglichkeiten ihrer sprachwissenschaftlichen Forschung demonstrieren.

1. Fragestellungen der Frühneuhochdeutsch-Forschung

Den Stand, den die Frühneuhochdeutsch-Forschung derzeit erreicht hat, repräsentieren die Beiträge in der zweiten, im Jahr 2000 erschienenen Auflage des Handbuchs zur Geschichte der deutschen Sprache und ihrer Erforschung (Besch u. a. 2000).

Als Schwerpunkte der Diskussion zeichnen sich hierin ab:

- der Zeitraum: der Beginn des Frühneuhochdeutschen wird mehrheitlich mit der Kaiserkrönung Karls IV. a. 1355 angesetzt;
- der Durchbruch zu einer allgemeinen Schriftkultur auf deutsch, der besonders das 14. Jahrhundert kennzeichnet und der Teil einer gesamteuropäischen Entwicklung ist, durch die das Latein durch die volkssprachliche Verschriftlichung verdrängt wird, sowie die Entstehung landschaftlicher Schreibsprachen und später landschaftlicher Druckersprachen;
- die Prozesse der sprachlandschaftlichen An- und Ausgleichung vor allem im Bereich der Schriftlichkeit, aber auch im Bereich der Flexionsmorphologie und der Lexik;
- die Erweiterung des Geltungsareals der deutschen Sprache durch die Ostkolonisation und das Entstehen von „Kolonialdialekten";
- das Entstehen konfessionaler Sprachräume seit dem 16. Jahrhundert, deren Kommunikation zunehmend volkssprachlich organisiert ist – ein im Hinblick auf Gesangbuch und Kirchenlied wichtiges Faktum (Hussiten);
- Luthers Bibelübersetzung und die Rolle Luthers insgesamt;
- die Kanzleischreibe und die Geschäftssprache, die dank zahlreicher Untersuchungen zur Kanzlei- und Geschäftssprache in Böhmen, Mähren und der Slowakei für diese Gebiete gut erschlossen sind;
- die Erfindung des Buchdrucks mit beweglichen Lettern, die am Übergang zum 16. Jahrhundert bedeutsam wird, sowie die Entstehung von Druckerzentren und Druckersprachen;

- die Frage der mittelhochdeutschen Tradition in der Lexik und frühneuhochdeutschen lexikalischen Innovationen. Besonders Luther vermittelt Wortgebräuche der Mystiker ins Frühneuhochdeutsche.

Eine Berücksichtigung des Kirchenliedes, das in mehrerlei Hinsicht die frühneuhochdeutsche Sprachperiode besonders prägen könnte, findet sich im Handbuch „Sprachgeschichte" ebenso wenig wie die Berücksichtigung Böhmens als „kolonialer" Sprachraum, in dem die deutsche Volkssprache neben dem Tschechischen steht und der nach Libuše Spáčilová (2000, 261) im Ausgleichsprozess eine bedeutende Stelle einnimmt; eine Ausnahme davon bildet höchstens die Berücksichtigung des „Ackermann aus Böhmen". Lediglich Johannes Erben äußert sich im Handbuch „Sprachgeschichte" (S. 1591) im Rahmen seiner Beschreibung der frühneuhochdeutschen Syntax zur Bedeutung des Kirchenliedes und vermutet, dass auch das „mitgesungene Kirchenlied ein wachsendes Repertoire bestimmter Sprech- und Satzbaumuster volksläufig" werden ließ. Und Oskar Reichmann hat das „Hohenfurter Liederbuch", auf das ich noch zu sprechen komme, in das Quellenkorpus des Frühneuhochdeutschen Wörterbuchs übernommen (Anderson/Goebel/Reichmann 1989, 32, Nr. 32).

Immerhin brächte die Untersuchung des durch Volksnähe, Religiosität und Liedcharakter geprägten Kirchenliedes eine neue Dimension in die Beschreibung nicht nur des Frühneuhochdeutschen im Allgemeinen, sondern auch in die Beschreibung des Frühneuhochdeutschen der böhmischen Länder, die sich bislang - wie wir wissen - auf rechtsverbindliche und literarische Texte wie den „Ackermann" konzentriert hat.

2. Methodische Probleme der sprachwissenschaftlichen Kirchenliedforschung (mit Bezug auf Böhmen/Mähren)

Unter welchen Bedingungen kann ein Gesangbuch bzw. ein Kirchenlied als Quelle des Frühneuhochdeutschen in Böhmen oder Mähren in Anspruch genommen werden? Diese grundsätzliche Problematik will ich an einem Beispiel erläutern, das die Vielschichtigkeit der Überlieferung der Kirchenlieder verdeutlichen soll.

Wolfgang Suppan hat uns zwei deutsche geistliche Lieder aus der Zeit um 1500 zugänglich gemacht, die in einem Papierkodex enthalten sind, der in der Zentralbibliothek des ungarischen Benediktinerordens in Pannonhalma/Martinsberg verwahrt wird. Die Teile des Kodex sind in den Jahren 1492 bis 1528 in Olmütz/Olomouc und in anderen Orten entstanden. Als Schreiber kommt der Franziskaner-Pater Raphael Wratislaviensis, alias Franciscus Hanisch, in Frage. Er wirkte von 1505 bis 1530 in Olmütz und seit 1530 in Bratislava (Suppan 1965, 65). Der Schreiber der Lieder wirkte also 25 Jahre in Olmütz in Mähren, danach in Bratislava in der Slowakei; der Kodex, der hauptsächlich lateinische Predigten enthält, liegt heute in Ungarn. Für das Frühneuhochdeutsch welcher Region stehen die Texte? Die Frage ist in diesem komplizierten, aber nicht atypischen Fall auch deshalb schwer zu beantworten, weil wir es (noch) nicht mit einem Gesangbuch zu tun haben. Wahrscheinlich führt auch eine Einschränkung auf Böhmen, Mähren und die Slowakei hier nicht weiter. Inwiefern sich das Frühneuhochdeutsche in den genannten drei Regionen unterscheidet, müsste grundsätzlich untersucht werden.

Im Falle von Gesangbüchern, auch wenn sie noch nicht gedruckt sind, halte ich die Provenienz bzw. den Druckort, also den Entstehungsort eines Buches für das einzig relativ eindeutige Kriterium, um ein Gesangbuch als Quelle des Frühneuhochdeutschen in Böhmen zu bestimmen. Bei den von mir ebenfalls herangezogenen Textkorpora, nämlich dem Hohenfurter Liederbuch und dem Gesangbuch der Böhmischen Brüder, gibt es in dieser Hinsicht keine Probleme. Das Hohenfurter Liederbuch ist eine durch vielfachen Gebrauch abgenutzte Papierhandschrift, die nach der Meinung des Editors, Wilhelm Bäumker, als Abschrift einer anderen Handschrift im 15. Jahrhundert von einem Mönch des Zisterzienser-Stiftes Hohenfurt/Vyšší Brod in Böhmen angefertigt wurde.[1] Rund 100 Jahre später, im Jahre 1531, wurde das Gesangbuch der Böhmischen Brüder von Michael Weiße, dem Prediger der deutschen Gemeinden in Landskron und Fulneck, von Georg Wylmschwerer zu „Jungen Buntzel in Behmen“ (tschechisch Mladá Boleslav) gedruckt. In beiden Fällen steht also die Zuordnung zum Textspektrum des Frühneuhochdeutschen Böhmens außer Frage.

Als eine Hauptaufgabe der sprachwissenschaftlichen Beschreibung von Kirchenliedern sehe ich es an, eine sachgerechte Grundlage für die hymnologisch-literaturwissenschaftlich-spirituelle Kritik eines geistlichen Liedes (Sauer-Geppert 1979) zu schaffen (Greule 1992). Dazu ist folgendes Vorgehen angebracht:

- Beschreibung der Makrostruktur der meist mehrstrophigen Lieder
- Beschreibung der Strophenstruktur
- Beschreibung der Graphematik, das heißt einerseits der Handschrift, andererseits der Druckschrift und ihrer Qualität
- Beschreibung des Verhältnisses von Lautung und Schreibung; um ein Beispiel zu nennen: Weiße (A II, 1. Strophe) reimt *almechtigen got* mit *erbarmet hat*. Der Reim ist am ehesten auf der Grundlage der sogenannten a-Rundung (a > o) erklärbar.
- Beschreibung von Lexik und lexikalischer Semantik (Ulrich 1969)
- Feststellung des Schreibdialekts und potentieller Ausgleichserscheinungen
- Beschreibung der Wortgruppen besonders unter dem Aspekt ihrer textsortenspezifischen Verfestigung zu Phraseologismen (Stutz 1960)
- Beschreibung des Satzbaus besonders in Relation zum Strophenbau

---

[1] Beschreibung der Handschrift bei Schnyder (2001), 386-391.

- Beschreibung der Textgrammatik und Textsemantik unter Einbeziehung aller Strophen
- Beschreibung textpragmatischer Elemente, d. h. von Elementen, die auf die Kommunikationssituation und die beabsichtigte Wirkung eines Liedes, z. B. eines Bitt-Liedes, Bezug nehmen.

Diese synchrone Einzelliedbeschreibung wird in der Forschung nicht selten ergänzt durch diachrone Beschreibungen der Sprachentwicklung eines Liedes, für die dann auch die Abhängigkeit eines Textes von einem lateinischen Ausgangstext wichtig ist (Greule 1992, 69-73).

3. Exemplarische Analyse und Sprachvergleich

In der Literatur finden wir wenig, was den oben genannten Desideraten der sprachwissenschaftlichen Beschreibung entspricht. Wilhelm Bäumker (1970, 13 f.) hält die Sprache der von ihm edierten Hohenfurter Liederhandschrift für den bayerisch-österreichischen Dialekt der zweiten Hälfte des 15. Jahrhunderts, ohne dies zu beweisen.

> „Eine einheitliche Orthographie ist nicht vorhanden. Im Gegenteil bemüht sich der Copist, die Mannigfaltigkeit seiner Schreibweise zur Schau zu stellen. Das zeigt sich namentlich bei Wiederholungen von Worten und Sätzen." (Bäumker 1970, XIV)

Nicht ohne Wert sind die von Bäumker als Anmerkungen seiner Ausgabe beigefügten lexikalischen Erklärungen (Bäumker 1970, 86-96).

Mit der Sprache, in der Weißes Gesangbuch der Böhmischen Brüder geschrieben und gedruckt ist, befasst sich etwas eingehender Rudolf Wolkan (1891). Er kommt zu dem Schluss, dass „eine Anzahl von Ausdrücken bei ihm (Weiße) zu stehenden geworden sind und immer wiederkehren, so ‚aus hertzen grund' (...) oder ‚enge pfort', (...) ‚mit innigkeit', (...) ‚im höchsten thron'" (Wolkan 1891, 27) und liefert damit einen Beitrag zur Phraseologie Weißes.

Obwohl also noch fast alle der oben aufgestellten Desiderate der sprachwissenschaftlichen Beschreibung erfüllt werden müssen, kann dies im Rahmen meines Vortrags freilich nicht geleistet werden. Ich werde vielmehr, um das eigentliche Ziel des Vortrags zu verfolgen, nämlich auf das Kirchenlied, besonders in Böhmen, als Quelle des Frühneuhochdeutschen aufmerksam zu machen, mich auf ein Beispiel, an dem möglichst viel gezeigt werden kann, beschränken. Ich wähle dazu die vergleichende Methode, und zwar in der Weise, dass ich die Verdeutschung der sieben Worte Jesu am Kreuz in Liedform im „Hohenfurter Liederbuch" (= H), im Pannonhalmer Kodex (= P) und im Gesangbuch der Böhmischen Brüder (= W) verfolge. Dadurch werden allerdings Textpassagen im Umfang von normalerweise einem einfachen Satz aus der Abfolge der Liedstrophen und dem Kontext der Strophe selbst herausgerissen. Dieses Vorgehen hat weiterhin den Nachteil, dass zu den Beschreibungskategorien Makrostruktur, Strophenstruktur samt ihrer

Interrelation mit der Satzstruktur, Textgrammatik, Textsemantik und Textpragmatik nichts beigetragen werden kann.

Texte

H (Mitte 15. Jahrhundert; Bäumker 1970, 33-35):

1. *Vergib jn, vater, vater mein, / wan sie nit wissen, was sie thain*
2. *fürbar, ich dir das sag, / Hewt wirstu warlich pey mir sein, / warlich pey mir jm paradeys!*
3. *Nymbar, weyb, das ist nun dein sun! – Nymbar, das ist dy muter dein!*
4. *Mein got, mein got, / wie hast dw mich verlassen doch?*
5. *mich türstet*
6. *es ist nun alles das vollpracht!*
7. *Vater, in deine hend enpfilch ich meinen geiste!*

P (zwischen a. 1492 und a. 1528; Suppan 1965, 70):

1. *vorgib yn ewigk vor (?) wor sie wiszen nicht was si thun*
2. *du wirsth heuth mit mir sey(n) in dem paradeysz*
3. *weybsbildt ny(m) war das ist deyn szon / Johannes gelipter iunger ey(n) mut(ter) solst (?) han*
4. *mey(n) got wy hastu mich vorlassen*
5. *mich dursth*
6. *es ist alles vorprocht*
7. *<ich> befil yn deyne hende meyne(n) geyst*

W (a. 1531, D II):

1. *o vater vergieb aus gůttikeit / was disz volck thut aus vnwissenheyt*
2. *du solt heut gewies / mit mihr sein jnn ei(ne)m lustigen paradies*
3. *weibesbild sih johannes jst nu dein sohn / er sol dir als eyn sohn seiner muter thun*
4. *o mein got, mein got / warůmb verlestu mich in so grosser not*
5. *mich důrstett ser*
6. *nu ist alles vol endet was die schrieft von mihr ausweyst*
7. *o vater jch befehl dir nu meinen geist.*

Auf eine Beschreibung der Graphematik verzichte ich hier und jetzt, aus Gründen der Darstellung. Trotz aller Einschränkungen bieten die drei Auswahlkorpora im Vergleich noch genug Stoff zu aussagekräftiger Analyse. Dabei müssen wir im Auge behalten, dass die Texte im Abstand von ungefähr 80 Jahren zwischen etwa 1450 und 1531 entstanden sind. Ferner bestehen die Auswahlkorpora aus Bibelzitaten, noch genauer aus der Zitation von Herrenworten, die nach den Evangelisten Jesus am Kreuz gesprochen hat.

3.1 Redeeinleitungen

Es erhebt sich zunächst eine textgrammatische Frage, nämlich: Wie sind die Zitate, es handelt sich ja um Subtexte, in den Liedtext integriert? Rein graphische Marker (Doppelpunkt, Anführungszeichen) sind auch bei Weiße nicht erkennbar. Die Einbettung der Zitate muss also versprachlicht sein. Dies geschieht in H relativ eintönig mit *sprach*, aber in 5 und 6 mit *schray die wart* und in 7 mit *lauten schreyen*. An dieser Stelle ergibt sich, weil die Hohenfurter Liederhandschrift für das letzte Wort Jesu eine eigene Melodie verzeichnet, eine interessante Beobachtung zur Textpragmatik; denn durch die musikalische Heraushebung dieses Herrenwortes wird der Gemeinde verdeutlicht, dass der Höhepunkt der Passionserzählung erreicht ist.

P weist in dieser Hinsicht erstaunlicherweise die größte Varianz auf: neben *sprach* erscheinen dort die Redeeinleitungen *we claget, ruft, bekant* und – zunächst rätselhaft - *vorhisth* (2). Bei genauerer Betrachtung entpuppt sich *vorhisth* als eine Mischung aus starkem und schwachem Präteritum, der neuhochdeutsch **verhießte* (korrekt *verhieß*) entsprechen würde.

W hat als Redeeinleitungen neben *sprach* nur *verhiesch* und *rieff laut*.

3.2 Schreibung - Lautung

Die Behauptung von Wilhelm Bäumker, dass der Schreibdialekt in H bairisch sei (s. o.), kann leicht bewiesen werden. Ein geradezu klassischer Bavarismus ist die Schreibung <b> für den Laut /w/ im Silbenanlaut, vergleiche *fürbar, Nymbar* (= *nim war*) (Paul 1989, 141, Anm. 3). Gleiches gilt für die Schreibung <p>, <t> für anlautend /b-/, /d-/, vgl. *pey, vollpracht, türstet*. Ebenso passt zum Bairischen das nicht gesenkte <u> in *sun*. Auf Sprachausgleich könnten die monophthongischen Schreibungen <muter> (statt bair. *mueter*) und <dy> (statt mittelhochdeutsch *die*) hinweisen. (Kurios ist die Schreibung <thain>, die *thuon* oder *thuen* lauten müsste. Es handelt sich um eine hyperkorrekte Schreibung, die versucht dem mittelbairischen Lautwandel von /uo/ > /oa/ vor Nasal gerecht zu werden (Paul 1989, 170, Nr. 17). Allerdings wird der scheinbar reine Reim *mein/thain* dann unrein: *mein/doan*.)

Außer in *vorprocht* (verschrieben für *volprocht*) und in *gelipter* (<p> für /b/) fehlen in P solche bairischen Anklänge völlig. Stattdessen erkennen wir weitere Fälle der unbairischen Monophthongierung: *thun, gelipter, mutter, wy*. Was graphematisch an P jedoch auffällt, sind die ungewöhnlichen <sz>-Schreibungen an Stelle des s-Lautes: *wiszen, paradeysz, szon*. Sie erinnern an die heutige ungarische orthographische Regelung /s/ - <sz>, erscheinen allerdings auch ein Mal in W (*disz volck*).

Die sich in P andeutende Neigung zu dittographischen Schreibungen, vor allem unter Verwendung von <h> (vgl. *thun, wirsth, heuth, dursth*) setzt sich bei W verstärkt fort: *gieb, gůttigkeit, volck, thut, unwissenheyt, gewies, mihr, jnn, sohn, warumb, grosser, důrstett, schrieft*. Nicht alle Dittographien haben eine lautliche Entsprechung, wie es z. B. bei <mihr> und <sohn> (Einsilblerdehnung) der Fall sein dürfte.

3.3 Morphologie

Das in P konsequente Präfix *vor-* hat sich in W nicht durchgesetzt; W führt also die Tradition von H fort und schreibt *vergieb, verlestu.*

3.4 Lexik und lexikalische Semantik

Die auffälligste lexikalische Erscheinung ist zweifellos die Zusammenrückung *weybsbildt* (in P) und *weibesbild* (in W) gegenüber *weyb* in H, dem ältesten Text, als Anrede Marias. Offensichtlich hat sich der Bedeutungswandel von mittelhochdeutsch *frouwe* zu ‚weiblicher Mensch allgemein' in diesen Texten noch nicht durchgesetzt. In P und W wird aber *weib* immerhin ersetzt - vielleicht aus metrischen Gründen - durch die schon im Mittelhochdeutschen vorhandene Periphrase *weibes bilde*, die im heutigen Deutsch (*Weibsbild*) abwertend verwendet wird. Jedoch lehrt das Deutsche Wörterbuch der Brüder Grimm (1955, Band 28, Sp. 441-447), dass die Blütezeit des Wortes *Weibsbild* das 16. Jahrhundert ist und es bis ins 17. Jahrhundert „ein durchaus edler ausdruck" (Sp. 445) war.

3.5 Wortgruppen

Die Attribuierung und damit die Erweiterung zu Nominalgruppen wird in allen drei Teilkorpora sehr restriktiv gehandhabt. H kennt keine schmückende Attribuierung. In P fällt lediglich auf, dass Johannes fast schon belehrend durch die Apposition *gelipter iunger* attribuiert ist. Während W das Bibelwort *paradies* durch das Adjektiv *lustigen* ‚lustvoll' attribuiert. Allerdings müssten wir alle drei Teilkorpora zusätzlich auf Texterweiterungen untersuchen und würden dann feststellen, dass W die Kernaussage der Jesusworte mehrfach durch Wortgruppen als Satzglieder erweitert: *aus gůttigkeit, aus unwissenheyt, in so grosser not*. Damit können wir die grundsätzlich freiere Textgestaltung Michael Weißes an einem Punkt festmachen.

Umgekehrt ist festzuhalten, dass die Aufforderung Jesu an Maria, Johannes nun als ihren Sohn zu betrachten, bei W durch das schlichte *sih* (= sieh/e) ausgedrückt wird, bei H und P aber durch das komplexe Prädikat *wahr nehmen*.

3.6 Textpragmatik

Die sieben Worte Jesu bieten als Zitate in den Liedtexten stilisierte gesprochene Sprache. Die Kommunikationssituation, die in den Liedern erzählt wird und in die die Worte Jesu gehören, ist bekannt: Jesus spricht vom Kreuz herab zu Maria und Johannes. Es ist abschließend interessant zu sehen, ob zur Gestaltung der gesprochenen Rede Gesprächspartikeln verwendet werden. Während in P solche Partikeln nicht nachweisbar sind und ich in W nur eine finde (*gewies*), werden sie in H noch relativ häufig, vor allem zur Bekräftigung der Aussage eingesetzt (*gewiss, fürbar, warlich* (2x), *doch*). Darf man daraus schließen, dass sich im Verlauf der Zeit in den Kirchenliedern ein sakraler Stil anbahnt, der sich von der gesprochenen Alltagssprache absetzt?

4. Ergebnisse und Desiderate

Ich hoffe durch die Mikroanalyse gezeigt zu haben, dass wir über eine ergiebige Methode der sprachwissenschaftlichen Beschreibung und Erforschung der Gesangbücher und Kirchenlieder der frühneuhochdeutschen Zeit verfügen. Die Ergebnisse weiterer und vor allem breiter angelegter Untersuchungen dürften einerseits der Hymnologie und ihren spezifischen Fragestellungen als tragfähige Basis dienen. Andererseits darf man auch auf reichen Gewinn für die sprachgeschichtliche Profilierung der frühneuhochdeutschen Periode selbst hoffen, in der nach allgemeiner Ansicht die Weichen für die neuhochdeutsche Standardsprache gestellt wurden. Die interessante Frage, welche Rolle der kirchliche Liedgesang dabei gespielt hat, ist erst gestellt und noch lange nicht eindeutig beantwortet.

Da Böhmen als das Mutterland des Gesangbuchs gilt und eine reiche Liedguttradition im Schnittpunkt des Lateins, des Tschechischen und des Deutschen noch vor Luther entwickelt hat, und da Böhmen - zu Recht - eine bedeutende Stelle im Ausgleichsprozess eingeräumt wird, ist es - bei allem Respekt vor den bisherigen Forschungsleistungen - ein dringendes Desiderat, die sprachliche Entwicklung in den böhmischen Ländern in frühneuhochdeutscher Zeit vor einem breiteren Textspektrum zu beschreiben. Der Reiz dieser Forschungsperspektive, für die das Kirchenlied in vorderster Linie stehen sollte, besteht schließlich darin, dass tschechisches und deutsches Kirchenlied nicht unabhängig voneinander, sondern im gegenseitigen Geben und Nehmen erforscht werden.

5. Literatur

Anderson, Robert/Goebel, Ulrich/Reichmann, Oskar (1989): Frühneuhochdeutsches Wörterbuch. Band 1: Einführung, a - äpfelkern, bearbeitet von Oskar Reichmann. Berlin/New York.

Bäumker, Wilhelm [Hrsg.] (1970): Ein deutsches geistliches Liederbuch - mit Melodien aus dem XV. Jahrhundert nach einer Handschrift des Stiftes Hohenfurt. Leipzig (Reprint: Hildesheim/New York/Wiesbaden 1970).

Besch, Werner u. a. [Hrsg.] (2000): Sprachgeschichte. Ein Handbuch zur Geschichte der deutschen Sprache und ihrer Erforschung. 2., vollständig neu bearbeitete und erweiterte Aufl. Teilband 2. Berlin/New York (Das Frühneuhochdeutsche: S. 1513-1745).

Boková, Hildegard (1999): Zur Sprache des deutschen Gesangbuchs der Böhmischen Brüder von 1566. In: Sborník k 80. narozeninám Mirjam Bohatcové. Prag, 49-58.

Greule, Albrecht (1992): Über den Beitrag der Sprachwissenschaft zur Kirchenliedforschung. Drei mögliche Zugriffe. In: Zeitschrift für deutsche Philologie 111 (1992), S. 65-77.

Grimm, Jacob und Wilhelm (1955): Deutsches Wörterbuch, bearbeitet von Alfred Götze, Leipzig (Nachdruck: München 1984).

Möller, Christian [Hrsg.] (2000): Kirchenlied und Gesangbuch. Quellen zu ihrer Geschichte. Ein hymnologisches Arbeitsbuch. Tübingen.

Paul, Hermann (1989): Mittelhochdeutsche Grammatik. 23. Aufl., neu bearbeitet von Peter Wiehl und Siegfried Grosse. Tübingen.

Sauer-Geppert, Waldtraut Ingeborg (1979): Studien zur Sprache und Frömmigkeit im deutschen Kirchenlied. Tübingen.

Scheitler, Irmgard (1999): Der Beitrag der böhmischen Länder zur Entwicklung des Gesangbuchs und des deutschen geistlichen Liedgesangs (1500-1620). In: Jahrbuch für Liturgik und Hymnologie 38 (1999), 157-190.

Schnyder, André (2001): Das ‚Hohenfurter Liederbuch' und seine geistlichen Tagelieder. In: Fliegler, Dominique/Bok, Václav [Hrsg.]: Deutsche Literatur des Mittelalters in Böhmen und über Böhmen. Wien, 383-403.

Spáĉilová, Libuše (2000): Formulargebrauch und die Schreiber in der Olmützer Stadtkanzlei (1415-1550). Zur Bedeutung der Urkunde für die Herausbildung des Neuhochdeutschen. In: Brücke. Germanistisches Jahrbuch Tschechien-Slowakei 1999. N. F. 7 (2000), 61-279.

Stutz, Elfriede (1960): Das Fortleben der mittelhochdeutschen Zwillingsformel im Kirchenlied, besonders bei Paul Gerhardt. In: Medium aevum, Festschrift für Walther Bulst. Heidelberg, 238-252.

Suppan, Wolfgang (1965): Zwei deutsche geistliche Lieder aus der Zeit um 1500. In: Kirchenmusikalisches Jahrbuch 49 (1965), 65-72.

Ulrich, Winfried (1969): Semantische Untersuchungen zum Wortschatz des Kirchenliedes im 16. Jahrhundert. Lübeck/Hamburg.

Völker, Alexander (1984): Gesangbuch. In: Theologische Realenzyklopädie, Band 12 (1984), 547-565.

Weiße, Michael (1957): Gesangbuch der Böhmischen Brüder. In originalgetreuem Nachdruck, herausgegeben von Konrad Ameln. Kassel/Basel.

Wolkan, Rudolf (1891): Das deutsche Kirchenlied der böhmischen Brüder im XVI. Jahrhundert. Prag (Nachdruck: Hildesheim 1968).

Textgrammatische Analysen zu Luthers geistlichem Lied „Mitten wir im Leben sind“

Vorbemerkung

„Mitten wir im Leben sind“ ist zusammen mit „Christ ist erstanden“ oder „Nun bitten wir den Heiligen Geist“ eines der ältesten Kirchenlieder in deutscher Sprache. Obwohl es aus einem „Memento Mori“ hervorgegangen ist, überschreibt Martin Luther seine Bearbeitung des alten einstrophigen Liedes mit „Lobgesang“, und die Theologen sagen noch genauer, dass Luthers Bearbeitung ein Lobgesang auf die Erlösung und eine reformatorische Ermutigung zum Leben sei. Somit besteht kein Grund zu dem Verdacht, die Analyse dieses Textes sei in der Festschrift für den Erforscher der Syntax Luthers fehl am Platze – zumal es kaum Forschungen zur Sprachkunst Luthers auf textgrammatischer Grundlage gibt.

1. Strukturen der Textgrammatik

Das Ziel der Textgrammatik und von ihr ausgehender Analysen ist die Feststellung der Kohärenz eines Textes. Es stellt sich die Frage, dank welcher sprachlichen Mittel ein Text kohärent ist. Diese Frage stellt sich aber nicht nur analytisch-rezeptionell, sondern auch synthetisch-produktional und die Antworten auf die Fragen sind nicht ohne Bezug auf die Textsorte eines gegebenen oder zu formulierenden Textes zu geben. Es ist sowohl für den Rezipienten (im vorliegenden Fall normalerweise die Sänger des Liedes im Gottesdienst) wichtig, ob ihm durch spezifische Mittel die Textrezeption und das Textverständnis erleichtert werden (oder nicht), und es ist sicherlich auch für den Textproduzenten wichtig, die Mittel zu kennen, die den Text einer bestimmten Textsorte kohärent und gut rezipierbar machen.

Die Methode, nach der man zur Erkenntnis der Textkohärenz kommt, operiert traditionell oberhalb der Satzebene. Dies ist keine grundsätzliche Entscheidung gegen etwas; sondern das Wissen um die Vielfalt der Möglichkeiten der Satzstrukturierung wird bei der Textgrammatik vorausgesetzt. Der Satz könnte somit als kleinste Einheit der Textgrammatik gelten. Verstehen wir aber unter „Satz“ im engen Sinn eine Konstruktion um ein Prädikat, dann machen es die jüngsten Erkenntnisse der Textgrammatik nötig, den Satz nur als eine besondere Form der „Minimalen Texteinheit“ (MTE) zu sehen und auch andere syntaktische Strukturen wie zum Beispiel die Setzung als MTE zu berücksichtigen. Wie wir unten noch sehen werden, gilt dies nicht nur für Texte der Gegenwart, sondern auch für das hier analysierte geistliche Lied Martin Luthers. Die textgrammatische Analyse muss auch im Auge haben, dass der Text nicht nur durch eine lineare Verkettung von Minimalen Texteinheiten entsteht, sondern dass es zwischen dem Gesamttext eine Zwischenebene, den Teiltext, der seinerseits aus einer oder mehreren MTE besteht, geben kann. Die Teiltexte können subordiniert (Subtexte) oder koordiniert in den Gesamttext integriert sein. So konstituiert Luther das Lied „Mitten wir im Leben sind" - wenn wir von der Überschrift *Der Lobsanck / Mitten wyr im leben* absehen - durch die Abfolge (oder Koordination) dreier Teiltexte, die traditionell in der Hymnologie „Strophe" genannt werden.

Ferner geht die textgrammatische Analyse zunächst zwar von formalen Kohärenzmitteln aus, sie beschränkt sich aber keineswegs auf sie, sondern zielt letztlich auf die durch die formalen Mittel geordneten Inhalte des Textes. So kann es ein Ziel der Analyse sein, über verschiedene, meist reduzierende semantische Operationen das Thema des Textes zu eruieren und zu formulieren.

Um die Kohärenz eines Textes herzustellen, stehen im Wesentlichen folgende textgrammatische Mittel bzw. Strategien zur Verfügung: die transphrastische Rekurrenz, das heißt: Wiederholung einer und derselben sprachlichen Einheit jenseits der Grenze einer MTE. Man kann dabei weiter unterscheiden.

Erstens: die Struktur-Rekurrenz; es geht dabei um die Wiederholung einer phonetischen (Reim), rhythmischen oder syntaktischen Struktur, was konstituierende Merkmale von Kirchenliedern sein können.

Zweitens: die lexikalische Rekurrenz, das heißt: Sprachzeichen mit gleicher Ausdrucksseite werden wiederholt. Bleibt bei der Wiederholung auch die Inhaltsseite gleich, wird für diese Art der Rekurrenz der Terminus „Repetition" verwendet.

Drittens: die Rekurrenz der Referenz (Koreferenz), das heißt: Jenseits der Satzgrenze wiederholt sich, unabhängig von der sprachlichen Form, die Referenz auf ein und dasselbe Referenzobjekt. Wiederholt sie sich mehrfach, ist die Rede von einer Koreferenzkette, wie wir sie im Luther-Text etwa beim Referenzobjekt GOTT finden werden. Rekurrenz liegt genau genommen bei der Kontiguität, der transphrastischen Referenz auf semantisch nahe liegende Objekte, gerade nicht vor; sie wird dennoch in diesem Zusammenhang mitbehandelt. Ebenfalls keine echte Referenz-Rekurrenz liegt vor, wenn, was oft vorkommt, im Text mehrfach auf die Grundgrößen der face-to-face-Kommunikation ICH-DU-HIER-JETZT mit Deiktika referiert wird. Die Kohärenz wird dann, etwa im Text eines geistlichen Liedes, durch die Simulation einer Kommunikationssituation hergestellt.

Viertens: Ganz im Bereich der Semantik bewegt sich die Wiederholung eines und desselben semantischen Merkmals in verschiedenen über den Text verteilten Lexemen. Die Feststellung dieser Isotopie genannten Merkmalsrekurrenz erfordert beim Analysieren und bei der Formulierung des rekurrenten semantischen Merkmals, auch Klassem genannt, ein gewisses interpretatorisches Geschick.

Es gibt noch weitere textgrammatische Strategien, zum Beispiel die Konnexion; ich werde mich bei der folgenden Analyse aber auf das Rekurrenzprinzip konzentrieren, weil seine Anwendung auf die Analyse eines Liedtextes viel versprechend ist. (Zur Anwendung aller textgrammatischen Kategorien auf die Analyse historischer Texte vgl. Greule 1997).

2. Das Lied[1]

Martin Luther sah für den reformierten Gottesdienst ab 1523 deutsche Lieder vor. Er verfasste selbst zwischen 1523 und 1524 24 seiner insgesamt 36 geistlichen Lieder. Dabei greift er auch auf lateinische Vorlagen aus dem Mittelalter zurück. So konnte er - wie im vorliegenden Lied - einerseits zeigen, dass er in der Tradition „rechter" Lehre steht, andererseits verknüpfte er Vertrautes mit den reformatorischen Erkenntnissen.

Die Bearbeitungsgrundlage des vorliegenden Liedes ist die lateinische Antiphon „Media vita in morte sumus" (erstmals im Reichenauer Tonar von 1080, Abschrift 15. Jh.):

Media vita in morte sumus. Quem quaerimus adiutorem, nisi te, domine, qui pro peccatis nostris iuste irasceris? Sancte deus, Sancte fortis, Sancte et misericors salvator, amarae morti ne tradas nos.

Erste deutsche Übersetzung 1422 (nach Praßl 2000, 46):

Mittels leben wir sein in dem todt: wen suchen wir zu vnserm helffer? Newr dich, herr, der das von vnser sünden wegen gerechticklichen zürnt. Heiliger got, heyliger starcker, heyliger vntötlicher, heyliger vnd parmhertziger behalter, laß vns eins pittern todes nicht verlorn werden.

Erste deutsche Liedversion 1456 (Salzburg; nach Praßl 2000, 47):

En mitten in des lebens czeit /
sein wir mit tod vmfangen /
Wen such mir, der vns hilffe geit /
von dem mir huld erlangen /
wen dich herr alaine /
Der du durich vnser missetat /
rechtlichen czurnen tuest /
Heyliger herre got /
Heyliger starkcher got /
Heyliger parmherczciger hayler /
ebiger got
lazz vns nicht gebalten /
des pittern todes not (1514 *laß vns nit gewalt thun des bittern tods not* - nach Hahn 2004, 71).

Luthers Bearbeitung erscheint zuerst in den „Erfurter Enchiridien", Erfurt 1524, hier ohne Melodie, und im „Geistlichen Gesangbüchlein von Johann

[1] Das Folgende nach Hahn (2004).

Walter", Wittenberg 1524 (Franz 2001, 86; Hahn 2004, 69). Luther musste (in der Vorlage) „nur einige Linien nachziehen, verlängern und verbinden" (Hahn 2004, 71), um eines der gewünschten Lieder, die im Gottesdienst verwendet werden konnten, zu gewinnen. Die rhetorische Frage nach dem gnädigen Helfer in der lateinischen Antiphon und in ihrer Übersetzung erscheint in Luthers Fassung katechismusartig in eine echte Frage und Antwort aufgelöst (Hahn 2004, 71). Die beiden Folgestrophen, die Luther anfügte, nehmen nicht nur Strophenform und Melodie der Eingangsstrophe auf, sondern „formen auch deren Aufbau, Satzgerüst, sogar Wortstellung und Wortlaut nach" (Hahn 2004, 72). Ansgar Franz vermutet, dass für die Verdreifachung des ursprünglichen Liedumfangs das „Trishagion", der dreifache Heilig-Ruf, Form gebend war. Auch das abschließende „Kyrieleison" ist eine bewusste Setzung des Reformators (Franz 2001, 87).

Zum Zweck der textgrammatischen Analyse gebe ich den Text in einer Fassung wieder, die dem Abdruck bei Ansgar Franz (2001, 87) folgt, den Parallelabdruck der Strophen dort aber aufhebt und die Zeilen nach minimalen Texteinheiten anordnet. So stehen den 14 Liedzeilen bei Franz nur neun MTE in einer Strophe gegenüber.

1. *Mytten wir ym leben synd mit dem todt umbfangen.*
2. *Wen suchen wir der hulffe thu, das wir gnad erlangen?*
3. *das byst du herr alleyne.*
4. *Uns reuet unser missethat, die dich herr erzurnet hat.*
5. *Heyliger herre Got*
6. *Heyliger starcker gott*
7. *Heyliger barmhertziger heyland*
8. *du ewyger gott las unns nicht versyncken yn des pittern todes nott*
9. *Kyrieleyson*

1. *Mitten yn dem tod anfycht uns der hellen rachen.*
2. *Wer will uns aus solcher not frey und ledig machen?*
3. *das thustu herr alleyne.*
4. *Es yamert deyn barmhetzigkeyt unser klag und grosses leyd.*
5. *Heyliger herre Got*
6. *Heyliger starcker gott*
7. *Heyliger barmhertziger heyland*
8. *du ewyger gott, laß uns nicht vertzagen fur der tieffen hellen glutt.*
9. *Kyrieleyson*

1. *Mitten in der hellen angst unser sund uns treiben.*
2. *Wo soln wir den flihen hyn, da wir mugen bleiben?*
3. *Zu dir, herr Christ, alleyne.*
4. *Vergossen ist dein teures blut, das gnug fur die sunden thut.*
5. *Heyliger herre Got*
6. *Heyliger starcker gott*
7. *Heyliger barmhertziger heyland*
8. *du ewyger gott, laß uns nicht entfallen von des rechten glaubens trost*
9. *Kyrieleyson*

3. Kohärenz im Lied

3.1 Kohärenz innerhalb der Strophen

Wenden wir uns zuerst der Analyse der ersten von Luther neu formulierten, traditionell einzigen Strophe von „Mitten wir im Leben sind" zu. Die Minimalen Texteinheiten sind einfache Sätze (MTE 3, 8), Satzreihen (MTE 1, 2, 4) und Setzungen (MTE 5, 6, 7). Das schließende „Kyrieleyson" ist hinsichtlich seiner syntaktischen Beurteilung ein Grenzfall: Übersetzt handelt es sich um einen einfachen Satz (*Herr erbarme dich!*); es soll hier aber auch im Hinblick auf seine Funktion als Marker des Liedschlusses wie bei den Leisen (Praßl 2000, 58-62) als Setzung gelten. Die MTE 5-7 dürfen nicht nur wegen ihres Zitatcharakters (Übersetzung des aus der Karfreitagsliturgie stammenden Trishagions) als Subtext gelten, sondern sie fallen auch wegen der fehlenden DU-Deiktika aus dem kommunikativen Rahmen der Strophe.

Die Analyse erfolgt, nachdem die Minimalen Texteinheiten festliegen, auf folgendem Weg. Es wird transphrastisch eruiert, durch welche textgrammatischen Mittel die einzelnen MTE aufeinander bezogen bzw. beziehbar sind. Die Ergebnisse fasse ich, gegliedert nach den oben in Kapitel 1 erläuterten Kategorien, zusammen.

Erstens: Die MTE 1 und 2 sind durch Endreim verbunden (*umbfangen - erlangen*), ebenso die MTE 5, 6 und 8 (*Got - gott - nott*).

Zweitens: Die Repetition der Deiktika *wir* (MTE 1 und 2) und *du* (MTE 3 und 8) ist von größerer Wichtigkeit auf der Ebene der simulierten Kommunikation.

Drittens: Synsemantische Pro-Formen werden auffällig wenige eingesetzt, was man als Indiz für eine unepische Textverdichtung werten kann. Und wenn sie in der Strophe verwendet werden, handelt es sich um eine außergewöhnliche Verwendung. Als „Pro-Satz" fungiert *das* (MTE 3), das die Satzstrecke *der hulffe thu, das wir gnad erlangen* (MTE 2) wiederaufnimmt. Kataphorisch (nicht nach links im Text zurück, sondern nach rechts voraus) verweist das Fragepronomen *Wen* (MTE 2), das den Ausdruck *du herr alleyne* (MTE 3) vorwegnimmt. - Eine Koreferenzkette (besser: ein Koreferenzstrang) entsteht aber nicht auf diese Weise, sondern durch die mehrfache transphrastische Referenz auf die Sendergruppe WIR mit den Deiktika *wir, Uns, unser, unns* (MTE 1, 2, 4, 8) einerseits und den Adressaten GOTT mit den attribuierten Deiktika *du herr alleyne, dich herr, du ewiger gott* (MTE 3, 4, 8) andererseits. - Existentiell begründete Kontiguität sehe ich in der Kette *todt - hulffe/gnad - pittern todes nott* (MTE 1, 2, 8).

Viertens: Eine Isotopie-Ebene, die durch die Gottesprädikation konstituiert und durch attributive Adjektive, Prädikate und Substantive ausgedrückt wird, bilden: *hulffe thu, gnad, herr, erzurnet, Heylig, strack, barmhertzig, ewig* (MTE 2-8). Die von Gerhard Hahn (2004, 69) festgestellte „bildhaft emotionale Eindringlichkeit" kann auch an der durch die meisten Prädikate gebildeten Isotopie-Ebene textgrammatisch nachgewiesen werden: *synd … umbfangen* (MTE 1) und *versynncken* (MTE 8) bilden eine Klammer; *reuet* (MTE 4), *erzurnet hat* (MTE 4) stehen paarig in derselben MTE.

Die Analyse erlaubt es nun, die Dramaturgie der Strophe zu verdeutlichen. Rein quantitativ stehen die durch den Koreferenzstrang WIR - DU GOTT ausgedrückte simulierte Kommunikationssituation und die Isotopie ‚Eigenschaften Gottes' im Vordergrund; sie sind die wichtigsten Träger der Kohärenz. Dass ein Sprecher oder eine Sprechergruppe zu Gott spricht, ist die Grundkonstellation der Textsorte Gebet. Der Gebets- und Liedtext setzt damit ein, dass eine Sprechergruppe WIR (die Gottesdiensteilnehmer, die das Lied singen) die „Erfahrung der bedrohlichen Situation" (Hahn 2004, 72) zum Ausdruck bringt (MTE 1 und 8) und damit im zweiten Schritt GOTT fragend und bittend um Hilfe angeht (MTE 2, 3 und 8), nachdem sie sich die eigene Schuld eingestanden hat (MTE 4). Dieser Ablauf wird durch die eingeschobenen prädizierenden Gottesanrufungen des Subtextes aus der Karfreitagsliturgie (MTE 5-8) geradezu dramatisch intensiviert. Durch das gewohnte Kyrieleyson kommt das Gebet ausklingend zur Ruhe.

3.2 Strophe-Strophe-Kohärenz

Es wäre interessant, auch die von Luther selbst verfassten Strophen 2 und 3 ebenso detailliert zu analysieren wie die Eingangsstrophe. Wesentlich neue Erkenntnisse zur Textgrammatik wären nicht zu gewinnen. Zum Beispiel verwendet Luther in Str. 2 das Pro-Adjektiv *solcher* (MTE 2), das koreferenziell die ganze MTE 1 aufnimmt. In ähnlicher Weise fungiert *thustu* (Str. 2, MTE 3) als Pro-Verb, das die Infinitivphrase *frey und ledig machen* (Str. 2, MTE 2) aufnimmt. Lexikalische Repetition findet man in Strophe 3 *unser sund* (MTE 1) und *fur die sunden* (MTE 4), was dem Begriff ‚Sünde' eine besondere Stellung einräumt. Ferner erkennen wir eine Rahmen bildende Kontiguität (mit Teilrepetition): *der hellen rachen* (Str. 2, MTE 1) und *fur der … hellen glutt* (MTE 8) sowie die Kontiguität *aus solcher not* (Str. 2, MTE 2) und *klag und … leyd* (MTE 4) und die heterosyntaktische Kontiguität *angst* (Str. 3, MTE 1), *flihen* (MTE 2), *trost* (MTE 8). Aus der Kontiguität *angst/flihen* entwickelt sich gleichsam die Isotopie ‚Bewegung': *treiben* (MTE 1), *flihen* mit dem Antonym *bleiben* (MTE 2), und *entfallen* (MTE 8). Sie steht in lockerer Beziehung zu dem Infinitiv *frey und ledig machen* (Str. 2, MTE 2).

Dass bei der Analyse der Einzelstrophen keine wesentlich neuen Erkenntnisse zu textgrammatischen Strukturen zu gewinnen sind, hängt mit der „perfekten Parallelität, in der die beiden ‚neuen' Strophen zu der alten ‚ersten' gesetzt sind" (Franz 2001, 87) zusammen. Auch Gerhard Hahn (2004, 72), den ich oben bereits zitierte, geht in diese Richtung. Es sind erste Beobachtungen, die uns helfen, die Kohärenz unter den drei Strophen untereinander zu verstehen. Nun geht es nicht mehr darum, die Minimalen Texteinheiten als Basen der Kohärenzbeschreibung zu erfassen, sondern die um einiges komplexeren Teiltexte, die in Liedern Strophen genannt werden.

Die Kohärenz der Strophen untereinander wird zunächst wesentlich durch Strukturrekurrenz geschaffen. Abgesehen von der durch Rhythmus und Reimschema vorgegebenen Identität der Strophen wird die Rekurrenz syntaktischer Strukturen noch gestützt und geschärft durch Repetitionen. Die MTE 1 in jeder Strophe werden jeweils durch die Präposition *Mitten yn* eingeleitet. Die MTE 2 ist jeweils ein Fragesatz, der mit einem *w*-Fragewort beginnt. Die MTE 3 ist jeweils die Antwort auf die Frage der MTE 2, mit nahezu identischer lexikalischer Repetition *das/das, du/-tu/dir herr alleyne*; die Inhalte der Prädikate der MTE 3 werden aber über das Pro-Verb *thun* (Str. 2, MTE 3) bis zum Schwund des Prädikats immer schwächer; Str. 3, MTE 3 ist eine Ellipse. Die MTE 5-7 (das Dreimal-Heilig) sind in allen Strophen identisch. Ausgerechnet der Subtext erweist sich damit durch seine refrainartige Wiederholung als hoher Kohärenzträger. Die MTE 8 ist ein nach dem Muster *las/laß unns/uns nicht* + Infinitiv + vom Infinitiv abhängige Präpositionalgruppe gebildeter Satz.

Auf eine außergewöhnliche, die Strophen verbindende, mehrfache und theologisch begründete Kontiguität hat Gerhard Hahn (2004, 72) durchaus im Sinne der Textgrammatik schon aufmerksam gemacht. Er spricht von der „sinntragenden Kette" *leben* (Str. 1, MTE 1) - *tod* (Str. 1, MTE 1; Str. 1, MTE 8; Str. 2, MTE 1) - *helle* (Str. 2, MTE 1; Str. 2, MTE 8; Str. 3, MTE 1) - *sunde* (Str. 3, MTE 1, 4) - *glaube* (Str. 3, 8). Nur in Strophe 2 wird auch die Isotopie ‚Emotion', die wir aus der Analyse von Strophe 1 kennen, mit den Verben *yamert* (Str. 2, MTE 4) und *vertzagen* (Str. 2, MTE 8) fortgesetzt und eine Teilkohärenz bewirkt.

4. Luthers Sprachgewalt

Die viel gerühmte Sprachgewalt Luthers lässt sich auch mit den Mitteln der Textgrammatik allein an diesem geistlichen Lied, einem Mosaiksteinchen seines sprachlichen Schaffens in deutscher Sprache, zeigen. Abgesehen von einer sprachlichen Glättung des überkommenen Textes (s. o.) nimmt Luther die Struktur des Liedes auf und ergänzt sie behutsam nur um das Kyrieleyson. Die Grundstruktur eines Gebetes, in das die dreimalige Preisung Gottes eingeschoben wird, bleibt erhalten, oder textgrammatisch ausgedrückt, die simulierte Kommunikationssituation wird das sprachliche und inhaltliche Gerüst oder Muster, nach dem die beiden anderen Strophen streng geformt werden. Es gelingt Luther einerseits auch, durch die Parallelismen in den drei Strophen sowie durch die Wiederholung des Dreimal-Heilig und des Kyrieleyson, die gleichsam Ruhezonen in der emotionalen Dramaturgie des Liedes bilden, die Rezeption des ganzen Liedtextes durch die Singenden zu erleichtern. Andererseits intensiviert er durch ein Geflecht von rasch wechselnden und weit über den Text der Strophe gespannten Kontiguitäten sowie durch Isotopien die bedrohliche Ausgangssituation von

Strophe zu Strophe, entschärft aber durch die in allen Strophen gleich bleibende Isotopie der Gottesprädikation die bedrohliche Situation wieder. Fassen wir den dominanten Koreferenzstrang WIR - DU GOTT und die dominante Isotopieebene der Gottesprädikation zusammen, dann können wir die kommunikative Funktion des Liedes als Gebet und das Thema als Preis Gottes bestimmen. Und genau dies fasst Luther in dem Wort *Lobsanck*, das er als Überschrift über das Lied setzen lässt, zusammen.

5. Literatur

Franz, Ansgar (2001): „Mitten wir im Leben sind". In: Becker, Hansjakob u. a. [Hrsg.]: Geistliches Wunderhorn. Große deutsche Kirchenlieder. München, 84-95.

Greule, Albrecht (1992): Über den Beitrag der Sprachwissenschaft zur Kirchenliedforschung. Drei mögliche Zugriffe. In: Zeitschrift für deutsche Philologie 111, 65-77.

Greule, Albrecht (1997): Zur Diachronie der Textgrammatik am Beispiel von Bibelübersetzungen. In: Glaser, Elvira/Schlaefer, Michael [Hrsg.]: Grammatica Ianua Artium. Festschrift für Rolf Bergmann zum 60. Geburtstag. Heidelberg, 287-300.

Hahn, Gerhard (2004): „Mitten wir im Leben sind". In: Hahn, Gerhard/Henkys, Jürgen [Hrsg.]: Liederkunde zum Evangelischen Gesangbuch, Heft 9. Göttingen, 69-75.

Praßl, Franz Karl (2000): Das Mittelalter. In: Möller, Christian [Hrsg.]: Kirchenlied und Gesangbuch. Quellen und ihre Geschichte. Ein hymnologisches Arbeitsbuch. Tübingen/Basel, 29-68.

Textstruktur und Texttradition

Paul Gerhardts geistliches Lied „O Haupt voll Blut und Wunden“

Einleitung[1]

Paul Gerhardts 400. Geburtstag wird nicht nur im Fernsehen durch Sondersendungen oder durch die Sonderprägung einer CD-ROM mit seinen Liedern gewürdigt; auch die katholische SonntagsZeitung (10./11.03.2007, S. 6 f.) widmet diesem Ereignis einen zweiseitigen, sechsspaltigen Artikel, der überschrieben ist mit „Eindringliche Gebetssprache“. Zur Illustration werden zwei Strophen des Liedes „O Haupt voll Blut und Wunden“ in der Fassung des „Gotteslobes“ separat abgedruckt und mit der Bemerkung versehen, dass vielen gar nicht bewusst sei, dass der Autor von „O Haupt voll Blut und Wunden“ „ein frommer und zugleich streitbarer lutherischer Theologe war“.

Ich halte dies für einen bemerkenswerten Vorgang, der beweist, dass wir in den Liedtexten Paul Gerhardts eine ökumenische Gebetssprache vor uns haben, die auch die Sprachwissenschaft als kostbaren Schatz deutscher Sprachkultur zu deuten und zu würdigen hat.

Ich möchte in diesem Zusammenhang Hermann Kurzke zitieren, der jüngst in einem Kommentar zu einem ganz anderen geistlichen Lied in beredten Worten von seiner persönlichen Betroffenheit ausgeht, die das von ihm analysierte Lied in seiner Jugendzeit in ihm auslöste (Kurzke 2007, 439). Mir geht und ging es mit „O Haupt voll Blut und Wunden“ ein ganzes Leben lang so. Dass wir, unabhängig von der persönlichen Betroffenheit, in diesem Liedtext das möglicherweise beeindruckendste Werk Paul Gerhardts besitzen, schließe ich auch aus der Tatsache, dass in der berühmten Anthologie von Echtermeyer-Wiese (1960) von drei dort zitierten Gedichten von Paul Gerhardt nur „O Haupt voll Blut und Wunden“ ungekürzt abgedruckt ist

1. Sprachwissenschaft und geistliches Lied

Lassen Sie mich zuerst, bevor ich dazu übergehe, „O Haupt voll Blut und Wunden“ als ein Zeugnis deutscher Sprachkultur zu erweisen, etwas ausholen und kurz über die Ziele und Wege der interdisziplinären Erforschung der Kirchenlieder reflektieren und über die Rolle, die der Sprachwissenschaft dabei zufällt, nachdenken. Ich sehe zunächst drei methodische Zugrif-

[1] Für die Durchsicht des Manuskripts und wertvolle Hinweise danke ich meiner Mitarbeiterin Christine Brau B.A.

fe: (1) Die Sprachwissenschaft kann dazu beitragen, den Text eines Liedes verständlich zu machen; (2) Die Sprachwissenschaft kann durch ihren historischen Zugriff sprachgeschichtliche Entwicklungen im Verlauf der Tradition eines Liedes nachzeichnen; (3) Die Sprachwissenschaft kann sprachkritisch einen Liedtext beurteilen; dies wird weniger bei Texten einer langen Tradition als beim so genannten „Neuen Geistlichen Lied" notwendig sein (Greule 1992).

Als vierten Punkt würde ich, geradezu in positiver Wendung der Liedkritik sagen, dass die Sprachwissenschaft auch in der Lage sein muss, ein Kirchenlied als sprachkulturelles Zeugnis herauszustellen, wie es im Folgenden geschehen soll. Dass diese Idee gerade im Zusammenhang mit einem von Ulla Fix veranstalteten Symposium aufsteigt, kommt nicht von Ungefähr; denn die geschätzte Kollegin hat die ästhetische Komponente in die Sprachkulturdiskussion eingebracht (Fix 1986).

2. „O Haupt voll Blut und Wunden" - ein Zeugnis deutscher Sprachkultur

Ich muss es mir versagen, auf den in den letzten Jahrzehnten ausführlich geführten Diskurs zur Frage, was Sprachkultur sei, einzugehen. Ich verwende hier den einfachen Begriff, den Nina Janich (2004) „Sprachkultur im engeren Sinn" nennen würde. Das heißt: Ich beziehe ihn auf einen lyrischen Text, also auf eine Form des deutschen Sprachgebrauchs im 17. Jahrhundert. Aus der Sprachkultur des Textes könnte dann - wiederum im Sinne Janichs - auf die „Sprachkultiviertheit" seines Autors geschlossen werden. Ob der Text ein Zeugnis der Sprachkultur jener Zeit ist, hängt davon ab, wie er die damalige Sprachsituation reflektiert, wie der Autor das kommunikative Ziel sprachlich bewältigt, welchen moralischen Anspruch der Text erhebt und ob die sprachlichen Mittel diesem Anspruch angemessen sind.

3. Zur Philologie des Textes

Zur sprachwissenschaftlichen Erschließung und zur sprachkulturellen Bewertung eines Liedtextes wie „O Haupt voll Blut und Wunden" brauchen wir als Grundlage die Philologie. Hinter dieser Forderung verbirgt sich die Hoffnung, aus der Textgeschichte Rückschlüsse auf die „Praxis" des Textes, um nicht zu sagen, auf seinen „Sitz im Leben" zu schließen.

Die nach meinen Recherchen bislang einzige historisch-kritische Ausgabe der geistlichen Lieder Paul Gerhardts ist jene von F. J. Bachmann, die bereits 1866 in Berlin verlegt wurde. Aus ihr ergibt sich, dass sich „O Haupt voll Blut und Wunden" zuerst in einem Buch mit dem Titel „Praxis pietatis melica" (etwa = ‚Süße Praxis der Frömmigkeit') findet. Der volle Titel des Buches lautet: „Übung der Gottseligkeit in Christlichen und trostreichen Gesängen etc. Von Johann Crüger, Gedruckt zu Frankfurt (a. M.), bey Caspar Röteln Anno 1656." Elke Axmacher gibt neuerdings an, dass der Text unseres Liedes bereits um 1653 „im Zusammenhang mit der Übertragung der 7 Passions-Salve-Dichtungen" entstanden sei (Axmacher/Schneider 2004, 40).

Bei Johann Crügers „Praxis pietatis melica" handelt es sich um ein Gesangbuch, und nach Bachmann unterliegt es „kaum einem Zweifel, dass Johann Crüger die Lieder P. Gerhardts, die er in die Gesangbücher aufnahm, von dem Dichter selbst handschriftlich empfangen [hat]" (Bachmann 1866, 4). Crüger war seit 1622 nämlich Kantor und Organist an St. Nicolai zu Berlin, an derselben Kirche also, an welcher Paul Gerhardt ab 1657 als Geistlicher wirkte (Bachmann 1866, 4).

Erst 1667 bringt dann Johann Georg Ebeling, der Nachfolger Johann Crügers im Amt des Musikdirektors zu St. Nicolai, eine Gesamtausgabe von 120 Liedern Paul Gerhardts heraus. Angeblich hat Ebeling zunächst zu seiner eigenen „Hausandacht" das Passions-Salve Paul Gerhardts mit neuen Melodien versehen (Bachmann 1866, 14). Bereits in der „Praxis pietatis melica" von 1656 hat aber Johann Crüger das Lied mit der heute noch üblichen Melodie von Hans Leo Haslers Komposition „Mein Gmüth ist mir verwirret" verbunden (Axmacher/Schneider 2004, 49).

In der „Praxis pietatis melica" trägt der Liedtext die Überschrift:

An das leydende Angesicht Jesu Christi

Was gewinnen wir aus all den wenigen Beobachtungen zur Frage nach dem „Sitz (des Liedtextes) im Leben"? Zunächst können wir wohl annehmen, dass es sich um eine noch nicht für die liturgische Praxis bestimmte Dichtung Paul Gerhardts handelte; denn Marlies Lehnertz gibt zu bedenken, dass „im Barock das auf dem Kreuz oder Schweißtuch abgebildete Haupt Christi ein bevorzugtes Motiv religiöser Dichtung (wurde)" und meint, dass der Impuls auf den protestantischen Dichter der Barockzeit von der kontemplativ-mystischen Frömmigkeit des Mittelalters in Gestalt des Hymnus „Salve caput cruentatum" ausging (Lehnertz 1983, 756). Auch Waldtraut Ingeborg Sauer-Geppert spricht mit Bezug auf „O Haupt voll Blut und Wunden" von „betrachtender Passionsfrömmigkeit" (Sauer-Geppert 1984, 212) und meint, dass Gerhardt ein Bild vor sich sieht: „das Haupt des Gekreuzigten" (Sauer-Geppert 1984, 216).

In dem Moment, wo die Dichtung Paul Gerhardts mit einer Melodie verbunden wird, tritt – so nehme ich an – der Text als gesungener Text aus der Sphäre privater kontemplativ-mystischer Passionsfrömmigkeit in die liturgische Realität des Gemeindegottesdienstes ein. Ich bin zu wenig in der Geschichte der liturgischen Praxis bewandert, um genau sagen zu können, wann im Kirchenjahr und wo in der Liturgie das Lied seinen Platz hatte. Dennoch dürfte die Annahme nicht allzu kühn sein, dass es im lutherischen Passionsgottesdienst seinen bevorzugten Platz hat. Dies beweist auch die Stellung des Chorals in der Matthäuspassion Johann Sebastians Bachs. Aus der hohen Qualität des Textes und seiner Bezogenheit auf die Melodie ist es zu erklären, dass „O Haupt voll Blut und Wunden“ zu dem - auch ökumenischen - Passionslied schlechthin geworden ist und auch aus der katholischen Karfreitagsliturgie nicht wegzudenken ist.

4. Der Text und Forschungen zum Text

J. F. Bachmann druckte in seiner Ausgabe den Text unseres Liedes nach der „Praxis pietatis melica“ von 1656 in folgender Gestalt (Bachmann 1866, 158 f.). Mit dieser Textgrundlage unterscheiden wir uns von anderen Interpreten/innen, z. B. von Marlies Lehnertz (1983, 758-760), die den Text nach der Gesamtausgabe von Ebeling von 1667 präsentieren.

Wir wollen uns im Folgenden ganz auf den Text konzentrieren und keine musikalisch-hymnologischen Schlüsse ziehen, die dem Sprachwissenschaftler nicht zustehen. Diese Entscheidung fällt mir auch dadurch leicht, dass Matthias Schneider neuerdings eine Geschichte der Melodie bis in die Gegenwart vorlegt und die geistliche Kontrafaktur bei Gerhardts Text für gelungen hält (Axmacher/Schneider 2004, 49-52).

Mit der reinen Textbetrachtung, bei der es uns auch um den Nachweis eines Kunstwerks deutscher Sprachkultur des 17. Jahrhunderts geht, folgen wir zunächst der Methode der neueren Forschung zu Paul Gerhardts Lied: Unter den neueren Arbeiten, die sich mit „O Haupt voll Blut und Wunden“ allein unter philologisch-textologischem Aspekt auseinandersetzen, greife ich die vier heraus, die mir am wichtigsten erscheinen. Es sind dies: die grundlegende Arbeit von Waldtraut Ingeborg Sauer-Geppert (1984) zu Sprache und Frömmigkeit im deutschen Kirchenlied; dann der Aufsatz von Marlies Lehnertz, der zwar schon 1983 im Druck erschienen ist, aber auf den Ausführungen von Sauer-Geppert fußt; ferner die Auseinandersetzung von Ansgar Franz, die im Jahre 2001 aus der Mainzer Schule hervorgegangen ist, und schließlich die Behandlung des Liedes durch Elke Axmacher in der Liederkunde zum Evangelischen Gesangbuch (Axmacher/Schneider 2004).

Gleichzeitig kann ich an den genannten Autoren verdeutlichen, in welcher Weise die hymnologische Forschung auf die Sprache der Kirchenlieder eingeht. Sowohl Sauer-Geppert als auch Lehnertz als auch Franz gewinnen Erkenntnisse über den Liedtext aus dem Textvergleich. Eine beliebte Methode der Hymnologie ist es, den Text eines Kirchenliedes mit seinen Vorgängertexten und den nachfolgenden Fassungen zu vergleichen. Ich bestreite nicht, dass wir aus dem Vergleich des lateinischen „Salve caput cruentatum“ mit dem Text von „O Haupt voll Blut und Wunden“ und ebenso aus den Änderungen des Gerhardtschen Textes im Verlauf der Rezeption[2] Einsichten in das sprachgestalterische Genie Paul Gerhardts gewinnen können; aber der rückwärts und vorwärts gewandte Textvergleich ist nicht der einzige und alleinige Weg.

---

2 Zur Rezeptionsgeschichte vgl. Sauer-Geppert (1984), 222-239.

Mit der reinen Textbezogenheit konstituierte Waldtraut Ingeborg Sauer-Geppert jedenfalls eine Methode – und verdeutlichte diese exemplarisch an Gerhardts „O Haupt voll Blut und Wunden" –, der bis auf Elke Axmacher (2004) alle weiteren folgenden Arbeiten zu diesem Lied folgen: Es geht dabei um das Verhältnis des Textes von Paul Gerhardt zu dem seiner Vorlage, nämlich dem „Salve caput cruentatum".

Ich rufe in Erinnerung: In der Gesamtausgabe von Ebeling ist „O Haupt voll Blut und Wunden" der letzte Hymnus in Gerhardts siebenteiligem Zyklus „Passions=Salve des hl. Bernhardi / an die Gliedmassen des Herrn Jesu" (P. Gerhardt, Geistliche Andachten 1667)[3]. Als Vorlage von Gerhardts Dichtung gilt – sowohl hier als auch in der Edition von Bachmann – der lateinische Hymnus „Salve caput cruentatum", der letzte („Ad faciem") von einzelnen Hymnen, in denen die verwundeten Glieder des Gekreuzigten betrachtet und verehrt werden. Die Forschung ist sich heute einig, dass der Verfasser des Hymnus nicht, wie ursprünglich angenommen, Bernhard von Clairvaux war, sondern der Abt der Zisterzienserabtei von Villers, Arnulf von Löwen, und dass die Dichtung in der Mitte des 13. Jh. entstand (Lehnertz 1983, 755 f.).

„O Haupt voll Blut und Wunden" wird von Sauer-Geppert als typisches Beispiel für die Verarbeitung mittelalterlicher Frömmigkeit im Kirchenlied angesehen (Sauer-Geppert 1984, 213). Sie vergleicht Strophe für Strophe des lateinischen Textes mit P. Gerhardts deutschem Text. Stellenweise tauchen auch Fragen auf, bei deren Klärung auch der Sprachwissenschaftler mitzureden hätte, vgl. ihre Überlegungen zu dem auffälligen Ausdruck „das grosse Welt=Gewichte" (s. u.) in der zweiten Strophe. Insgesamt konstatiert sie, dass Paul Gerhardt auch sprachlich stilistisch mehr biete als eine bloße Übertragung, und begnügt sich mit einem Hinweis auf „die zahlreichen Zwillingsformeln"(Sauer-Geppert 1984, 222). Dennoch bewerte ich ihr zusammenfassendes Urteil, dass Paul Gerhardt „ein deutsches Lied von vollendeter künstlerischer Gestalt und Geschlossenheit geschaffen" habe, als eine erste sprachkulturelle Einschätzung des Textes, die es weiter zu verfolgen gilt.

Marlies Lehnertz (1983) geht es vorzüglich darum, am Text nachzuweisen, dass sich Paul Gerhardt eng an die lateinische Vorlage hält, ohne sich an einzelne Gedanken und Motive zu binden. Angeblich ist Gerhardt bezüglich extremer Gefühlsäußerungen zurückhaltend und „lässt im ganzen eine natürliche, ausgewogene, zugleich herzliche und warme Atmosphäre vorherrschen" und es fällt auf, dass „er die Regeln barockzeitlicher Poetik und Rhetorik meisterhaft beherrscht" (Lehnertz 1983, 771 f.). „O Haupt voll Blut und Wunden" als ein Zeugnis barocker Regelpoetik hinzustellen ist allerdings zu wenig, um den Text als ein herausragendes Zeugnis der Sprachkultur zu erweisen.

---

3 Zu der Passions-Salve vgl. Grosse (2001), 240-274.

Auch Ansgar Franz analysiert den Gerhardtschen Text in der Auseinandersetzung mit dem mittelalterlichen Hymnus, geht darüber hinaus auf die Frage der konfessionellen Zuordnung ein und fragt: „evangelisch oder katholisch?" (Franz 2001, 289). Er kommt zu dem Ergebnis, dass der Unterschied zwischen dem Hymnus Arnulfs von Löwen und dem Lied Paul Gerhardts nicht durch konfessionelle, sondern durch kulturelle und frömmigkeitsgeschichtliche Paradigmen zu beschreiben sei: Im barocken Lied geht es um den Glauben, im mittelalterlichen Hymnus um die Liebe (Franz 2001, 290).

Aufgrund der hier kurz skizzierten Untersuchungen kann Elke Axmacher auf einen Vergleich des evangelischen Kirchenliedes mit dem katholischen Hymnus hinsichtlich der sprachlichen und dichterischen Gestaltung sowie hinsichtlich der religiösen Haltung verzichten (Axmacher/Schneider, 42). Ihr geht es ganz im Sinne des hier verfolgten Zieles darum, „das Lied als eigenständiges Gebilde" zu interpretieren (Axmacher/Schneider 2004, 43). Sie schlägt damit einen Weg ein, auf dem ihr unsere sprachwissenschaftlich orientierte Analyse über weite Strecken folgen kann.

5. „Die Kraft der Wörter"[4]

Wenn wir uns der sprachkulturellen Leistung Paul Gerhardts annähern wollen, ist es zuerst wichtig, den Liedtext in die sprachgeschichtliche Situation der Zeit seines Entstehens einzuordnen: „O Haupt voll Blut und Wunden" lag 1656 fertig und gedruckt vor. Das heißt, dass der Dichter den Liedtext bald nach dem Ende des Dreißigjährigen Krieges, wohl auch noch unter dem Eindruck der Schrecken dieser Zeit verfasst haben muss. Zu dieser sprachhistorischen Fragestellung ist von der Forschung bislang, soweit ich sehe, nichts beigetragen worden.

Die Sprachgeschichten behandeln das 17. Jahrhundert vorzüglich unter der Überschrift „Die Verteidigung der Sprache" (so Wells 1990, 283), gemeint ist die „Verteidigung" der deutschen Sprache durch die Puristen, oder unter der Überschrift „Literatursprache des Barock" (so Blume 1980). Um Paul Gerhardts Sprachkunst ganz genau einschätzen zu können, muss aber bedacht werden, dass wir uns zu seiner Zeit erst auf dem Weg zu einer einheitlichen deutschen Schriftsprache (im Sinne von Werner Besch) befinden. Es gab also noch keine orthographisch, orthophonisch und grammatisch überregional geregelte Literatursprache. Vielmehr war das deutsche Sprachgebiet um die Mitte des 17. Jahrhunderts mindestens in vier Schriftdialektbereiche und in zwei konfessionell unterschiedliche Blöcke aufgegliedert, um nicht zu sagen „gespalten" (Blume 1980, 720). Die Sprache der protestantischen Territorien Ost- und Norddeutschlands war wesentlich durch Luthers Bibelübersetzung und das Wirken der Sprachgesellschaften bestimmt. Die hier praktizierten Sprachnormen folgten ungefähr dem Sprachpro-

---

4 Fix (2006).

gramm der Fruchtbringenden Gesellschaft und sie richteten sich nach den Normen der Gattungspoetik (Blume 1980, 720); das gilt vor allem für den Purismus im lexikalischen Bereich. Deshalb wird das protestantische Kirchenlied von der barocken Tendenz zu übertriebenem Schmuck der Rede kaum erfasst (Blume 1980, 720).

Mit anderen Worten: Paul Gerhardt trägt mit seinen Dichtungen zur Sprachkultur einer schwierigen Periode deutscher Sprachgeschichte dadurch bei, dass er aus seinem ästhetischen Empfinden und Sprachgefühl Wörter wählt und Bilder prägt, wie sie vermutlich bis dahin noch nie gehört, gelesen oder gar im Gottesdienst gesungen worden waren.

Fünf in der Forschungsliteratur immer wieder diskutierte Fallbeispiele aus der Lexik des Liedes will ich kurz kommentieren.

1. Es fällt auf, dass Gerhardt in der ersten Strophe drei Mal das Wort *Häupt* verwendet, eine Wortform, die in der Tradition des Liedes schon 1667 getilgt und durch die uns geläufige Form *Haupt* ersetzt wurde. Für den Sprachhistoriker ist dieses Phänomen interessant, aber nicht unerklärlich. Wir befinden uns, wie gesagt, erst in der Phase der Festigung einer einheitlichen lexikalischen Norm des Deutschen. Gerhardt verwendet die umgelautete, typisch mitteldeutsche Form (so auch *gelöuben, töufen*) für den zentralen Begriff, scheint also keine ästhetischen Bedenken gegen die umgelautete Wortform gehabt zu haben. Vielleicht setzte er die umgelautete Form ja auch ein, um phonästhetisch die Entstellung des Hauptes Jesu zu versinnbildlichen.

2. Ungewöhnlich ist auch die Verwendung des Partizips *schimpfiret* im Reim zu *gezieret*. Paul Gerhardt belebt damit einen Archaismus, der als *schumphieren* bereits im Mittelhochdeutschen belegt ist und dort aus französisch *esconfire* entlehnt wurde; *esconfire* kann auch ‚des Ansehens berauben' bedeuten. Dürfen wir annehmen, dass Gerhardt diese Bedeutung noch kannte, dann bekommt diese seine Wortwahl eine besondere Qualität.

3. Bei dem Kompositum *Weltgewichte* (Str. 2, Z. 3) sind es die Bildung und der Inhalt, die der Forschung Rätsel aufgegeben hat (vgl. Sauer-Geppert 1984, 217, Anm. 243). Man hat den Eindruck, dass ein Ad-hoc-Kompositum, eine von Gerhardt für diese Stelle geschaffene Bildung, vorliegt, was ungewöhnlich wäre. Elke Axmacher (Axmacher/Schneider 2004, 45) erinnert zur Erklärung an den Propheten Nahum, wo es (Kap. 1, Vers 5) heißt, „Berge beben vor ihm, und Hügel geraten ins Wanken". Dieser Bezug würde den Sinn der Fügung *das große Weltgewichte* so erschließen, dass das gesamte Gewicht der Welt vor der Allmacht Gottes ins Wanken gerät.

4. Die auf den ersten Blick schwierige syntaktische Konstruktion in Strophe 7: *Wann ich in deinem Leiden, / Mein Heil, mich finden soll.* findet durch die theologische Erklärung von Sauer-Geppert (1984, 218-220) ihre Erklärung: „Mein Heil" ist parenthetisch in den Satz eingeschobene Anrede, so dass die

erste Hälfte der Strophe wie folgt zu verstehen ist: Es dient meinem Wohl, denn immer, wenn ich dein Leiden betrachte, finde ich mich selbst.

Der Schlusssatz des ganzen Liedes *Wer so stirbt, der stirbt wohl* soll nach Bachmann (1866, 159, Anm. 11) eine Reminiszenz an Martin Luther sein, der nach dem Begräbnis seiner Tochter Magdalene gesagt haben soll: „O, wer so stirbt, der stirbt wohl“. Das Einflechten eines angeblichen Luther-Dictums am Schluss scheint mir der hohen Qualität des Liedes und der Sprachkraft seines Dichters allerdings unangemessen. Elke Axmacher (2004, 49) sieht darin eine Sentenz, die alttestamentlichen Weisheitssätzen vergleichbar ist, was ich für richtig halte.

6. Syntax

Strophe und Zeile geben - anders als in der Prosa - dem Satzbau ein rhythmisch geformtes Gerüst vor. Die Strophen unseres Liedes weisen acht kreuzgereimte, dreihebige Zeilen auf (Franz 2001, 282). Werfen wir einmal Strophe für Strophe einen Blick darauf, wie Gerhardt den rhythmisch vorgegebenen Rahmen syntaktisch füllt, dann tritt Erstaunliches zu Tage. Ich verbinde bei der Analyse die syntaktische Struktur jeweils mit der Aussageabsicht der Sätze.

- Strophe 1 enthält zunächst keine Verbalsätze, sondern 3 Setzungen mit ansteigender Zeilenzahl (2 Zeilen / 2 Zeilen / 3 Zeilen) und endet mit dem einzeiligen schlichten Grußwunsch *Gegrüßet seist du mir*. Die drei Setzungen sind der sprachliche Ausdruck des blanken Entsetzens beim Anblick des gemarterten Hauptes.
- Strophe 2 ist aus drei erweiterten W-Fragesätzen (Wie? Wie? Wer?) konstruiert, die nach Gründen für das gemarterte Antlitz suchen.
- Erst in Strophe 3 kann der Sprecher - im Unterschied zu Strophe 1 - das Entsetzen in 3 vollständigen Aussagesätzen mit abnehmender Zeilenzahl (3 / 2 + 2) fassen.
- Strophe 4 besteht aus 2 Aussagesätzen mit der Funktion der Selbstbeschuldigung und aus zwei Aufforderungssätzen; alle vier Sätze sind symmetrisch auf je zwei Zeilen verteilt.
- Strophe 5 führt die Aufforderungen mit zwei einzeiligen Sätzen fort, um dann in drei zweizeiligen Aussagesätzen auszuklingen.
- Strophe 6 umfasst vier Sätze mit steigender Komplexität (1 Zeile / 1 Zeile / 2 Zeilen / 4 Zeilen); sie ist, abgesehen von einer Aufforderung, vom Versprechen des DU mitzuleiden dominiert.
- Strophe 7 enthält drei Sätze, jetzt mit abnehmender Komplexität (4 Zeilen / 3 Zeilen / 2 Zeilen), die eine Feststellung und zwei Wünsche zum Ausdruck bringen.
- Strophe 8 besteht aus zwei komplexen Sätzen, die die Sprachhandlungen des Dankens und Wünschens verbinden.

- Strophe 9 ist konstruiert aus 3 komplexen, parallel gebauten Sätzen; die steigende Zeilenzahl (2 / 2 / 4) intensiviert die drei Aufforderungen.
- Strophe 10 ist schließlich ausschwingend konstruiert, indem auf einen vierzeiligen komplexen Aufforderungssatz ein dreizeiliger komplexer Versprechenssatz folgt und das Lied mit der bekannten einzeiligen Sentenz endet.

Es bleibt mir nicht die Zeit zu ergründen, ob sich hinter diesen syntaktischen Rhythmen und Parallelismen eine Zahlensymbolik verbirgt. Ich werfe die Frage lediglich auf und stelle fest, dass es weder rhythmische noch syntaktische Dissonanzen gibt, also zum Beispiel keine Enjambements, wohl aber, wie schon gesagt, seltene parenthetische Unterbrechungen der Satzstrukturen durch Apostrophen (Anrufungen) wie *o mein Erbarmer* (Str. 4, 7).

7. Die textgrammatische Perspektive

Versuchen wir, bevor wir uns – abschließend – den textgrammatischen Strukturen zuwenden, die Architektur des Liedes zu durchschauen. Wie ich noch mit pragmatisch-semantischen Argumenten zeigen werde, ist „O Haupt voll Blut und Wunden" eine Zentralkonstruktion, die sich bei vertikaler Betrachtung wie folgt ergibt: ein Block aus drei Strophen, danach ein zweiter Block aus vier Strophen – und ein dritter Block wiederum aus drei Strophen. Dreht man diese vertikale Abfolge in die Horizontale:

3 Strophen – 4 Strophen – 3 Strophen,

dann ähnelt die Struktur der Struktur eines Flügelaltars oder auch der Sonatenstruktur (A-B-A)! Nur nebenbei sei erwähnt, dass diese symbolträchtige Grundstruktur des Liedes zerstört wird, wenn – wie öfter geschehen – Strophen herausgebrochen werden.

Der gesamte Text ist, rein äußerlich betrachtet, ein aus zehn gleich gebauten, parataktisch aufeinander bezogenen Teiltexten (= Strophen) bestehendes Gebilde.

Der textgrammatischen Analyse stellt sich nun die Aufgabe, die grammatische und vor allem die semantische und pragmatische Kohärenz jeder einzelnen Strophe zu ergründen, um danach festzustellen, ob und wie die Strophen im Rahmen des Gesamttextes zusammenstimmen. Letztendlich suchen wir nach dem „psychodramatischen" Programm, das Gerhardt diesem Lied gegeben hat. Wir werden, wenn uns die Suche gelingt, dann nicht nur das sprachkulturelle Niveau herausstellen können, sondern auch erklären können, warum dieses Lied schon allein auf Grund des Textes den Beter und Sänger im Innersten ergreift und bewegt.

Der Gesamttext wird durch die lyrische, monologische Kommunikationssituation, die der Dichter durch die Sprache evoziert, zusammengehalten: Ein ICH spricht zu einem DU. Diese beiden kommunikativen Grundgrößen werden im Verlauf des Textes durch Prädikationen präzisiert: (z. B.) „hie steh ich Armer" oder „Du edles Angesichte". Die anderen Grundgrößen der Kommunikation, Ort und Zeit[5], werden nicht thematisiert. Der Text ist lokal und temporal offen, was ihn auch offen hält für verschiedenste Kommunikationssituationen an anderen Orten und zu anderen Zeiten. Die Prädikationen über das DU sind zahlreich und syntaktisch integriert und sie gipfeln in Strophe 8, in der dem DU ein Name gegeben wird: „O Jesu, liebster Freund".

Durch die Reduktion einzelner Strophen auf eine dominante Sprachhandlung des ICH ergeben sich nach meiner Auffassung drei Strophengruppen, und zwar werden die Strophen 1, 2 und 3 durch den Ausdruck des Entsetzens zusammengehalten. In den Strophen 4 bis 7 besinnt sich das ICH auf sich selbst und auf seine Schuld; in den Strophen 8, 9 und 10 dominiert der Ausdruck der Hoffnung, in der eigenen Todesnot gerettet zu werden.

Die einfache, schlichte ICH-DU-Konstellation, die jedem lyrischen Ausdruck zugrunde liegt und durch die auch die Strophen textgrammatisch zusammengehalten werden, wird durch mehrere Isotopiestränge gleichsam umrankt. Während die Textgrammatik die Kohärenz eines Textes auf seiner „Oberfläche" mit Hilfe von Koreferenzketten erfasst (in unserem Fall ist es die Kette der Deiktika als Ausdruck der ICH-DU-Konstellation), operiert sie im semantischen Bereich mit so genannten Isotopien, d. h. Wörtern, die ein und dasselbe semantische Merkmal enthalten und sich wie ein Teppich durch einen Text ziehen. Als Beispiel kann die Prädikation des lyrischen DU, die sich auf die Strophen 2, 4, 5, 7 und 8 beschränkt, dienen.

Auf solche Isotopie-Ebenen oder Isotopiestränge konzentriert sich die literarische Interpretation von „O Haupt voll Blut und Wunden" (vgl. Lehnertz 1983, 761-765). So durchzieht die ersten drei Strophen die Isotopie ‚menschliches körperliches und seelisches Leiden'; sie wird konstituiert durch die Ausdrücke *Blut, Wunden, Schmerz, Hohn, Spott, gebunden, Dornen Kron, schimpfiret* (Str. 1), *bespeit, erbleichet, schändlich zugericht* (Str. 2), *des blassen Todes Macht, hingerafft* (Str. 3). Sie durchzieht - weniger dicht - auch die folgenden Strophen, wobei die Referenz allmählich vom leidenden DU zum leidenden ICH übergeht, z. B. *erduldet, Last tragen* (Str. 4), *verachten, Herze bricht, erblassen, Todesstoß* (Str. 6), *deinem Leiden, deinem Kreuz* (Str. 7), *Todes Schmerzen, erkalte, mein Ende* (Str. 8), *Tod leiden, am allerbängsten, Ängste, Angst und Pein* (Str. 9), *Tod, Kreuzesnoth* (Str. 10). Auf diesen wichtigsten Isotopie-Strang ist antonymisch ein anderer bezogen: *gezieret, Ehr und Zier, edel, Augenlicht, der Roten Lippen Pracht, Leibes Kraft*. In beide hinein verwoben ist eine Farben-Isotopie (*erbleichet, Licht, Farbe, rot, blass*). Ein weiterer Isotopie-Strang findet sich - sehr dicht - nur in Strophe 5: *mein Hüter, mein Hirte, Quell aller Güter, viel Guts, gelabet, süße Kost, Himmelslust*. Die Wortkette

[5] Ich meine damit nicht den zeitlichen, psychodramaturgischen Ablauf, den Ausdrücke wie „was du erduldet (hast)", „wenn ich einmal soll scheiden" innerhalb des Liedes andeuten, sondern im Text fehlende Sprachzeichen, die auf die Kommunikationssituation, in der das Lied gesungen wurde/wird, Bezug nähmen.

erinnert an einen Locus amoenus; Marlies Lehnertz (1983, 765) sieht darin Anklänge an die biblische Schilderung des verheißenen Landes.

Ich breche hier in dem Bewusstsein, längst nicht alle Isotopien gefunden und expliziert zu haben, aus Zeitnot ab. Unser Lied fordert wie im lexikalischen Bereich auch in diesem Bereich die Forschung noch weiter heraus. Es sollte aber deutlich geworden sein, mit welcher Sprachkraft Paul Gerhardt die Isotopiestränge gestaltet.

8. Zusammenschau

Warum ist dieser Liedtext ein Zeugnis deutscher Sprachkultur des 17. Jahrhunderts?

Marlies Lehnertz (1983, 771 f.) zählt die diffizilen Kunstmittel auf, die Paul Gerhardt in „O Haupt voll Blut und Wunden" meisterhaft in seine Dichtung einfließen lässt: Antithese, Parallelismus, Zwillingsformel, Anapher, Alliteration, Assonanz. Ergänzen könnte man noch lautmalerische Mittel. Ich glaube aber, dass es mit einer Aufzählung der Kunstmittel nicht getan ist; denn Paul Gerhardts Meisterschaft besteht gerade darin, dem barocken Schwulststil zu entgehen. Alle technische Sprachkunst wird von ihm gerade so eingesetzt, dass sie der Würde dieser Kommunikationssituation entspricht - ohne dass sich dem Beter und Sänger des Liedes das kommunikative Ziel, die „motio animae", die Gemütsbewegung (Blume 1980, 721), aufdrängt. In der Beschränkung und ästhetischen Ausgewogenheit der Mittel werden Text und Lied zu einem großen Kunstwerk religiöser Dichtung. Sehr wohl bewirkt die Psychodramaturgie eindringlich auch die „motio animae": Entsetzen - Fragen - neues Entsetzen - Selbstbezichtigung - Bitte um Erbarmen - Versprechen des Mitleidens - Selbstreflexion - Dank - Besinnung auf den eigenen Tod - Bitte und Trost. Diese Emotionen markieren einen großen Spannungsbogen, der die Seele vom Entsetzen über den gemarterten Leib Jesu zur Erkenntnis der eigenen Schuldhaftigkeit, der Endlichkeit des menschlichen Lebens und der Hilfebedürftigkeit in der Todesnot führt.

„O Haupt voll Blut und Wunden" ist ein - die Schrecken des Krieges vor Augen - gedichtetes Kunstwerk, indem in ästhetisch ausgewogener Sprache die Seele vom Entsetzen zur Hoffnung hin bewegt wird. Ich glaube, diese Absicht ist zeitlos und durchaus modern, und deshalb macht uns das Lied, besonders wenn wir es selbst singen, auch heute betroffen.

9. Literatur

Axmacher, Elke/Schneider, Matthias (2004): 85. „O Haupt voll Blut und Wunden". In: Liederkunde zum Evangelischen Gesangbuch. Heft 10. Göttingen, 40-52.

Bachmann, F. J. (1866): Paul Gerhardts geistliche Lieder. Historisch-kritische Ausgabe. Berlin.

Blume, Herbert (1980): Deutsche Literatursprache des Barock. In: Althaus, Peter/Henne, Helmut/Wiegand, Ernst Peter [Hrsg.]: Lexikon der Germanistischen Linguistik, 2. Aufl. Tübingen, 719-725.

Fix, Ulla (1986): Zusatzbedingungen für Sprachkultur. Der ästhetische Anteil. In: Zeitschrift für Germanistik, 7. Jg., H. 2, 201-208.

Fix, Ulla (2006): Die Kraft der Wörter. In: Leipziger Universitätsreden. Ansagen zur Zeit 1999-2006. Leipzig, 28-31.

Franz, Ansgar (2001): „O Haupt voll Blut und Wunden". In: Becker, Hanjakob u. a. [Hrsg.]: Geistliches Wunderhorn. Große deutsche Kirchenlieder. München, 275-290.

Greule, Albrecht (1992): Über den Beitrag der Sprachwissenschaft zur Kirchenliedforschung. Drei mögliche Zugriffe. In: Zeitschrift für deutsche Philologie 111, 65-77.

Grosse, Sven (2001): Gott und das Leid in den Liedern Paul Gerhards. Göttingen (Forschungen zur Kirchen- und Dogmengeschichte, Band 83).

Janich, Nina (2004): Die bewusste Entscheidung. Eine handlungsorientierte Theorie der Sprachkultur. Tübingen.

Kurzke, Hermann (2007): „O komm, o komm, Emmanuel" - Stationen einer Liedgeschichte. In: Kessel, Katja/Reimann, Sandra [Hrsg.]: Wissenschaften im Kontakt. Tübingen, 439-449.

Lehnertz, Marlies (1983): Vom hochmittelalterlichen katholischen Hymnus zum barocken evangelischen Kirchenlied. Paul Gerhardts „O Haupt voll Blut und Wunden" und seine lateinische Vorlage, das „Salve caput cruentatum" Arnulfs von Löwen. In: Becker, Hansjakob/Kaczynski, Rainer [Hrsg.]: Liturgie und Dichtung. Ein interdisziplinäres Kompendium I, Historische Präsentation. St. Ottilien, 755-773.

Sauer-Geppert, Waldtraut Ingeborg (1984): Sprache und Frömmigkeit im deutschen Kirchenlied. Vorüberlegungen zu einer Darstellung seiner Geschichte. Kassel [Zugl.: Köln, Univ., Habil.-Schr., 1971].

Wells, Christopher J. (1990): Deutsch: eine Sprachgeschichte bis 1945. Aus dem Englischen von Rainhild Wells. Tübingen.

Das Gebet- und Gesangbuch der Diöcese Mainz von 1865

Ein Beitrag zur Geschichte der Mainzer Gesangbücher

1. Die liturgisch-kirchenmusikalische Erneuerung unter Bischof Ketteler

Das Jubiläum des Mainzer Domchors ist Anlaß, ein anderes Ereignis, das mit der Gründung des Domchors in enger zeitlicher und geistiger Verbindung steht, zu würdigen. Vor 126 Jahren, im Mai 1865, konnte Domkapitular Dr. Johann Baptist Heinrich dem „christlichen Volke" der Diözese Mainz ein völlig neues Gesangbuch, das beliebte „Kettelersche Gesangbuch", in die Hand legen. Domkapellmeister Georg Viktor Weber – seit 1866 im Amt – bearbeitete das zugehörige Melodienbuch sowie das Orgelbuch, die beide 1870 im Druck erschienen.

Georg Viktor Weber, Johann Baptist Heinrich und Domkapitular Markus Adam Nickel, der am Gebet- und Gesangbuch von 1865 wesentlich mitgearbeitet hat, gehörten zum Kern des Theologenkreises um Bischof Ketteler. Die liturgisch kirchenmusikalische Erneuerung hatte sowohl das gesamte Bistum als auch die Domkirche im Auge. Anfang der sechziger Jahre des vorigen Jahrhunderts beauftragte Ketteler den Domdekan Heinrich mit der Herausgabe eines neuen Gesangbuches, das das noch im Geist der Aufklärung geschaffene alte Gesangbuch ersetzen sollte. 1864 schickte er den musikalisch begabten Kaplan G. V. Weber nach Regensburg, in die damalige Metropole der kirchenmusikalischen Erneuerung. Dessen erste Aufgabe nach seiner Rückkehr 1866 bestand in der „Errichtung" des Domchors.[1] Im gleichen Jahr erließ Bischof Ketteler die „Instruction bezüglich des Kirchengesanges", die den Boden für die liturgisch-kirchenmusikalische Reform im Bistum bereiten sollte. Die sechs Paragraphen der Instruction haben entweder in Weber selbst ihren Verfasser oder sie sind maßgeblich von ihm beeinflußt.[2] Die Instruction führt unter anderem aus, daß für den Volksgesang, wenn die Gläubigen nicht den Choral singen, nur die vorgeschriebenen Lieder des neuen Gesangbuches nach den Melodien des Orgelbuches gebraucht werden dürfen.[2] Am Rande ist in diesem Zusammenhang Webers vehemente Kritik des Weihnachtsliedes „Stille Nacht", seine einzige schriftliche Stellungnahme zu einem Kirchenlied, interessant. Er lehnte Text und

---

1 Vgl. Pelz, Werner (1989): Der Mainzer Domkapellmeister Georg Viktor Weber (1838-1911). Mainz (Theol. Diss), 35 f., 51.

2 Pelz (1989), 30.

Melodie als Machwerke rundweg ab und stellte ihnen die Weihnachtslieder des neuen Gesangbuches, insbesondere „Heiligste Nacht“, entgegen.[3]

Werner Pelz kommt in seiner Würdigung des Lebens und Werks von Georg Viktor Weber zu folgender Einschätzung seiner Rolle im Rahmen der Kettelerschen liturgischen Erneuerung:

> „Mit der ‚Instruction bezüglich des Kirchengesanges‘ war eine Phase der liturgisch-kirchenmusikalischen Erneuerung im Bistum Mainz zu einem gewissen Abschluß gekommen.
> In den zurückliegenden Jahren hatten Theologen um Bischof Ketteler durch ihr literarisches Schaffen auf dem Gebiet der Liturgie den geistig-religiösen Hintergrund der Reform geschaffen. Die praktischen Konsequenzen waren mit dem neuen Gebet- und Gesangbuch, dem Orgel- und Melodienbuch, dem in Regensburg ausgebildeten Domkapellmeister und der Neugründung des Domchors fürs erste gezogen. Für die beharrliche Umsetzung des Reformprogrammes auf Bistumsebene nahm der neue Domkapellmeister eine Schlüsselrolle ein: Georg Viktor Weber“.[4]

2. Aufbau und Inhalt des Gebet- und Gesangbuches von 1865

Mit einem Satzspiegel von nur 10,6 cm x 6,3 cm ist das Gesangbuch von 1865 auffällig kleiner als seine heutige Entsprechung, das „Gotteslob“. Auch in seinem Umfang von nur 730 Seiten reicht es kaum an die 1088 Seiten des „Gotteslobs“ heran, was durchaus mit dem gänzlichen Fehlen von Noten und Melodien zu tun hat. Die Schriftart ist die damals übliche Fraktur.

Das Buch hat zwei Teile: „Erster Theil. Gebete und Belehrungen vorzüglich zum Privatgebrauch“, „Zweiter Theil. Gesänge und Lieder, Gebete und Andachten, an den Sonntagen, an den verschiedenen Festen und Zeiten des Kirchenjahres und bei besonderen Anlässen“. Der erste Teil umfaßt Belehrungen zur Führung eines christlichen Lebens (1-48) sowie Gebete zum täglichen Gebrauch, für besondere Anlässe, bei der Messe, beim Empfang der Sakramente und für Kranke und Sterbende (49-250). Der zweite Teil ist im wesentlichen nach dem Kirchenjahr geordnet, und zwar in der Reihenfolge: Feier des Sonntags, Feste des Herrn, die Feste Mariä, der Engel und Heiligen, Gebete und Gesänge für die Abgestorbenen. Innerhalb dieser vier „Abtheilungen“ werden kurze Erklärungen der betreffenden Feste gegeben. Auf sie folgen die Hochämter, die Nachmittags- und Abendandachten sowie die Lieder. Die vier „Vesperandachten“, von denen drei, die für Weihnachten, Ostern und Pfingsten, aus dem alten Gesangbuch übernommen wurden (vgl. S. IV), sind mit den marianischen Antiphonen und dem „Te Deum“ zusammen abgedruckt und beschließen als „Fünfte Abteilung“ das Buch.

Zu den zwischen die Gesangsstrophen der Hochämter eingefügten Gebeten bemerkt J. B. Heinrich im Vorwort (S. IV f.):

---

3 Pelz (1989), 291-293.

4 Pelz (1989), 33.

„Denn so erbaulich ein frommer Gesang ist, ebenso nachtheilig ist es, wenn über dem Gesänge das Gebet vernachlässigt wird. Durch diese Gebete ... sind die Gläubigen in den Stand gesetzt, dem Hochamte auch dann mit Andacht beizuwohnen, wenn sie selbst nicht singen, sondern der von der Kirche vorgeschriebene, an Schönheit und Erhabenheit jeden anderen Gesang übertreffende liturgische Choralgesang von einem Chore bei den Hauptheilen der heiligen Messe vorgetragen wird, was, wenigstens an höheren Festen und bei besonderen Gelegenheiten, zu wünschen ist und so sehr zur Erhöhung der Feierlichkeit und des religiösen Sinnes beiträgt". (vgl. auch Anmerkung 1, 267)

3. Die Stellung des Kettelerschen Gesangbuchs in der Geschichte der Mainzer Gesangbücher

„Bei dem Gebet- und Gesangbuch von 1865 kann von einer Neuschöpfung im eigentlichen Sinn nicht gesprochen werden, denn es folgt im wesentlichen dem Mainzer Cantual von 1603."[5] Diese Einschätzung von Werner Pelz könnte den Eindruck entstehen lassen, das Gesangbuch von 1865 stehe im Dienst einer sich weit nach rückwärts wendenden Restauration, was die Rolle des Buches für die von Bischof Ketteler angestrebte liturgisch-musikalische Erneuerung in ein schiefes Licht rücken würde.

Um den Sachverhalt zu klären, hilft ein Blick in die Mainzer Gesangbuchgeschichte des 17. und 18. Jahrhunderts. Zuerst ist zu fragen, was das Mainzer Cantual von 1603 ist. Zwar gilt die Existenz eines „Maintzisch catholisch Manual oder Handbuch" von 1603, das ein Cantual, also ein Gesangbuch, beinhaltete, als ziemlich sicher; ein Exemplar dieses ältesten Mainzer Gebet- und Gesangbuchs konnte bislang jedoch nicht aufgefunden werden.[6] Nachgewiesen sind dagegen vier Exemplare eines Manuals, das 1605 in Mainz gedruckt wurde. Dabei handelt es sich vermutlich um die zweite Auflage der Ausgabe des Manuals von 1603.[7] Für unsere Zusammenhänge ist der Inhalt des „Catholisch Manuals" von 1605 wichtig: 1) Episteln und Evangelien, 2) Cantual, 3) Catechismus, 4) Betbüchlein, 5) Mess-Traktätlein, 6) Kurze Beichtform, 7) Kommunionbericht, 8) Rosenkranzbüchlein. Das Cantual beansprucht rund ein Drittel des ganzen Buches.

Das Mainzer Manual von 1605, das also einen großen Schatz lateinischer und deutscher Lieder überliefert, steht in der Tradition der jesuitischen Andachtsbücher, die am Ende des 16. und im ganzen 17. Jahrhundert für die Frömmigkeit von entscheidender Bedeutung waren.[8] Dank der Aktivität des Jesuiten-Ordens waren die Andachtsbücher bald im ganzen Volk verbreitet. Den Anstoß gab das Gebetbuch des Petrus Canisius, das zugleich Gebet- und Lehrbuch war. Das Besondere des Mainzer Manuals von 1605 besteht in der Aufnahme eines ausgedehnten Liedteils, der als Cantual zum Lehr- und

---

[5] Pelz (1989), 28.

[6] Heine, Herbert (1975): Die Melodien der Mainzer Gesangbücher in der ersten Hälfte des 17. Jahrhunderts. Mainz, 25 f.

[7] Heine (1975), 15-17, 26-50, einige Faksimiles auf 347-361.

[8] Heine (1975), 47.

Gebetsteil hinzukam.[8] Im Vorwort zum Cantual wird eine Reihe von Gottesdienstformen zu Beginn des 17. Jahrhunderts faßbar, darunter das Lateinische Choralamt, das Lateinische Choralamt mit deutschen Liedern („Singamt") und die Stille Messe mit deutschen Liedern. W. Lipphardt nennt die Möglichkeit, „das Singampt deutsch zu halten, die eigentliche Gründungsurkunde des ›deutschen Amtes‹".[9]

Das Cantual erlebte, allerdings losgelöst von den Lehr- und Gebetsteilen des Manuals, im 18. Jahrhundert mehrere Auflagen, bis der rationalistisch gesinnte Ernst Xaver Turin 1787 im Auftrag des Erzbischofs Karl Joseph von Erthal ein „Neues christ-katholisches Gesang- und Gebetbuch für die Mainzer Erzdiöces" verfaßte. Seine Einführung stieß beim Volk auf erhebliche Schwierigkeiten; im Rheingau kam es gar zum Einsatz von kurfürstlichem Militär, um das neue Gesangbuch durchzusetzen.[10] Was war der Grund für die Ablehnung? Karl Joseph von Erthal ließ in der liturgischen Feier für das Volk den lateinischen Choral abschaffen. Die alten deutschen Lieder der Mainzer Tradition wurden ersetzt, wobei Turin unter anderem das Frankfurter lutherische Gesangbuch benutzte, so daß im Volk die Furcht vor einer „Protestantisierung" aufkommen konnte. Zwar wurden die alten Mainzer Lieder in verschiedenen Anhängen der Neuauflagen wieder beigegeben; aber selbst die Einführung der „umgearbeiteten und verbesserten Ausgabe des Diözesan-Gesang- und Gebetbuchs für die Mainzer Diözes" von 1841 in allen Pfarreien mußte das Bischöfliche Ordinariat noch 1845 anmahnen.[11]

Man wird also die zu Beginn dieses Kapitels zitierte Äußerung dahingehend präzisieren dürfen, daß das Kettelersche Gesangbuch dadurch an die im Manual von 1605 begründete Tradition anknüpfte, daß es einerseits Belehrung, Gebete und Lieder in sich vereinigt, andererseits bei den Liedern die alte Mainzer Tradition gebührend berücksichtigt.

4. Zum Liederbestand

Aus dem Gesangbuch von 1841 wurden nur 34 Lieder übernommen, nicht ohne in den Text der meisten davon einzugreifen. Von den knapp 200 Liedtexten ist die überwiegende Mehrzahl, verglichen mit dem alten Gesangbuch, neu. Abgesehen von zahlreichen Kontrafakturen befinden sich unter den „neuen" auch 32 Lieder aus dem „alten Mainzer Bestand"– vorausgesetzt man faßt unter dieser Bezeichnung die Lieder zusammen, die bereits in Mainzer Gesangbüchern aus der ersten Hälfte des 17. Jahrhunderts vorhanden sind. Wenn man bedenkt, daß nur ein Lied („Herr Jesu, wahrer Mensch und Gott") davon auch im Gesangbuch von 1841 vorhanden ist, dann wird daraus zum einen der Bruch mit der Mainzer Tradition im „aufklärerischen"

---

9 Zitiert nach Heine (1975), 30.

10 Schuchert, August (1937): Zur Geschichte des Mainzer Gesangbuchs. In: Martinusblatt Jahrgang 81, Nr. 49, S. 12; Nr. 50, S. 10. Küppers, Kurt (1987): Diözesan-Gesang- und Gebetbücher des deutschen Sprachgebietes im 19. und 20. Jahrhundert. Münster, 7 f.

11 Pelz (1989), 25.

Gesangbuch von E. X. Turin deutlich; zum anderen zeigt sich, wie das Kettelersche Gesangbuch wieder an die im Manual von 1605 begründete Tradition anknüpft (s. o.).

Zu den Liedern im Gebet- und Gesangbuch von 1865 äußert sich der Herausgeber selbst mit folgenden Worten: „Die aufgenommenen Lieder sind meistens in unserer Diöcese längst bekannt; es sind unsere alten deutschen Kirchenlieder, über deren hohen Werth, sowohl was Text, als was Melodie betrifft, unter allen Kennern nur eine Stimme herrscht" (S. VI). Jedoch waren Texteingriffe nicht zu vermeiden (S. VI f.):

> „Bei den alten Liedern macht die veraltete Form und Sprachweise oft eine Schwierigkeit. Hier war es nothwendig, der neueren Sprachweise gerecht zu werden, ohne die alte Schönheit, Einfachheit und Kraft zu zerstören oder durch künstliche Construction und poetischen Ausdruck unverständlich für das Volk zu werden. (...) Es schien uns besser, eine Härte der Sprache oder einen veralteten Ausdruck bestehen zu lassen, als entweder der Gemeinverständlichkeit zu nahe zu treten, oder an einem alten Text etwas zu ändern, der seit unvordenklichen Zeiten eingebürgert ist und den jung und alt auswendig weiß".

Die Bearbeitung der Liedtexte wurde in erster Linie durch Domkapitular Markus Adam Nickel besorgt. Als Vorbilder für die „Herstellung des Textes" werden namentlich das „Cantate" von Heinrich Bone (Mainz 1847), das Gesangbuch von Albert Gereon Stein (Köln 1852) und die Liedersammlung von J. F. H. Schlosser[12] genannt. Es würde hier zu weit führen, dies alles im einzelnen nachzuweisen. Die Eingriffe, die an den aus dem Gesangbuch von 1841 übernommenen Liedern vorgenommen wurden, betreffen nicht nur die Sprache, sondern auch die Strophenauswahl und -anordnung. Das Vorgehen des Bearbeiters bei der Behandlung der Liedtexte von 1841 soll nur an einem Beispiel verdeutlicht werden.

Das Lied zum Introitus des ersten Sonntagsamtes ist im Gesangbuch von 1841 (2 Strophen, S. 59) und im Gesangbuch von 1865 (1 Strophe, S. 268) „Wir kommen vor dein Angesicht" nach der Melodie „Defensor noster". Während die folgenden drei Zeilen 1841 lauten: *liebreicher Gott, verschmäh uns nicht!/bußfertig werfen wir uns hie/vor deinem Altar auf die Knie*, lauten sie 1865: *liebreichster Gott, verschmäh uns nicht;/Wir bringen dir auf dem Altar/Das reine, heil'ge Opfer dar*. Die Textänderung dürfte in erster Linie durch das veraltete *hie* veranlaßt sein; möglicherweise störte auch das emphatische „Auf-die-Knie-Werfen". Kritisch ist festzustellen, daß die Änderung aus dem Bußlied zum Introitus ein Lied zur Gabenbereitung gemacht hat, mit dem schwachen Versuch, die ursprüngliche Emphase durch den Superlativ *liebreichster* in der Gottesanrede zu retten.

Welche Qualität der Liederbestand des Kettelerschen Gesangbuchs hat, das lehrt die Tatsache, daß einhundert Jahre später immerhin noch 58 Lieder dieses Bestandes im „Gotteslob" erscheinen, 27 davon sogar im Stammteil.

---

12 Schlosser, Johann Friedrich Heinrich (1851/52): Die Kirche in ihren Liedern durch alle Jahrhunderte. 2 Bände. Mainz.

Die Sprache im Neuen Geistlichen Lied

Voraussetzungen

Der Titel dieses Beitrags „Die Sprache im Neuen Geistlichen Lied"[1] erweckt möglicherweise falsche Hoffnungen. Diesen muß ich zunächst vorbeugen. Ich würde alle enttäuschen müssen, die von mir eine Aufarbeitung und eine abschließende Bewertung der Sprache erwarteten, die in den Texten des „Neuen Geistlichen Liedes" (NGL) verwendet wird. Wenn es nicht überhaupt noch zu früh ist, die Sprache im NGL aufzuarbeiten und zu bewerten, so ist diese Aufgabe nur im Rahmen einer groß angelegten Untersuchung, etwa im Rahmen einer Dissertation zu bewältigen.

Ich versuche jedoch in meinem Beitrag, den geneigten Leserinnen und Lesern den Blick für die Beurteilung von Texten sogenannter Neuer Geistlicher Lieder zu schärfen – zumal die sprachlichen Kriterien, die man in Handreichungen zum NGL findet, sehr vage und wenig professionell sind. Ich hoffe, die sprachwissenschaftlichen Kategorien plausibel machen zu können, damit man sich selbst bezüglich der Sprache eines vielleicht umstrittenen NGL in der konkreten Situation ein Urteil bilden kann.

Vorweg noch ein Wort des Dankes an den genius loci! Daß ich es überhaupt wagen kann, mich zur Thematik des NGL zu äußern, verdanke ich ganz wesentlich den überaus anregenden Diskussionen mit meinen ehemaligen Mainzer Kollegen Hansjakob Becker, Hermann Kurzke, Hermann Ühlein und anderen. Seit Mitte der achtziger Jahre bis zu meinem Weggang nach Regensburg haben wir in interdisziplinären Seminaren über die Thematik der deutschen Sprache in der Liturgie diskutiert, ja gestritten. Manchen Impuls habe ich auch dadurch erfahren, daß ich an der Liturgie sowohl am Mainzer Dom als auch in meiner ehemaligen Heimatpfarrkirche lange Jahre mitwirken durfte. Alle diese Erfahrungen und Anregungen haben mich immer wieder dazu gedrängt, über die sprachwissenschaftlichen Grundlagen einer Kirchenliedkritik nachzudenken.

Ich will im folgenden zunächst die Methode und die nun einmal dazugehörende Terminologie an einem Beispiel, und zwar an einem „alten" geistlichen Lied, wenn ich so sagen darf, erarbeiten. Danach wenden wir uns Texten des NGL zu.

---

1 Es handelt sich um einen leicht umgearbeiteten Vortrag, der im Verlauf einer Studientagung mit dem Thema „Geist im neuen geistlichen Lied. Aspekte einer Auseinandersetzung" am 14.01.1995 im Erbacher Hof in Mainz gehalten wurde.

1. Einige Gedanken zur Rolle der Muttersprache beim liturgischen Volksgesang

Immer wieder wird für die Wahl eines sprachlich und inhaltlich bedenklichen Liedes im Gottesdienst – oft resignierend – das Argument vorgebracht, das Lied sei so beliebt wegen seiner schönen Melodie und die Leute sängen es halt so gerne. Unausgesprochen beinhaltet diese Begründung die Konsequenz: Der Text des Liedes spielt eigentlich keine Rolle.

Die Dominanz der Melodie über den Text ist eine in der Geschichte der Kirchenlieder immer wieder beobachtbare Tatsache. Waldtraut Ingeborg Sauer-Geppert stellt in ihren „Studien zur Sprache und Frömmigkeit im deutschen Kirchenlied“ (1979, 145) folgendes fest: „Es sieht so aus, als seien sie [die Melodien] fester noch als die Texte in Gefühl und Erinnerung der Menschen verwurzelt, die darum auf ihren Verlust empfindlicher reagieren als auf eine auch sehr weitgehende Veränderung der Texte.“ Es zeichnet sich hier ein Dilemma ab, gerade wenn man bedenkt, daß z. B. Luther den Gesang zum bevorzugten Träger des Gotteswortes erhebt, weil die Musik stärker auf den Menschen einwirkt als das nur gesprochene Wort. Andererseits forderten die Reformatoren den Primat des Wortes und eine Melodie, die die Klarheit und Kraft des Textes nicht nur beläßt, sondern sogar verstärkt.

An dieser Auffassung gemessen, wäre ein von der Gemeinde gesungenes Lied, dessen Melodie den Text derart dominiert, daß er – extrem formuliert – austauschbar und unwichtig geworden ist, ein Unding. Die Sprache wäre dann nur noch Melodieträgerin; die Aussage des Liedes wäre zweitrangig.

Ich glaube jedoch, daß am Primat des Textes festgehalten werden muß – nicht nur, weil es das Zweite Vaticanum und eine Liturgiereform gegeben hat, sondern weil das Singen der Gemeinde das liturgische Geschehen aus dem Glauben heraus auch deutet. Es ist also nicht unwichtig, welche Inhalte von einer Melodie – sei sie noch so schön und beliebt – „transportiert“ und in den Gottesdienst eingebracht werden. Ist dem so, dann sind auch zwei Forderungen legitim: nämlich erstens, daß Kirchenlieder Texte haben, die dem gottesdienstlichen Geschehen gerecht werden, und zweitens, daß es der singenden Gemeinde und jedem ihrer Glieder möglich sein muß, beim Singen die Textaussage nachzuvollziehen. Die Textaussage darf also – zusammenfassend – nicht banal sein, und die Textgestaltung muß den Nachvollzug des Gesagten grundsätzlich ermöglichen und darf ihn nicht erschweren.

2. Sprachwissenschaftliche Grundlagen der Kirchenliedkritik[2]

Die im Anhang beigefügte Übersicht „Kategorien der sprachwissenschaftlichen Analyse von Kirchenliedern" möchte ich an einem „alten" geistlichen Lied, an „Wie schön leuchtet der Morgenstern" verdeutlichen. Ich habe diesen Text unter anderem gewählt, weil Maria Luise Thurmair im Redaktionsbericht zum „Gotteslob" vermutet, daß das Lied keine Aufnahme ins „Gotteslob" gefunden hätte, wenn es nicht mit einer unverzichtbaren Melodie verbunden wäre! Das „Gotteslob" (Nr. 554 ö) präsentiert den Liedtext in einer Fassung „nach Philipp Nicolai" 1599.[3]

A. Formale Analyse

1. Das Lied hat zwar keine Überschrift, ist aber Teil einer Liedgruppe, die die Überschrift „Jesus Christus" trägt. Es darf also vermutet werden, daß der Text Aussagen über Jesus Christus macht.

2. Die sieben Strophen des Liedes wiederholen ein kunstvolles Reimschema, nämlich (im Aufgesang) a-a-b und c-c-b sowie (im Abgesang) d-e-e-f-f. Der wohl raumsparende Druck läßt diese Reimstruktur nur schwer erkennen. Die gereimten Zeilen weisen alternierende Vier- und Zweiheber auf.

B. Pragmatische Analyse

Unter diesen Aspekt fällt die Frage: Welche Situation schafft der Text dank der verwendeten sprachlichen Mittel? Und: In welcher Rolle handelt jemand, der diesen Text singt und sich mit seiner Aussage identifizieren soll?

1. Die Simulierte Kommunikationssituation (simKomSit) wird durch das deiktische Sprachmaterial geschaffen. Aus den deiktischen Wörtern *uns, Du* (*Sohn Davids*), *mein* (*Herr, Gott Vater*), *du, du* (*Freudenkrone*) usw. und *ihr*! (Str. 6) ist auf eine simKomSit zu schließen, in der ein Individuum mindestens zwei Du-Individuen (vermutlich Jesus Christus und Gottvater) und eine Ihr-Gruppe anspricht, also eine verhältnismäßig komplizierte Kommunikationskonstellation, die man durch den Terminus mehrfach adressiert charakterisieren kann.

2. Die Sprecherhandlungen betreffen Ziel und Zweck, die der SPRECHER, also der, der den Text singt, verfolgt. In unserem Lied sind mehrere Sprechhandlungen erkennbar: 1. SPRECHER teilt etwas mit (z. B. *Von Gott kommt mir ein Freudenschein*), – 2. SPRECHER fordert auf zu etwas (z. B. *Gieß sehr*

---

[2] Dieses Kapitel führt Gedanken weiter, die ich bereits 1990 während einer Studientagung in Nothgottes geäußert habe. Vgl. Greule, Albrecht (2002): So sie's nicht verstehen, so sollten sie's nicht singen? Über den Beitrag der Sprachwissenschaft zur Kirchenliedforschung. In: Kurzke, Hermann/Ühlein, Hermann [Hrsg.]: Kirchenlied interdisziplinär. 2., überarb. Aufl., Frankfurt am Main u. a., 58-64.

[3] Vgl. Greule (2002), 59-61.

tief in mein Herz hinein, Singet, springet), 3. SPRECHER versucht durch Invokationen und Imperative (z. B. *Du Sohn Davids, Du meine Perl*) den Kontakt zum Adressaten zu intensivieren. - Eine konsistente Sprecherhandlung ist nicht auszumachen.

3. Neben der Sprecherhandlung ist die Sprechereinstellung zu unterscheiden. Es geht darum, welche Einstellung der SPRECHER zu dem von ihm Geäußerten zu erkennen gibt. Im Vordergrund unseres Liedes steht die Einstellung des FÜR-WAHR-HALTENs; es gibt kein Zweifeln oder Unsicher-Sein. Lediglich in der Schlußstrophe wird einmal mit dem Satz *Er wird mich doch aufnehmen* [...] *in das Paradeis* eine Unsicherheit signalisiert. Die Sprechereinstellung des FÜR-WAHR-HALTENs wird begleitet und verstärkt von der Einstellung der BEGEISTERUNG, die in Ausrufen wie *Hosianna, Eja, eja, Amen, Amen*, in Ausrufesätzen (*Wie schön leuchtet der Morgenstern*!) u. a. m. zum Ausdruck kommt.

C. Grammatische Analyse

1. Die Besonderheiten der Morphologie, die unser Text in großer Zahl aufweist (z. B. in der 2. Strophe *Perl, Kron, wahr, Marien* statt *Perle, Krone, wahrer, Marias*) und durch die der Gesamteindruck einer veralteten Sprache entsteht, übergehe ich.

2. Die Gestaltung der Sätze berührt allerdings den Bereich der syntaktischen Komplexität, der seinerseits ein wichtiges Indiz für die Verstehbarkeit ist. So enthält unser Text zahlreiche Setzungen, d. h. verblose Äußerungen; sie sind - wie wir gesehen haben - bedingt durch die Sprecherhandlung und die Sprechereinstellung. Einen relativ komplizierten Satzbau haben die Strophen 3 und 6, was dann deutlich wird, wenn man versucht, „in einem Zug" zu verstehen, was gemeint ist.

3. Bezüglich der Attribuierung ist der Text durch eine Neigung zu rechtsstehenden und erweiterten Attributen charakterisiert (z. B. in der 1. Strophe).

4. Das Problem der Serialisierung, also das der Reihenfolge der Satzglieder oder Satzgliedteile, zeigt sich im Abgesang der 1. Strophe, wo eine lange Attributreihe „ferngestellt" und so der inhaltliche Bezug unklar ist.

D. Lexikalisch-semantische Analyse

Bei diesem Analyse-Aspekt geht es um:

1. die Einzelwörter. Unser Text weist diesbezüglich eine relativ hohe Zahl an Archaismen auf (z. B. *traut, wallen, Paradeis*), ebenso eine relativ hohe Zahl an Technizismen (z. B. *Stamm, Manna, Kitara*).

2. Bei der Kompatibilität ist auf die „Verträglichkeit" von Wörtern zu achten. Sie könnte aus der Perspektive heutigen Sprachgebrauchs z. B. bei den

Wendungen „die Flamme gießen", „ein Zweig am Leib", „die Liebe entzündet mich" nicht gegeben sein.

3. Beispiele für idiomatische Wendungen, also uneigentlichen Sprachgebrauch in festen Wendungen, bietet der Text sehr wenige, z. B. *das A und O* oder *das Gemüt steht nach.*

E. Textologische Analyse

1. Der Frage nach der Textfunktion, also nach der Funktion, die ein bestimmtes Lied im Ablauf eines Gottesdienstes einnimmt bzw. einnehmen kann, kommt erhöhte Bedeutung zu. Die Funktion, die ein Liedtext im Rahmen des Gottesdienstes ausüben kann, hängt wesentlich von der im Text versprachlichten Absicht des SPRECHERS, also von der dominanten Sprecherhandlung ab. In unserem Fall ist allerdings die Sprecherhandlung nicht konsistent; deshalb kommt hier im Hinblick auf die Funktion im Gottesdienst der Sprechereinstellung, die man mit ‚Hochstimmung' zusammenfassen kann, erhöhte Bedeutung zu.

2. Textkohärenz. Daß im vorliegenden Fall die Sätze durch mehrfache Referenz auf ein oder mehrere außersprachliche Referenzobjekte zusammengehalten werden, kann nicht behauptet werden. Eine gewisse Kohärenz der Sätze wird durch die mehrfache Referenz auf Jesus mit dem deiktischen DU hergestellt; dadurch entsteht auch eine Koreferenzkette.

3. Für die Frage nach der Einheit oder Vielfalt des im Text behandelten Themas ist die Feststellung sogenannter Isotopien wichtig. In unserem Lied ist z. B. das semantische Merkmal ‚froh sein/Freude' in nicht wenigen Wörtern vorhanden (z. B. *freundlich, Freudenschein, freudenreich, froh, Freudenkrone*). Diese über den Text verbreitete Wortreihe bildet eine Isotopie. Andere Isotopien des Textes sind ‚wertvoll', ‚Macht, mächtig', ‚Hochzeit' und ‚Essen'.

4. Das Textthema versuche ich aus dem Zentralen Textgegenstand, aus der Sprecherhandlung, der Sprechereinstellung und der Hauptisotopie ‚froh/Freude' zu formulieren als: Ein ICH (= SENDER) preist ein als Jesus identifizierbares DU als Quelle der Freude und fordert das DU zu bestimmten Handlungen auf.

5. Der Blick auf die thematische Entfaltung ist gleichsam der Blick auf den Modus, wie das Thema behandelt wird. Auch hier kommen wir für unser Beispiellied erneut zu dem Eindruck einer Inkonsistenz. D. h. das Thema wird sprunghaft, durch „Gefühlsausbrüche" unterbrochen, entfaltet.

Nach so vielen theoretischen Vorüberlegungen wende ich mich nun Texten des NGL zu.

3. Die Sprache im NGL[4]

3.1 Gesamtanalyse „Wenn das Rote Meer grüne Welle hat“

Vorbemerkung: Es geht mir nicht darum, nun das Lied „Wenn das Rote Meer grüne Welle hat“ mit „Wie schön leuchtet der Morgenstern“ zu vergleichen. Ich möchte nur darauf hinweisen, daß das „alte“ geistliche Lied mit sieben Strophen und ohne jede Wiederholung eine vergleichsweise große Menge unterschiedlicher Wörter und Strukturen aufweist. Das zu analysierende NGL lebt hingegen von der Wiederholung der gleichen Wörter und Strukturen und bietet damit nicht eine Fülle von Inhalten, sondern scheint eine wesentliche Aussage durch Wiederholung zu vertiefen.

Text

1. *Wenn unsre Tränen rückwärts fließen,*
dann bleiben wir hier,
dann bleiben wir hier,
weil sich das Land gewandelt hat.

Kehrvers I:
Wenn das Rote Meer grüne Welle hat,
dann ziehen wir frei,
dann ziehen wir frei
aus dem Land der Sklaverei.

2. *Wenn der Stacheldraht rote Rosen trägt,*
dann bleiben wir hier,
dann bleiben wir hier,
weil sich das Land gewandelt hat.

Kehrvers I

3. *Wenn unsre Träume Früchte tragen,*
dann bleiben wir hier,
dann bleiben wir hier,
weil sich das Land gewandelt hat

Kehrvers II:
4. *Wenn das Land für uns eine Bleibe hat,*

[4] Folgende zu dem Oberseminar „Becker/Greule/Kurzke: Das neue Geistliche Lied“, Universität Mainz, Wintersemester 1985/86, verfaßte Hausarbeiten wurden verwendet: Sahr, Markus: Schlagerspezifische Elemente in den Texten des Neuen Geistlichen Liedes; Süß, Ulrike: Die Erfahrung des Todes im Kirchenlied des 16. Jahrhunderts und im neuen Geistlichen Lied; Ühlein, Hermann: Die simulierte Kommunikationssituation im NGL. Untersuchung der Personal-, Temporal- und Lokaldeixis.

dann bleiben wir hier,
dann bleiben wir hier,
weil sich das Land gewandelt hat

Wenn vor jedem Kind Macht die Waffen streckt,
dann bleiben wir hier,
dann bleiben wir hier,
weil sich das Land gewandelt hat.

Kehrvers II

5. *Wenn es dreizehn schlägt und die Zeit zerbricht,*
dann bleiben wir hier,
dann bleiben wir hier,
weil sich das Land gewandelt hat.

Kehrvers I

„Wenn das Rote Meer" stammt aus der Feder von Wilhelm Willms und gehört in das von Peter Janssens komponierte Sacro-Pop-Musical „Ehre sei Gott in der Höhe". Die vorliegende Fassung ist dem Buch „Melodien, die unsre Worte beflügeln - Lieder, die unsren Glauben weitersagen. Stimmen, die wir singen zu Gott", hrsg. v. BDKJ Diözese Mainz, 5. Aufl. 1984, entnommen.

Die hier vorhandene Überschrift „Wenn das Rote Meer grüne Welle trägt" halte ich für einen Druckfehler; die Überschrift ist sicherlich identisch mit der ersten Zeile von Kehrvers I. - Die Herausgeber ordnen das Lied einer Gruppe zu, die sie mit dem Paulus-Zitat „Ja, ihr seid zur Freiheit gerufen" (Gal 5,13) überschreiben und deren Inhalt sie folgendermaßen abgrenzen: Lieder vom Spiel und Verspielen der Freiheit, vom „Wieder-frei-Werden" der Menschen, vom „Weg in die neue Stadt".

Durch die Mischung von fünf Strophen und zwei Kehrversen, die nicht anders gebaut sind als die Strophen, ergibt sich im Grunde ein 10-strophiges Lied. Durch die Wiederholung der zweiten Zeile entsteht innerhalb jeder Strophe identischer Reim (*hier/hier, frei/frei*); der Kehrvers I reimt dazu noch die vierte Zeile (*frei/Sklaverei*). Der Rhythmus scheint mir sehr frei zu sein: Vierheber in Zeile 1 und 4 gegenüber Zweihebern in den Zeilen 2 und 3.

Die simKomSit ist sehr einfach, aber auch vage: Eine SPRECHER-Gruppe äußert sich in der wir-Form. Man erfährt aber nicht, zu wem oder wann. Auf den Ort, an dem gesprochen wird, wird mit dem nicht näher spezifizierten HIER referiert. - Die SPRECHER-Gruppe verspricht, „hier zu bleiben" bzw. „frei aus dem Land der Sklaverei zu ziehen", wenn etwas Bestimmtes geschieht. - Spezielle Signale zur Sprechereinstellung gibt es nicht; daraus ist der Schluß zu ziehen, daß die SPRECHER-Gruppe mit Gewißheit spricht.

Unter grammatischem Gesichtspunkt fällt zunächst nur die Artikellosigkeit des Substantivs *Macht* (Str. 4) auf, das als Abstraktum für die konkreten Machthaber steht. - Die syntaktische Struktur ist verhältnismäßig kompliziert: Auf einen bedingenden Nebensatz (*wenn* ...) folgen der Hauptsatz (*dann* ...) und ein begründender Nebensatz (*weil* ...). Die Komplexität verliert allerdings an Schärfe dadurch, daß diese Satzstruktur in allen Strophen gleichbleibt und sich gewissermaßen einschleift. – Die Attribuierung ist sehr maßvoll und weicht nicht vom Gewohnten, leicht Nachvollziehbaren ab.

Stattdessen fördert die lexikalisch-semantische Analyse manche Auffälligkeit zutage – besonders in den jeweils ersten Zeilen: Auf eine relativ hohe Stilebene gehört das Wort (die) *Bleibe* (KV II). Dieses Stilniveau wird durch das Verb „sich wandeln" und durch die Fügungen „Rosen tragen" (Str. 2), „Früchte tragen" (Str. 3), „die Waffen strecken" (Str. 4) aufrechterhalten. Es steht in eigenartigem Kontrast zu der eher umgangssprachlichen Stilebene, die durch die idiomatischen Redewendungen „grüne Welle haben" (KV I) und „es schlägt dreizehn" ebenfalls vorhanden ist. – Als „kühne" Metapher kann die Fügung *die Zeit zerbricht* (Str. 5) gewertet werden: Durch das Verb „zerbrechen" wird das Abstraktum *Zeit* konkretisiert als ein starres Ganzes. – Aber sprachlich lebt das Lied von einer anderen rhetorischen Figur, nämlich von der Zusammenstellung sich widersprechender Dinge, vom Oxymoron in der jeweils ersten Zeile: rückwärts fließende Tränen, das *Rote Meer* mit grüne(*r*) *Welle*, „Rosen tragender Stacheldraht", „Früchte tragende Träume", „die vor jedem Kind die Waffen streckende Macht", „der die Zeiteinteilung durcheinander bringende dreizehnte Glockenschlag". – Muß unter dem Zwang der Oxymora der anderen Strophen auch die 1. Zeile von KV II als Unmöglichkeit verstanden werden? – Wenn also die Erfüllung der einzelnen Bedingungen unmöglich ist, braucht oder kann die SPRECHER-Gruppe das im Hauptsatz immer wieder gegebene Versprechen, „hier zu bleiben", nicht einhalten. Der nachfolgende Kausalsatz wirkt dann fast ironisch.

Die dominante Sprecherhandlung des Textes ist ein – weil die Bedingungen nicht eintreten – nicht einlösbares Versprechen – es sei denn, man bezieht die Oxymora auf das Neue Jerusalem, auf eine verwandelte Welt. Ich vermute, daß dies der Texter will, aber er bringt es nirgends zum Ausdruck – und das wiegt schwer! Es darf ja nicht ernsthaft vermutet werden, daß der eschatologische Bezug allein schon durch das aus dem Alten Testament bekannte *Rote Meer* hergestellt ist.

Die Textkohärenz wird einzig durch die sprachlichen Signale, mit denen die SPRECHER-Gruppe sich auf sich bezieht, sowie durch die oben bereits erwähnte parallele Satzstruktur hergestellt. – Drei Isotopien durchziehen den Text: 1. die obstinat versprachlichte Isotopie ‚bleiben', 2. die ebenfalls obstinat versprachlichte Isotopie ‚Wandel', 3. die sich aus den Oxymora ergebende Isotopie ‚unmöglich'. Als Thema des Textes könnte folglich konstruiert werden: „Eine unbestimmte SPRECHER-Gruppe bleibt unter schwerlich eintretenden Bedingungen HIER, d. h. in einem unbestimmten Land, weil sich dieses Land verändert hat." – Die thematische Entfaltung ist schlichtweg additiv-assoziativ.

Ich bezweifle nach dieser Analyse, daß die von mir vermutete Bezugnahme auf das Neue Jerusalem beim Singen einzig aus dem Text nachvollziehbar ist. Zwar erleichtert die sprachliche Formulierung zweifelsohne den Nachvollzug des Textes; aber dies geschieht ebenso unbezweifelbar auf Kosten der Tiefe der Aussage und wirkt sich durch die immer wiederkehrende identische Textwiederholung zugunsten einer stereotypen Rhythmik aus. Ich denke, mehr Textvariation im Sinne der Verdeutlichung und Vertiefung der letztlich wohl angestrebten religiösen Aussage wäre besser gewesen.

3.2 Ein Einzel-Aspekt: Die simulierte Kommunikationssituation

Der simKomSit kommt beim geistlichen Lied, zumal in der liturgischen Verwendung, erhebliche Bedeutung zu. Sie ist geradezu eine Voraussetzung für den authentischen Nachvollzug des Liedtextes durch den oder die Singenden. Die Identifikation mit dem Liedtext gelingt in dem Maße, in dem die Singenden durch die „Vorlage" in eine möglichst konkrete Situation hineinversetzt werden.

Dank einer Untersuchung von Hermann Ühlein, die die simKomSit in 123 Liedtexten aus der bereits genannten Quelle zum Gegenstand hat, können wir die in einer Vielzahl NGL versprachlichten Kommunikationssituationen klassifizieren. Demnach gibt es

1. einen euchologischen Typus: Ein Sprecher/eine Sprechergruppe wendet sich an einen als Gott identifizierbaren Adressaten. Die Identifikation ist durch den sprachlichen Kontext möglich, z. B. „Man sagt, daß du mir nahe bist".

2. der narrative Typus: Ein Sprecher/eine Sprechergruppe spricht über eine göttliche Person, z. B. „Gott liebt diese Welt, und wir sind sein Eigen".

3. der paränetische Typus: Ein Sprecher/eine Sprechergruppe fordert einen Adressaten/eine Adressatengruppe zu einer Handlung X auf, z. B. „Entdeck bei dir, entdeck bei mir".

4. der gruppenbezogene Typus: Ein Sprecher/eine Sprechergruppe spricht über eine Gruppe, der er angehört, oder spricht andere in dieser Gruppe an, z. B. „Wir spinnen ferne Fäden" oder „Geh, geh zum Fels [...] und sage Quell, Quell, denn wir haben Durst"

5. der offene Typus: Hierunter fallen Liedtexte, die keine Deiktika enthalten und in denen infolgedessen keine Kommunikationssituation simuliert wird, z. B. „Der Himmel geht über allen auf".

Die fünf Typen kommen in reiner Form vor, aber auch in Mischformen, d. h. nur einzelne Strophen oder der Refrain lassen sich jeweils einem Typus zuordnen. – Interessant ist die statistische Auswertung: Unter den Reinformen rangiert der paränetische Typ vor dem narrativen, und erst an dritter Stelle liegt der euchologische, also der der Gebetssituation entsprechende

Typ. Wertet man die Mischformen aus, dann liegt der narrative Typ vor dem paränetischen auf Platz eins.

Die von mir hier ausgewertete Untersuchung der simKomSit kommt u. a. zu folgenden Ergebnissen. Es verwundert, mit welcher Häufigkeit und Sicherheit im Bereich der Temporal- und Lokaldeixis Aussagen mit absolutem Gültigkeitsanspruch gemacht werden: *immer, nie, überall, nirgends*. Nur selten begegnet das zögernde *manchmal*. Allgemeine und deshalb nichtssagende Temporal- und Lokaldeiktika sind auch eine Ursache dafür, daß Appelle an die Veränderungsbereitschaft ins Leere laufen. – Auch die Personaldeiktika (*ich, wir*) sind in den meisten Fällen nicht präzise und vermitteln ein diffuses Wir-Gefühl: „Irgendwie ist jeder so mit dabei und umschlossen von der Liebe Gottes, die ja sowieso schon immer und überall war und ist und sein wird". Auffällig ist ferner, daß bei vielen Liedern eine religiöse Thematik nur sehr schwach ausgeprägt ist. Das bedeutet, daß sie, wenn sie im Gottesdienst gesungen werden, diesen nicht vertiefen, sondern daß es des Gottesdienstes bedarf, um diese Liedtexte erst richtig beziehen zu können.

3.3 NGL und Schlager in Vergleich

Ein anderer Gedanke sei noch geäußert. Er betrifft den Vergleich von Texten Neuer Geistlicher Lieder mit Schlagertexten. Hierbei führt eine Untersuchung von Markus Sahr, die im wesentlichen nach den eingangs illustrierten Analysekategorien vorgeht, zu erhellenden Einsichten. Ich referiere kurz die Ergebnisse.

Es gibt erstaunlich viele Gemeinsamkeiten zwischen der Sprache des Schlagers und der des NGL. Reim und Assonanz, Refrain und Wiederholung sind die bestimmenden Strukturphänomene des Schlagers und des NGL. Eine besondere Rolle fällt der Wiederholung vollständiger Zeilen oder mehrerer Satzglieder zu. Stereotype Formulierungen sind herausragende Bestandteile einer simplifizierten Textgliederung und dienen der eingängigen Rezeption.

Schlager und NGL suggerieren letzten Endes eine eindimensionale Perspektive von Wirklichkeit. Zwei Kennzeichen suggerieren den Eindruck von textlicher Geschlossenheit: die – wie wir schon gesehen haben – unkonkret und allgemein bleibende Deixis und der auffallend häufige All-Quantor: Temporale und lokale Deiktika bewegen sich entweder in einer diffusen Grauzone oder behaupten eine undenkliche Universalität.

„Die Texte sind mit wenigen Ausnahmen einzig auf Wirkung bedacht; diesem Ziel ist alles untergeordnet. Raffinierte Reimschemata werden entwickelt, aber nicht unbedingt konsequent eingehalten. Glanzvolle Metaphern stehen" (Markus Sahr) – wie wir ebenfalls schon gesehen haben – neben Sequenzen umgangssprachlicher Redeweise.

Die Kritik gipfelt in der Behauptung: Dem Schlager wie dem NGL kommt es auf Erfolg an, auf Verkaufszahlen im einen Fall, auf Publizität beim Kirchennachwuchs im anderen Fall.

3.4 Zusammenfassung

Das ist ein hartes, die pastorale Situation verkennendes Urteil über die Qualität des NGL, das ich nicht verallgemeinern möchte. Zwar glaube ich, daß sich die Vorwürfe der Verflachung, der mangelnden echten Glaubensaussage und der Effekthascherei gegen viele NGL aus der Imitation der Massenware Schlager heraus begründen lassen. Es gibt aber sicherlich Ausnahmen, so werden z. B. immer wieder die Liedtexte von Huub Osterhuis, die ja zum Teil auch Eingang ins „Gotteslob“ gefunden haben, als Beispiele guter NGL angeführt.

Auch da, wo eine Imitation des Schlagers vom Thema her völlig ausgeschlossen ist, wo – wie im letzten Beispiel – ein Spiel mit sprachlichen Versatzstücken allzu banal wäre, nämlich im Angesicht des Todes, kann man zu einer durchaus positiven Einschätzung eines NGL kommen. Die Rede ist von dem 1976 geschriebenen Bestattungslied „Wir sind in diesen Tagen vom Sterben hart geschlagen“ (Kurt Rommel, in: Singe Christenheit. 1981, Nr. 708). Ulrike Süß kommt in einer Analyse dieses Textes zu folgender Einschätzung: Der Autor Kurt Rommel läßt die singende Gemeinde nicht die Bestattung kommentieren, sondern gibt ihren Gefühlen des Schmerzes und der Trauer Ausdruck, indem er den Tod als hart und grausam und die Ohnmacht des Menschen gegenüber dem Tod benennt. Im Lied artikuliert die Gemeinde auch ihre Glaubenszweifel: „Wo bleibt das Wort vom Leben, / das könnt uns Hilfe geben? Wo bleibt jetzt Gottes große Macht?“ (2, 4-6) und trägt betend ihre Bitte um Trost vor Gott. In Tod und Auferstehung Jesu Christi bekommt sie die ermutigende Zusage, den Tod zu überwinden und ewiges Leben zu erlangen. – Mithin ist das Lied dem Gottesdienst, der dem Begräbnis vorausgeht oder folgt, angemessen.

Am Schluß konstatieren wir, daß ein durchaus zwiespältiges Bild von der sprachlichen Qualität des NGL bleibt: einerseits eine Gruppe von Liedern, deren Texte vom Vorwurf der mangelnden Glaubensaussage, der Flachheit und Schablonenhaftigkeit nicht freizusprechen ist, andererseits durchaus auch neue Texte, die auch kritischem Urteil standhalten. Ich komme zum Anfang meines Vortrags zurück und erinnere an die prophylaktische Aussage, daß eine irgendwie geartete abschließende Einschätzung der Sprache des NGL nicht erwartet werden kann. Der zwiespältige Eindruck hängt vielleicht auch damit zusammen, daß unter der Bezeichnung NGL zu vieles und zu Unterschiedliches zusammengefaßt wird.

Anhang

Kategorien der sprachwissenschaftlichen Analyse von Kirchenliedern

A. Formale **Analyse**

1. Überschrift?
2. Strophik: Zahl der Strophen, Reime, Rhythmik.

B. Pragmatische Analyse

1. Simulierte Kommunikationssituation (nicht identisch mit „Sitz im Leben"): Wer spricht wo wann zu wem? (Sprachliches Mittel: Deiktika: *ICH-DU-HIER-JETZT*).
2. Sprecherhandlungen: Was bezweckt SENDER mit dem Text (z. B. mitteilen, bekennen, fragen, bitten, versprechen)?
3. Sprechereinstellungen: Welche Einstellung zum Aussagegehalt gibt SENDER zu erkennen (z. B. Gewißheit, Vermutung, Bewertung, Distanzierung)?

C. Grammatische Analyse

1. Besonderheiten in der Morphologie, Rektion u. ä.
2. Gestaltung der Sätze pro Strophe (einfache Sätze, komplexe Sätze, defektive Sätze, z. B. Ellipsen).
3. Binnenstruktur der Satzglieder (Attribuierung).
4. Serialisierung (Satzglied- und Wortstellung)

D. Lexikalisch-semantische Analyse

1. Inhaltliche Besonderheiten der einzelnen Wörter (z. B. Verwendung von Neologismen/Archaismen, Regionalismen, Technizismen).
2. Kompatibilität (= Verträglichkeit zwischen sprachlichen Ausdrücken) z. B. im Vergleich (*Gott ist wie Gras und Ufer*), bei der Metapher (*Himmelszelt*).
3. Verwendung von idiomatischen Redewendungen.

E. Textologische Analyse

1. Textfunktion: Welche kommunikative Funktion hat der Text oder gibt der Text zu erkennen?
2. Textkohärenz (= „Zusammenhang" der Sätze eines Textes): Mit welchen Mitteln sind die Sätze aufeinander bezogen (z. B. durch Pronomina)? Gibt es Koreferenzketten? (Koreferenzketten entstehen durch mehrfaches Sich-Beziehen auf ein und dasselbe Referenzobjekt. Durch jede Referenzkette wird ein Zentraler Textgegenstand installiert.)
3. Isotopie: Die durch ein gemeinsames semantisches Merkmal aufeinander bezogenen Wörter des Textes bilden eine Isotopie-Ebene.

4. Textthema: Durch Kombination der Zentralen Textgegenstände mit den Isotopie-Ebenen und den Prädikaten kann das Thema des Textes ermittelt werden.

5. Thematische Entfaltung: gedankliche Ausführung des Textthemas (Grundformen: beschreibende, erzählende, erklärende und begründende Entfaltung).

Albrecht Greule und Martina Meyer

„Ich geh durch Ödland"

Neue Geistliche Lieder unter der Lupe der Sprachwissenschaft

1. Kriterienkatalog

Aus dem Lieddossier[1], das den Teilnehmerinnen und Teilnehmern der Tagung „Kirchenlied seit 1960 – eine Bestandsaufnahme" zur Verfügung stand, wurden drei Neue Geistliche Lieder ausgewählt, um sie sprachwissenschaftlich unter die Lupe zu nehmen. Es handelt sich um (1) „Die Sonne sinkt ins Meer", (2) „Meine Freundin" und (3) „Wär in der Wüste nicht der Dornbusch". Die Auswahl gerade dieser Lieder erfolgte nach langer Vorüberlegung nach dem Kriterium, an welchen Texten sich am besten zeigen lässt, dass sich im oben erwähnten Dossier seitens der Sprachwissenschaft im Wesentlichen drei Kategorien Neuer Geistlicher Lieder ausmachen lassen: „akzeptabler Liedtext", „situationsspezifischer Liedtext" und „abzulehnender Liedtext". Die Texte dieser Lieder wurden zum Zwecke der Analyse einem mehrfach erprobten Kriterienkatalog[2] unterworfen.

A. Formale Analyse

1. Überschrift
2. Strophik: Zahl der Strophen, Reime, Rhythmik

B. Pragmatische Analyse

1. Simulierte Kommunikationssituation: Wer spricht wo und wann zu wem? (sprachliches Mittel: Deiktika: ICH-DU-HIER-JETZT)
2. Sprecherhandlungen: Was bezweckt der SENDER mit dem Text (z. B. mitteilen, bekennen, bewerten, bitten)?
3. Sprechereinstellungen: Welche Einstellung zum Aussagegehalt gibt der SENDER zu erkennen (z. B. Gewissheit, Vermutung, Distanzierung)?

C. Grammatische Analyse

1. Besonderheiten in der Morphologie, Rektion

---

1 Siehe Erstveröffentlichung dieses Beitrags.

2 Kriterienkatalog entnommen aus: Greule (1999), 97-98.

2. Gestaltung der Sätze pro Strophe (einfache Sätze, komplexe Sätze, defektive Sätze)
3. Binnenstruktur der Satzglieder (Attribuierung)
4. Serialisierung (Satzglied- und Wortstellung)

D. Lexikalisch-semantische Analyse

1. Inhaltliche Besonderheiten der einzelnen Wörter (z. B. Verwendung von Neologismen, Archaismen, Regionalismen, Technizismen)
2. Kompatibilität (= die Verträglichkeit zwischen Ausdrücken), z. B. im Vergleich, bei der Metapher
3. Verwendung von idiomatischen Redewendungen

E. Textologische Analyse

1. Textfunktion: Welche kommunikative Funktion hat der Text oder gibt der Text zu erkennen?
2. Textkohärenz (= „Zusammenhang" der Sätze eines Textes): Mit welchen Mitteln sind die Sätze aufeinander bezogen (z. B. durch Pronomina)? Gibt es Koreferenzketten? (Koreferenzketten entstehen durch mehrfaches Sich-Beziehen auf ein und dasselbe Referenzobjekt. Durch jede Referenzkette wird ein Zentraler Textgegenstand installiert.)
3. Isotopie: Die durch ein gemeinsames semantisches Merkmal aufeinander bezogenen Wörter des Textes bilden eine Isotopie-Ebene.
4. Textthema: Durch Kombination der Zentralen Textgegenstände mit den Isotopie-Ebenen und den Prädikaten kann das Thema des Textes ermittelt werden.
5. Thematische Entfaltung: gedankliche Ausführung des Textthemas (Grundformen: beschreibende, erzählende, erklärende und begründende Entfaltung).

2. Anwendung des Kriterienkataloges

Im Folgenden soll der oben abgedruckte Kriterienkatalog auf die unten aufgeführten Lieder angewandt werden. Jeder Musikfreund weiß allerdings, dass Lieder nur ganz schwer miteinander vergleichbar sind. Daher können lediglich die Teile des Kriterienkataloges diskutiert werden, die sich tatsächlich in den Texten wiederfinden.

2.1 „Die Sonne sinkt ins Meer"

1,1 *Die Sonne sinkt ins Meer,*
1,2 *der Abend dunkelt rasch.*
1,3 *Ich lobe meinen Gott,*

1,4 *er gibt uns Tag und Nacht,*
1,5 *den Arbeitstag, den Traum, die Nacht.*

2,1 *Du, guter Vater, wachst:*
2,2 *Es sind die Kleinen dein*
2,3 *weit in der Welt und hier.*
2,4 *Ein Hoffnungsstern zieht auf,*
2,5 *ein Stern zieht still am Himmel auf.*

3,1 *Gib, dass in dieser Nacht*
3,2 *zersorgter Finsternis*
3,3 *der Mut zu leben wächst,*
3,4 *auch wo man dich vergisst,*
3,5 *auf deiner Erde dich vergisst.*

4,1 *Komm, Nacht, bring Frieden mit.*
4,2 *Komm, Vater unser, komm,*
4,3 *und rühr mit linder Hand*
4,4 *des Lebens Wunde an,*
4,5 *der Menschen Not und Wunde an.*

Das vorliegende Lied, 1980 getextet von Sigurbjörn Einarson und vertont von Thorkell Sigurbjörnsson wurde von Jürgen Henkys aus dem Isländischen ins Deutsche übersetzt. Es ist aus dem Band „Stimme, die Stein zerbricht", herausgegeben von Jürgen Henkys, München 2003, entnommen. Analysiert wird nur die deutsche Übersetzung ohne Bezug auf die Originalsprache.

A. **Formale Analyse**

Die Überschrift „Die Sonne sinkt ins Meer" ist identisch mit dem Liedanfang. Einen religiösen Inhalt lässt die Überschrift allerdings nicht vermuten, ebenso gut könnte dies der Titel eines Schlagers (vergleiche: „Wenn bei Capri die rote Sonne im Meer versinkt") sein.
Die vier Strophen zu je fünf Versen lassen kein Reimschema erkennen. Auffallend ist jedoch, dass das jeweils letzte Wort des vierten Verses am Ende des 5. Verses jeder Strophe wiederholt wird, wobei der strophenabschließende Vers auch immer eine inhaltliche Wiederholung des vorangehenden Verses ist, z. B. Strophe 1:

1,4 *er gibt uns Tag und Nacht,*
1,5 *den Arbeitstag, den Traum, die Nacht.*

Analog verfährt der Autor bzw. der Übersetzer in den Versen 2,4/5, 3,4/5 und 4,4/5.

Bei der Betrachtung der Rhythmik lässt sich feststellen, dass der Liedtext in Jamben verfasst ist: Die jeweils letzte Verszeile einer Strophe in 4-hebigen (1,5; 2,5; 3,5; 4,5), die restlichen Verse in 3-hebigen Jamben. Damit ist es dem

Verfasser aufs Beste gelungen, die inhaltliche Wiederholung und die damit einhergehende Intensivierung der strophenabschließenden Verse hervorzuheben. Dass der Texter Inhalt und Rhythmik gut miteinander in Verbindung bringen kann, zeigt sich an der rhythmischen Gestaltung der Anreden und Aufforderungen. So stört er z. B. in der sechsten Verszeile die Regelmäßigkeit des Jambus, indem Gott direkt angesprochen wird (*Du, guter Vater, wachst* 2,1). Weil die Gottes-Anrede aus dem Schema fällt, wird sie betont und hervorgehoben. Auch bei allen anderen Anreden und Aufforderungen verfährt der Verfasser nach diesem kunstvollen Muster (3,1; 4,1/2).

B. Pragmatische Analyse

Die simulierte Kommunikationssituation ist äußerst kompliziert gestaltet: Ein SPRECHER *(ich* 1,3) einer GRUPPE (*uns* 1,4) spricht an einem unbestimmten Ort (*weit in der Welt und hier* 2,3) zu GOTTVATER (*Du, guter Vater* 2,1) und teilt dies zugleich einer anderen GRUPPE, vermutlich der Gemeinde, mit (so teilt der Sprecher der Gruppe z. B. mit, *dass er Gott lobt*, vgl. 1,3).

Die Sprecherhandlungen befinden sich nah an einer typischen Gebetssituation. So lobt der Sprecher Gott (1,3), er bittet ihn, dass *in dieser Nacht zersorgter Finsternis der Mut zu leben wächst* (3,1-3,3) und versucht, durch Invokation (*Du, guter Vater* 2,1) und Imperative (*gib* 3,1) den Kontakt zum Gesprächspartner aufrechtzuerhalten und zu intensivieren. Des Weiteren teilt der Sprecher der Gemeinde und auch Gott immer wieder etwas mit (z. B. *er gibt uns Tag und Nacht* 1,4).

Die Sprechereinstellung ist geprägt von Gewissheit (z. B. *Du, guter Vater wachst* 2,1) und Hoffnung (z. B. *Ein Hoffnungsstern zieht auf* 2,4; *Gib, dass* [...] *der Mut zu leben wächst* 3,1-3,3). Auf Zögern oder Schwanken gibt es hingegen keinerlei Hinweise, der Sprecher ist sich seiner und Gottes Sache also sicher, er lässt nicht die geringste Spur von Zweifel aufkommen.

C. Grammatische Analyse

Im Bereich der Morphologie gibt es wenig Auffälligkeiten. Lediglich zwei Komposita lassen aufhorchen: *Hoffnungsstern* (2,4 ‚Stern der Hoffnung'?) und *zersorgter* (3,2) dürften dem Leser bzw. Sänger oder Zuhörer etwas sonderbar vorkommen.

Auch die syntaktische Gestaltung weist ein relativ einfaches Muster auf. Das Lied besteht zumeist aus aneinandergereihten Hauptsätzen, nur die 3. Strophe ist komplizierter gebaut. Hier folgt auf die Aufforderung *gib* (3,1) ein konsekutiver Nebensatz (*dass* 3,1), der im Übrigen der einzige Nebensatz des gesamten Liedtextes ist.

Schade ist allerdings, dass die gute Verständlichkeit, die durch den einfachen Satzbau erreicht wird, durch ungewöhnliche Satzglied- und Wortstellung wieder abgeschwächt wird. *Es sind die Kleinen dein weit in der Welt und hier* (2,2/3) klingt holprig und vom Satzbau her falsch. Eine Alternative wäre vielleicht die Formulierung „Weit in der Welt und hier sind die Kleinen dein", bei der der Rhythmus beibehalten wird, die aber weitaus verständlicher ist als die Original-Formulierung. Ein weiterer Wortstellungsfehler findet sich in der 4. Strophe, wenn vom *Vater unser* (4,2) die Rede ist. Diese Art von Wortstellung taucht vor allem in religiösen Texten (vgl. das Gebet Vaterunser) immer wieder auf und ist eine Analogbildung zum Lateinischen „pater" (= ‚Vater') „noster" (= ‚unser'). Ungewohnt für Ohren des 21. Jahrhunderts sind auch die fast schon überholt wirkenden, links gestellten Genitive *des Lebens Wunde* (4,4), und *der Menschen Not und Wunde* (4,5).

D. Lexikalisch-semantische Analyse

Sehr wenige Auffälligkeiten gibt es bei den inhaltlichen Besonderheiten einzelner Wörter. Die ungebräuchliche Form *wachst* (2,1) sowie die Neologismen *Hoffnungsstern* (2,3) und *zersorgter* (3,2) vermögen die durchaus gute Verständlichkeit der einzelnen Wörter nicht zu schwächen. Nur die Wortwahl *mit linder Hand* (4,3) erscheint ungewöhnlich, was aber höchstwahrscheinlich auf Übersetzungsschwierigkeiten beruht und vermutlich dem Ausdruck „Schmerzen lindern" entlehnt ist.

Geistliche Lieder sollten laut Hermann Ühlein „bildhaft und metaphernreich" (Ühlein 1999, 77) sein. Bilder und Metaphern können ein „Eigenleben entwickeln (...), auch wenn sie aus dem Satz herausgelöst werden", und „setzen in singenden und hörenden Menschen etwas in Gang". Trotzdem erheben - nach unserer Meinung - alle Bilder, Metaphern und Vergleiche den Anspruch, für Sänger und Zuhörer leicht durchschaubar zu sein. Schließlich soll auch der Sinn des Textes verstanden werden. In dem Lied „Die Sonne sinkt ins Meer" kommen einige - wenn auch im Vergleich zu den anderen beiden Liedern wenige - Bilder und Metaphern vor. So zieht zum Beispiel ein *Hoffnungsstern* (2,4) auf, womit vielleicht der bekanntere „Stern der Hoffnung" oder der Stern, der bei Christi Geburt den drei Weisen aus dem Morgenland erschienen ist, gemeint sein könnte. Auch die *Nacht zersorgter Finsternis* (3,1/2) wird nicht wenige stutzig machen. Besser verständlich dürfte hingegen *des Lebens Wunde* (4,4) und *der Mut* (...) *wächst* (3,3) sein.

E. Textologische Funktion

Die kommunikative Funktion, die der Liedtext zu erkennen gibt, ist neben dem Lob und Dank auch die Appellfunktion. Gott wird gebeten, den Menschen *Mut* (3,3) zu geben und sie die Sorgen und Nöte ihres Lebens leichter ertragen zu lassen (4,3-4,5).

Neben der Textfunktion soll hier auch noch auf die Textkohärenz, also auf den „Zusammenhang" der Sätze eingegangen werden, der wichtig für das Verständnis des gesamten Textes ist. Die Textkohärenz ist bedingt durch die Verwendung von Konnektoren (z. B. *und*) und von der wiederholten

Referenz auf ein und dasselbe Referenzobjekt (z. B. *Gott ... der Herr ... er ...*). Wenn in einem Text mehr als zweimal in verschiedenen Sätzen auf ein und dasselbe Referenzobjekt Bezug genommen wird, so spricht man von einer Koreferenzkette. Außerhalb der Koreferenzkette können zudem noch verschiedene Sprachzeichen auftreten, die ein semantisches Merkmal wiederholen. Sie werden in Isotopie-Ebenen geordnet (vgl. Greule 1991, 384-392). Für das Lied „Die Sonne sinkt ins Meer" kann im Bereich der Textkohärenz Folgendes festgestellt werden: Als Konnektor fungiert in dem vorliegenden Liedtext lediglich die Konjunktion *und* (4,3). Ansonsten werden die einzelnen Sätze nicht durch spezielle sprachliche Mittel miteinander verbunden. Drei Koreferenzketten bestimmen den Text, die *Nacht* (1,1; 1,2; 1,4; 1,5; 3,1; 3,2; 4,1), *Gott* (1,3; 1,4; 2,1; 2,2; 3,4; 3,5; 4,2) und die *Hoffnung* (2,4; 2,5; 3,3). Diese Koreferenzketten sind zugleich die Zentralen Textgegenstände. Die Isotopie-Ebene des Liedes ist die ‚Linderung der Angst'. Ein *Hoffnungsstern zieht auf* (2,4), *in dieser Nacht zersorgter Finsternis* (3,1/2) soll *Mut zu leben* wachsen (3,3), Gott soll *mit linder Hand des Lebens Wunde* (…), *der Menschen Not und Wunde* anrühren (V. 4,3-5).

Das Textthema kann also in etwa so formuliert werden: Ein ICH aus einer GRUPPE bittet GOTT die Sorgen der Menschheit zu mildern und Hoffnung in die Nacht zu bringen. Mitgeteilt wird dies einer anderen GRUPPE. Entfaltet wird das Thema durch die direkte Aufforderung zum Handeln.

2.2 „Meine Freundin"

Das zweite Neue Geistliche Lied, das hier analysiert werden soll, wurde von Sybille Fritsch getextet, die Melodie stammt von Fritz Baltruweit und ist entnommen aus „Zusammen unterwegs" (tvd-Verlag, Düsseldorf, o. J.).

1,1 *Deine Güte liegt wie eine zärtliche Hand auf meinem Leben.*
1,2 *Gott, meine Freundin, Du berührst mir Seele und Leib –*
1,3 *und in den Himmel wachs ich dir entgegen, wachs ich dir entgegen.*

2,1 *Deine Sanftmut liegt wie ein großer warmer Schal auf meinen Armen.*
2,2 *Gott, meine Mutter, Du gibst in mich Ruhe und Kraft –*
2,3 *und in der Erde wurzelt mein Erbarmen, wurzelt mein Erbarmen.*

3,1 *Deine Stärke liegt wie eine gürtende Kraft um meine Seiten.*
3,2 *Gott, stolze Schwester, Du hauchst in mich Aufstand und Recht –*
3,3 *und in den Frieden wird ich dich begleiten, wird ich dich begleiten.*

4,1 *Deine Güte liegt wie eine zärtliche Hand auf meinem Leben.*
4,2 *Gott, meine Freundin, Du berührst mir Seele und Leib –*
4,3 *und in den Himmel wachs ich dir entgegen, wachs ich dir entgegen.*

A. Formale Analyse

Liest man die Überschrift des vorliegenden Liedes, so wird man es sicherlich nicht als die Überschrift eines religiösen Liedes identifizieren können. Hat man beim Weiterlesen jedoch erkannt, dass es sich um ein geistliches Lied handelt, so erwartet man als „Hauptperson“ eine weibliche Figur, etwa Maria oder eine andere Frau. Wie groß ist dann die Überraschung, wenn in der zweiten Verszeile Gott als die *Freundin* bezeichnet wird! So gesehen birgt die Überschrift Überraschungspotential.

Das Lied besteht aus vier Strophen zu je drei Versen, wobei die 1. und die 4. Strophe identisch sind. Der jeweils erste und letzte Vers einer Strophe „umarmt“ die zweite Verszeile, so dass sich das Reimschema aba cdc efe aba ergibt. Der Rhythmus scheint sehr frei, aber dennoch regelmäßig zu sein.

B. Pragmatische Analyse

Die simulierte Kommunikationssituation ist wesentlich einfacher gestaltet als im vorhergehenden Lied. Hier spricht ein SPRECHER (*ich* 1,3; 3,3; 4,3) zu einem weiblichen GOTT (1,2; 2,2; 3,2; 4,2).

Die Sprecherhandlungen erinnern hier nicht an eine Gebetssituation. Der SPRECHER beschreibt lediglich Zustände (z. B. *Deine Güte liegt wie eine zärtliche Hand auf meinem Leben* 1,1), versucht aber dennoch durch Invokationen (z. B. *Gott, meine Freundin* 1,2) eine größere Nähe zu Gott herzustellen.
Die Sprechereinstellung strahlt durchgehend Gewissheit aus. Nicht einmal bei der Vorausdeutung *in den Frieden werd ich dich begleiten* (3,3) lässt der Sprecher Zweifel erkennen.

C. Grammatische Analyse

Auch in diesem Lied gibt es äußerst wenige hervorstechende Besonderheiten in der Morphologie – genau genommen gibt es nur zwei Auffälligkeiten: *wachs* (1,3) statt *wachse* und *werd* (3,3) statt *werde*. In der Vorlage steht anstelle von *werd wird*, was wir aber als einen Druckfehler deuten.[3]

Syntaktisch ist der Text sehr einfach gestaltet. Jede Strophe besteht aus zwei einfachen Sätzen, wobei jeweils der zweite Satz aus zwei durch die Konjunktion *und* (1,3; 2,3; 3,3; 4,3) verbundenen Hauptsätzen zusammengesetzt ist. Diese Einfachheit bewirkt eine gute Verständlichkeit

D. Lexikalisch-semantische Analyse

Weitaus mehr Probleme dürften einige inhaltliche Besonderheiten der verwendeten Wörter hervorrufen. Ob Wörter wie *Sanftmut* (2,1), *Güte* (1,1; 4,1),

---

[3] Das Rechtschreibprogramm von Microsoft Word bessert *werd* automatisch in *wird* aus. Daher sind wir der Auffassung, dass das im Original stehende *wird* ein bei der Durchsicht leicht zu übersehender Druckfehler ist.

Seele (1,2; 4,2), *Leib* (1,2; 4,2), *Himmel* (1,3; 4,3), *Erbarmen* (2,3) und *Frieden* (3,3) als Technizismen gelten können, ist fragwürdig. Sie alle sind dem religiösen Bereich zuzuordnen, gehören jedoch nicht ausschließlich dorthin. So kann z. B. *Frieden* auch dem politischen Sprachschatz zugeordnet werden, und mit der *Seele* setzte sich schon Platon auseinander.

Ungebräuchlich und daher eventuell schwer zu verstehen sind auch Wörter wie *entgegenwachsen* (1,3; 4,3) und *gürtende* (3,1). Und „etwas in jemanden geben" (vgl. 2,2) weckt eher die bedrohliche Vorstellung, dass einem Menschen mit einem Trichter etwas „eingegeben" wird. Besser steht es schon damit, dass jemand in eine Person etwas haucht: *Du hauchst in mich Aufstand und Recht* (3,2) ist wahrscheinlich eine Analogiebildung zu „Leben einhauchen".

Auch die Vergleiche, die in dem Text gezogen werden (z. B. *Deine Sanftmut liegt wie ein großer, warmer Schal auf meinen Armen*, 2,1; weitere Vergleiche finden sich in den Versen 1,1; 3,1; 4,1), sind zwar nicht alltäglich, aber keineswegs schwer verständlich.

E. Textologische Funktion

Die kommunikative Funktion, die in diesem Zwiegespräch zwischen dem SPRECHER und GOTT erkennbar ist, ist beschreibend. Der SPRECHER beschreibt, wie sich GOTT ihm gegenüber verhält und wie der SPRECHER darauf reagiert (z. B. *in den Himmel wachs ich dir entgegen* 1,3; 4,3).

Im Bereich der Textkohärenz übernimmt nur die Konjunktion *und* (1,3; 2,3; 3,3; 4,3) die Funktion eines Konnektors. Der „Zusammenhang" der Sätze wird weitaus stärker durch die Koreferenzkette *Gott* (1,2; 2,2; 3,2; 4,2; *Freundin* 1,2; 4,2; *Mutter* 2,2; *Schwester* 3,2 sowie die Pronomina *deine* 1,1; 2,1; 3,1; 4,1; *Du* 1,2; 2,2; 3,2; 4,2; *dir* 1,3; 4,3; *dich* 3,3) hergestellt. Als Isotopie-Ebenen sind ‚mütterliche Eigenschaften' (*Güte* 1,1; 4,1; *Sanftmut* 2,1; *Stärke* 3,1), ‚Wärme und Geborgenheit' (*zärtliche Hand* 1,1; 4,1; *großer, warmer Schal* 2,1; *gürtende Kraft* 3,1) und ‚Selbstbewusstsein' (*Ruhe* 2,2; *Kraft* 2,2; *Aufstand* 3,2; *Recht* 3,2) erkennbar.

Das Thema des Textes könnte demnach folgendermaßen formuliert werden: Ein ICH beschreibt GOTT als mütterliches Wesen, von dem Wärme und Geborgenheit ausgeht und dem ICH Kraft verleiht. Entfaltet wird das Thema durch eine beruhigende Situationsbeschreibung.

Eigentlich könnte man die Analyse des Liedes „Meine Freundin" nun als beendet betrachten, aber wir möchten an dieser Stelle noch kurz auf die Tatsache eingehen, dass Gott hier durchwegs als weibliches Wesen (*Freundin* 1,2; 4,2; *Mutter* 2,2; *Schwester* 3,2) beschrieben wird. Dies ist umso bemerkenswerter, da es nicht zu verleugnen ist, dass das Gottesbild in der Schrift und der Tradition ein männliches ist. Gott wird meist als „Vater" und die Gläubigen als „Brüder" bezeichnet. Ab und zu sind auch Frauen und Frauentraditionen zu finden, sie tauchen aber eher im Hintergrund und stereotypisiert auf. Dadurch entsteht – manchmal auch zu Recht – der Eindruck, dass weibliche Gemeindemitglieder durch diese exklusive Sprache ausgeschlossen werden (vgl. Berger 1990, 385-413). Wird dann doch einmal von Frauen gesprochen, so z. B. in speziell für Frauen erstellten Texten des Messbuches (über heilige Frauen), wird ein Bild der Weiblichkeit konstruiert, in dem „typische" Eigenschaften der Frau zum Tragen kommen: Es ist z. B. die Rede von Demut, Hingabe, Geduld, Bereitschaft zum Dienen und Jungfräulichkeit. Das weibliche Wesen wird durchweg als „schwach" charakterisiert, Motive der Furcht und Unselbständigkeit tauchen immer wieder auf und die Frau hat sich vorwiegend aus ihrer Zuordnung zum Mann heraus zu verstehen. Nur in einigen wenigen Fällen wird ihr Tatkraft und Klugheit zugeschrieben. Das heutige Idealbild einer Frau ist eher die „starke Frau" (Pahl 1990, 433-452), wie sie in dem Gottesbild des Liedes „Meine Freundin" erscheint.

Wie kann aber erreicht werden, dass weibliche Gemeindemitglieder sich nicht ausgeschlossen oder herabgesetzt fühlen? Zuerst einmal müsste die exklusive Sprache, die Existenz und Anwesenheit von Frauen bei Gottesdiensten ignoriert, in eine integrative, d. h. Frauen ausdrücklich mitnennende, Sprache umgewandelt werden, zumal sich eine Gemeinde im Normalfall aus beiden Geschlechtern zusammensetzt. Auch das Gottesbild muss dieser heterogenen Zusammensetzung der Gläubigen gerecht werden. Das Reden von und zu Gott sollte sich neben männlichen auch in weiblichen Metaphern vollziehen oder geschlechtsneutral sein.

Wird jedoch ein spezieller Frauengottesdienst abgehalten, so ist gegen eine exklusive, auf Frauen zentrierte Sprache nichts einzuwenden (vgl. Greule 1990, 621-634). „Meine Freundin", ein Lied von einer Frau vermutlich für Frauen geschrieben, ist demnach bestens als Gesangstück in einem solchen Gottesdienst geeignet. In einer Messfeier, die von Frauen und Männern gleichermaßen besucht wird, würden wir aber auf dieses Lied verzichten. Genauso wenig wie man Frauen zumuten sollte, sich ständig als „Brüder" bezeichnen zu müssen, sollten sich auch Männer nicht als „Schwestern" fühlen müssen.

2.3 „Wär in der Wüste nicht der Dornbusch"

Der Text zu „Wär in der Wüste nicht der Dornbusch" wurde von Kurt Rose geschrieben und von Wolfgang Teichmann vertont. Das Original stammt aus „Fröhlicher Vogel Hoffnung", herausgegeben von Kurt Rose, Hannover 1995.

1,1 *Ich geh durch Ödland, ich geh durch Angstland,*
1,2 *sie nennens Lebenszeit,*
1,3 *in jeder Bergwand, in jedem Engtal*
1,4 *liegt Tausendtod bereit.*
1,5 *Wär in der Wüste nicht der Dornbusch:*
1,6 *das Wort, das mich umarmt und hält,*

1,7 *das Wort, das mich umarmt und hält,*
1,8 *verdurstet wär ich längst, verdurstet*
1,9 *im Gräbersande dieser Welt.*

2,1 *Ich geh durch Dunkel, ich geh durch Schatten,*
2,2 *der Tag ist meine Nacht.*
2,3 *Dies Mikro-Makro, dies Mega-Psycho,*
2,4 *der Irrsinn hat die Macht.*
2,5 *Wär in der Wüste nicht der Dornbusch:*
2,6 *ein Wort, ein Freund, ein Ja zu mir,*
2,7 *ein Wort, ein Freund, ein Ja zu mir,*
2,8 *erfroren wär ich längst, erfroren*
2,9 *auf meinem Menschenweg zu dir.*

3,1 *Ich geh im Zickzack, in Zweifelkurven,*
3,2 *im Fluchtweg-Labyrinth.*
3,3 *Im Worte Zukunft liegt keine Zukunft,*
3,4 *nur Müll und kranker Wind.*
3,5 *Wär in der Wüste nicht der Dornbusch:*
3,6 *Ein Rufer in den Widerstand,*
3,7 *ein Rufer in den Widerstand,*
3,8 *verkommen wär ich längst, verkommen*
3,9 *im schwarzen Wind, im schwarzen Sand.*

A. Formale Analyse

Die Überschrift „Wär in der Wüste nicht der Dornbusch" stellt als einzige der drei analysierten Lieder einen direkten Bezug zu einem religiösen Thema her. Aus dem „Dornbusch" ertönte einst die Stimme Gottes, um Moses dazu zu ermuntern, die Israeliten aus der ägyptischen Knechtschaft zu befreien (Ex, 2,23-4,17).

Das vorliegende Lied besteht aus drei Strophen zu je neun Versen. Die letzten fünf Verszeilen jeder Strophe bilden einen Refrain, der sich jedoch in jeder Strophe verändert. Nur der Konditionalsatz *Wär in der Wüste nicht der Dornbusch* (1,5; 2,5; 3,5) bleibt immer gleich. Noch eine Besonderheit weist der Refrain auf: Die Verse 1,6/7, 2,6/7, 3,6/7 sind jeweils identisch. Die Reime folgen dem Schema abcb (Solo) deefe (Refrain). Der Rhythmus ist an einigen Stellen sehr frei (1,1; 1,3; 1,5; 2,1; 2,3; 2,5; 3,1; 3,3; 3,5), besteht aber ansonsten aus 3- bzw. 4-hebigen Jamben.

B. Pragmatische Analyse

Die simulierte Kommunikationssituation gestaltet sich hier wieder etwas komplizierter als im Lied „Meine Freundin". Ein SPRECHER (*ich* 1,1; 1,8; 2,1; 2,8; 3,1; 3,8), der sich von einer GRUPPE (*sie* 1,2) absondert, spricht in *dieser Welt* (1,9) zu dem nicht direkt genannten GOTT (*das Wort* 1,6; 1,7; 2,5;

2,6; *ein Rufer* 3,6; 3,7) und zu einer anderen GRUPPE, vermutlich der Gemeinde.

Die Sprecherhandlungen sind größtenteils mitteilend und dankend (im Refrain; wenn Gott nicht zum Ich gesprochen hätte, dann wäre es schon nicht mehr am Leben). Nur einmal wird GOTT direkt angesprochen (*dir* 2,9). Die Einstellung, die der SENDER zu erkennen gibt, kann im Refrain als eine Bewertung identifiziert werden: Wenn GOTT nicht aus dem „Dornbusch“ gesprochen hätte, dann wäre das Schicksal des SPRECHERS besiegelt gewesen.

C. Grammatische Analyse

Im Gegensatz zu den schon behandelten Liedern weist dieses eine große Anzahl an morphologischen Besonderheiten auf. Schon in der Überschrift wird „wäre“ zu *wär* verkürzt (ebenso in den Versen 1,5; 1,8; 2,5; 2,8; 3,5; 3,8) und anstatt „sie nennen es“ schreibt der Verfasser *sie nennens* (1,2). Außerdem werden auffällig viele Komposita verwendet: *Ödland* (1,1), *Angstland* (1,1), *Lebenszeit* (1,2), *Bergwand* (1,3), *Engtal* (1,3), *Tausendtod* (1,4) und *Gräbersande* (1,9) – und das sind nur die Beispiele aus der ersten Strophe!

Auch die Sätze sind wesentlich komplizierter gestaltet als in den anderen beiden Liedern. In der ersten Strophe fällt schon der erste Satz auf, der sich über vier Verszeilen hin erstreckt. Am Ende des zweiten Verses könnte anstatt des Kommas ebenso gut ein Punkt stehen; dies wäre dann analog zu den Versen 2,2 und 3,2. Deshalb vermuten wir, dass das Komma an dieser Stelle ein Druckfehler im Original ist und der Verfasser an dieser Stelle eigentlich einen Punkt setzen wollte. Ansonsten bestehen die jeweiligen Solo-Teile des Liedes aus Parataxen. Verständnisschwierigkeiten dürften hingegen in den Refrains auftreten. Diese bestehen aus einem schwer erkennbaren Konditionalsatz („wenn“ – „dann“). Außerdem müsste es korrekt heißen: „Wäre in der Wüste nicht der Dornbusch: Wäre nicht das Wort, das mich umarmt und hält (...), dann wäre ich längst verdurstet“ (1,5-1,9; Gleiches gilt für die ebenfalls elliptischen Konstruktionen in den Versen 2,5-2,9; 3,5-3,9). Erschwerend kommt hinzu, dass im Refrain Wiederholungen vorhanden sind (V. 1,6/7; 2,6/7; 3,6/7). Zu Irritationen beim Sänger bzw. Leser kann auch die Formulierung *verdurstet wär ich längst, verdurstet im Gräbersande dieser Welt* (1,8/9; ebenso 2,8/9; 3,8/9) führen. Eine Alternative dazu wäre vielleicht die kürzere, aber deshalb auch verständlichere Form „im Gräbersande dieser Welt wäre ich längst verdurstet“. Probleme bereitet auch die Aufzählung *dies Mikro-Makro, dies Mega-Psycho, der Irrsinn hat die Macht* (2,3/4). Hat nur *der Irrsinn* (…) *die Macht* oder auch *dies Mikro-Makro* und *dies Mega-Psycho*?

D. Lexikalisch-semantische Analyse

Die Verständnisprobleme setzen sich fort, wenn man die inhaltlichen Besonderheiten der Wörter betrachtet. Der Verfasser verwendet sehr viele Neologismen. Mit ein wenig Fantasie kann man die Bedeutung von *Angstland* (1,1 ,ein Land, in dem Angst bei den Bewohnern herrscht'?), *Engtal* (1,3 ,ein enges Tal'), *Menschenweg* (2,9 ,der Weg eines Menschen'?) und *Fluchtweg-Labyrinth* (3,2 ,ein Fluchtweg, der wie ein Labyrinth gestaltet ist'?) erkennen. Aber wer hat auf Anhieb eine adäquate Definition von *Tausendtod* (1,4), *Gräbersande* (1,9), *Mikro-Makro* (2,3), *Mega-Psycho* (2,3) und *Zweifelkurven* (3,1) parat? Da man beim Singen oder beim Zuhören nicht über so viel Zeit verfügt, um über den Sinn diverser Wörter nachzudenken, wird ein Großteil dieses Liedes wahrscheinlich nicht ausreichend verstanden werden. Mitten unter diese „modern" anmutenden Wortneuschöpfungen schleicht sich der Archaismus *verkommen* (3,8), der hier gleichbedeutend mit ,gestorben' ist. Die Kette der Verständnisschwierigkeiten reißt einfach nicht ab. So haben auch eine schwer durchschaubare Metapher wie *das Wort, das mich umarmt und hält* (1, 6/7) und bildhafte Ausdrücke wie *kranker Wind* (3,4), *schwarzer Wind* (3,9) nichts im Text eines geistlichen Liedes verloren. Schließlich soll man das, was man singt, auch verstehen.

E. Textologische Analyse

Der Liedtext „Wär in der Wüste nicht der Dornbusch" weist im Bereich der kommunikativen Funktion ausschließlich eine deskriptive Funktion auf. Das ICH beschreibt GOTT und einer GRUPPE, wie es sich fühlt.

Die Textkohärenz wird durch die Koreferenzketten *Wort* in der Bedeutung von ,Gott' (1,6/7; 2,6/7; *Freund* 2,6/7; *Rufer* 3,6/7) und *Dunkel* (2,1; *Schatten* 2,1; *Nacht* 2,2) erreicht. Die erkennbaren Isotopie-Ebenen sind ,Angst und Verzweiflung' (*Ödland* 1,1; *Angstland* 1,1; *Engtal* 1,3; *Dunkel* 2,1; *Schatten* 2,1; *Nacht* 2,2; *Irrsinn* 2,4; *Zweifelkurven* 3,1; *Fluchtweg-Labyrinth* 3,2), ,Tod/sterben' (*Tausendtod* 1,4; *verdurstet* 1,8; *Gräbersande* 1,9; *erfroren* 2,8; *verkommen* 3,8) sowie ,Dekadenz' (*Tausendtod* 1,4; *verdurstet* 1,8; *Gräbersande* 1,9; *Wüste* 1,5; 2,5; 3,5; *erfroren* 2,8; *keine Zukunft* 3,3; *Müll* 3,4; *kranker Wind* 3,4; *verkommen* 3,8; *schwarze(r) Wind* 3,9; *schwarze(r) Sand* 3,9), aber auch ,Zuspruch' (*umarmt und hält* 1,6/7; *ein Ja zu mir* 2,6/7; *Widerstand* 3,6/7).

Das Thema des Textes lautet also: Ein ICH kann in einer Welt voller Angst, Verzweiflung und Dekadenz Zuspruch und Hilfe von GOTT erwarten. Entfaltet wird das Thema durch eine Situationsbeschreibung.

3. Aspekt „Jugendsprache"

Neue Geistliche Lieder sind, wie der Name schon sagt, Gesangsstücke, die sich von den als „alt" und „konventionell" empfundenen Kirchenliedern absetzen wollen (vgl. Ühlein 1999, 65). Wenn etwas Neues auftaucht, entsteht allgemein der Eindruck, es wäre in besonderer Weise für jüngere Menschen geeignet bzw. für sie charakteristisch. Tatsächlich ist es so, dass die Neuen Geistlichen Lieder bevorzugt in Jugendgruppen, Jugendgottesdiensten oder Veranstaltungen für Jugendliche gesungen werden. Daher stellt sich die Frage, ob solche Texte auch in einer speziellen Jugendsprache verfasst sind oder sein sollten.

Jugendsprache bildet sich in einer bestimmten Sozialisationsphase zur Abgrenzung gegenüber älteren, aber auch jüngeren Generationen und gegenüber soziokulturellen Gruppenstilen innerhalb der Jugend selbst. Sie ist also charakteristisch für eine bestimmte Entwicklungsphase. Mit dem Älterwerden verblasst dieses „temporäre Phänomen“ wieder. Weit verbreitet ist die Meinung, Jugendsprache sei ein fest umrissenes Objekt, das ganz genau beschrieben werden könne. Diese Behauptung ist dann korrekt, wenn eine Analyse im Vergleich zur Standardsprache durchgeführt wird. Teenager verwenden gehäuft Anglizismen und reihen sie ungeniert in das deutsche Flexionssystem ein (z. B. *gechillt*). Sie nehmen Neubildungen vor, z. B. Abkürzungen wie *Aso* (‚Asozialer‘) oder die Erfindung von Verben der Abkürzungswörter (z. B. *smsen* für ‚eine SMS schreiben‘). Auch Umdeutungen vor allem im Sinne von Bedeutungserweiterungen, wie *Penner* oder *geil*, sind häufig zu erkennen. Betrachtet man diese „Sprache“ aber genauer, so wird man feststellen, dass zwar generationsspezifische Merkmale von Jugendsprache existieren, aber sie spiegeln auch nur den jeweiligen „Zeitgeist“ wider. So verwenden Jugendliche heute eine andere Ausdrucksweise als ihre Altersgenossen in den 70er Jahren. Ein Beispiel dafür ist das Verb *smsen*. Es existiert noch nicht lange, genau genommen erst, seitdem immer mehr Kinder und Jugendliche ein eigenes Handy besitzen und es zu einem ihrer Gesprächsstoffe gemacht haben. Jugendsprache ist daher auch ein Mittel gruppenspezifischer Kommunikation und nie das Produkt eines Einzelnen. Die Sprechstile variieren je nach Gruppenzugehörigkeit, soziokultureller Ausrichtung und Region. Jugendliche, die aus einer ländlichen Region kommen, drücken sich anders aus als Gleichaltrige aus einer Großstadt. Breiten sich bestimmte Wendungen in der Bevölkerung aus, d. h. auch Erwachsene verwenden sie, so verlieren diese Wörter ihren Reiz, sie werden „out“ und neue Ausdrücke werden gesucht (vgl. Neuland 2000, 107-123).

Mit der Erkenntnis, dass es die (im Sinne einer einheitlichen) Jugendsprache nicht geben kann, weil sie einerseits dem zeitlichen Wandel unterworfen ist und andererseits ihre Gültigkeit nur in bestimmten Gruppen beansprucht, kommen wir zu dem Ergebnis, dass in den Texten der Neuen Geistlichen Lieder keine Jugendsprache oder das, was dafür gehalten wird, verwendet werden sollte. Werden in einer Gemeinde einmal Liederbücher angeschafft, werden sie meist längere Zeit benutzt. Deshalb wäre es nicht positiv, wenn jugendliche Gemeindemitglieder nach ein paar Jahren feststellen, dass sie einige Wörter nicht verstehen, weil sie bereits aus dem deutschen Sprachschatz wieder verschwunden sind. Außerdem empfinden es Teenager meist als Anbiederung, wenn Erwachsene versuchen, mit ihnen in „ihrer“ Sprache zu kommunizieren.

In den analysierten Liedern ist es Sigurbjörn Einardson bzw. dem Übersetzer Jürgen Henkys und Sybille Fritsch gelungen, jugendsprachliche Ausdrücke möglichst zu vermeiden. Kurt Rose scheint hingegen in „Wär in der Wüste nicht der Dornbusch" krampfhaft zu versuchen, eine jugendliche Sprache zu imitieren (vgl. *Mega-Psycho* etc.). Er hätte es besser nicht getan.

Noch ein Grund, warum Jugendsprache vermieden werden sollte: Viele Neue Geistliche Lieder sind zu schön, als dass sie nur von Jugendlichen gesungen werden sollten und dass sich nur Jugendliche damit identifizieren können.

4. Literatur

Berger, Teresa (1990): Das Gotteslob der Frauen? Eine Durchsicht des katholischen Gebet- und Gesangbuchs von 1975. In: Berger, Teresa/Gerhards, Albert [Hrsg.]: Liturgie und Frauenfrage. Ein Beitrag zur Frauenforschung aus liturgiewissenschaftlicher Sicht. St. Ottilien, 385-413.

Greule, Albrecht: Die Sprache im neuen geistlichen Lied. In: Kurzke, Hermann/Ühlein, Hermann [Hrsg.]: Kirchenlied interdisziplinär. Hymnologische Beiträge aus Germanistik, Theologie und Musikwissenschaft. Frankfurt am Main, 83-98.

Greule, Albrecht: Frauengottesdienste, feministische Liturgien und integrative Sprache. In: Berger, Teresa/Gerhards, Albert [Hrsg.]: Liturgie und Frauenfrage. Ein Beitrag zur Frauenforschung aus liturgiewissenschaftlicher Sicht. St. Ottilien, 621-634.

Greule, Albrecht (1991): Möglichkeiten und Grenzen der textgrammatischen Analyse. In: Info DaF 18, 4 (1991), 384-392.

Neuland, Eva (2000): Jugendsprache in der Diskussion: Meinungen, Ergebnisse, Folgerungen. In: Eichhoff-Cyrus, Karin M./Hoberg, Rudolf [Hrsg.]: Die deutsche Sprache zur Jahrtausendwende. Sprachkultur oder Sprachverfall? Mannheim, 107-123.

Pahl, Irmgard (1990): „Eine starke Frau, wer wird sie finden?" Aspekte des Frauenbildes in den Meßformularen der Heiligenfeste. In: Berger, Teresa/Gerhards, Albert [Hrsg.]: Liturgie und Frauenfrage. Ein Beitrag zur Frauenforschung aus liturgiewissenschaftlicher Sicht. St. Ottilien, 433-452.

Ühlein, Hermann (1999): Das neue geistliche Lied. Versuch einer Bestandsaufnahme. Aspekte einer Kriteriologie. In: Kurzke, Hermann/Ühlein, Hermann [Hrsg.]: Kirchenlied interdisziplinär. Hymnologische Beiträge aus Germanistik, Theologie und Musikwissenschaft. Frankfurt am Main, 65-81.

Bibliographischer Nachweis der Erstveröffentlichung

1. Über die Anfänge deutscher Sprachkultur und Sprachkultivierung. In: Greule, Albrecht/Meineke, Eckhard/Thim-Mabrey, Christiane [Hrsg.] (2004): Entstehung des Deutschen. Heidelberg: Universitätsverlag Winter, 133-142.

2. Annäherung an Sakralsprache. Einführung in die Fachtagung „Sakrale Sprache in Geschichte und Gegenwart", 1997 (bisher unveröffentlicht).

3. Sprachkultur im Mittelalter? Erkundungen in Regensburg. In: Wagner, Doris/Fonsén, Tuomo/Nikula, Henrik [Hrsg.] (2009): Germanistik zwischen Baum und Borke. Helsinki: Société Néophilologique, 251-257.

4. Sprachpflege am Übergang von Barock und Aufklärung. Christian Friedrich Hunold alias Menantes. In: Doering, Sabine/Maierhofer, Waltraud/Riedl, Peter Philipp [Hrsg.] (2000): Resonanzen. Würzburg: Königshausen & Neumann, 37-46.

5. Über den Erkenntniswert der Etymologie religiöser Begriffe: nhd. *weih*. Vortrag auf der Internationalen Jahrestagung der GeSuS, Universität Freiburg, AK 7, Theolinguistik, 03.03.2010 (bisher unveröffentlicht).

6. Zwischen Syntax und Textgrammatik: die Parenthese bei Otfrid von Weißenburg. In: Askedal, John Ole [Hrsg.] (1998): Historische germanische und deutsche Syntax. Akten des internationalen Symposiums anlässlich des 100. Geburtstages von Ingerid Dal, Oslo, 27.09.-01.10.1995. Frankfurt am Main: Peter Lang, 193-205 (Osloer Beiträge zur Germanistik, 21) (mit Anhang).

7. Zur Diachronie der Textgrammatik am Beispiel von Bibelübersetzungen. In: Glaser, Elvira/Schlaefer, Michael [Hrsg.] (1997): Grammatica ianua artium. Heidelberg: Universitätsverlag Winter, 287-300.

8. Frühneuhochdeutsch in der Oberpfalz. Die Sprache des Gebenbacher Pfarrbuchs 1418-1437. In: Donhauser, Karin/Eichinger, Ludwig M. [Hrsg.] (1998): Deutsche Grammatik – Thema in Variationen. Heidelberg: Universitätsverlag Winter, 381-388.

9. Das *Gebethbuch* der National- und Universitätsbibliothek Ljubljana, Ms 224, als Gegenstand der Textlinguistik. In: Javor Briški, Marija/Miladinović Zalaznik, Mira/Bračič, Stojan [Hrsg.] (2009): Sprache

und Literatur durch das Prisma der Interkulturalität und Diachronizität. Ljubljana: Narodna in univerzitetna knjižnica, 363-368.

10. Liturgische Textsorten und ihr „Sitz im Leben". In: Deutsche Sprache 31, 4 (2003), 293-306.

11. Sprachkultur und Sprachkultivierung in der muttersprachlichen Liturgie. Überlegungen eines Germanisten. In: Becker, Hansjakob/Hilberath, Bernd Jochen/Willers, Ulrich [Hrsg.] (1991): Gottesdienst - Kirche - Gesellschaft. St. Ottilien: EOS Verlag, 137-144 (Pietas Liturgica, 7).

12. Frauengottesdienste, feministische Liturgien und integrative Sprache. In: Berger, Teresa/Gerhards, Albert [Hrsg.] (1990): Liturgie und Frauenfrage. Ein Beitrag zur Frauenforschung aus liturgiewissenschaftlicher Sicht. St. Ottilien: EOS Verlag, 621-634 (Pietas Liturgica, 5).

13. Wie Beten zur Sprache kommt. Erfahrungen eines Sprachwissenschaftlers bei der Revision der Meßbuchtexte. In: Willers, Ulrich [Hrsg.] (2000): BETEN: Sprache des Glaubens, Seele des Gottesdienstes. Tübingen/Basel: A. Francke Verlag, 137-146.

14. Was bedeutet *widersagen*? Die Versprachlichung der abrenuntiatio in der deutschen Sprache. In: Frühwald-König, Johannes/Prostmeier, Ferdinand R./Zwick, Reinhold [Hrsg.] (2001): Steht nicht geschrieben? Studien zur Bibel und ihrer Wirkungsgeschichte. Regensburg: Verlag Friedrich Pustet, 419-425.

15. Empor die Herzen! Emotionen in der deutschen Sakralsprache. In: Wagner, Andreas [Hrsg.] (2009): Anthropologische Aufbrüche. Göttingen: Vandenhoeck & Ruprecht, 319-328.

16. So sie's nicht verstehen, so sollten sie's nicht singen? Über den Beitrag der Sprachwissenschaft zur Kirchenliedforschung. In: Kurzke, Hermann/Ühlein, Hermann [Hrsg.] (2002): Kirchenlied interdisziplinär. Hymnologische Beiträge aus Germanistik, Theologie und Musikwissenschaft. 2., überarb. Auflage. Frankfurt am Main: Peter Lang, 47-64.

17. Gesangbücher als Quelle des Frühneuhochdeutschen in Böhmen. In: Boková, Hildegard [Hrsg.] (2004): Zur Erforschung des Frühneuhochdeutschen in Böhmen, Mähren und der Slowakei. Wien: Edition Praesens, 229-242 (Schriften zur diachronen Sprachwissenschaft, 12).

18. Textgrammatische Analysen zu Luthers geistlichem Lied „Mitten wir im Leben sind". In: Breuer, Ulrich/Hyvärinen, Irma [Hrsg.] (2006): Wörter - Verbindungen. Frankfurt am Main: Peter Lang, 403-410.

19. Textstruktur und Texttradition. Paul Gerhardts Lied „O Haupt voll Blut und Wunden". In: Fix, Ulla [Hrsg.] (2008): „In Traurigkeit mein Lachen ... in Einsamkeit mein Sprachgesell". Das evangelische Kirchenlied am Beispiel Paul Gerhardts aus interdisziplinärer Perspektive. Berlin: Frank & Timme, 63-78 (Beiträge der Paul-Gerhardt-Gesellschaft, 3) (mit Abbildung).

20. Das Gebet- und Gesangbuch der Diöcese Mainz von 1865. Ein Beitrag zur Geschichte der Mainzer Gesangbücher. In: Krawietz, Peter [Hrsg.] (1991): 125 Jahre Mainzer Domchor. Mainz: Mainzer Domchor, 85-96 (mit Anhang).

21. Die Sprache im Neuen geistlichen Lied. In: Kurzke, Hermann/Ühlein, Hermann [Hrsg.] (2002): Kirchenlied interdisziplinär. Hymnologische Beiträge aus Germanistik, Theologie und Musikwissenschaft. 2., überarbeitete Auflage. Frankfurt am Main: Peter Lang, 83-98.

22. „Ich geh durch Ödland". Neue geistliche Lieder unter der Lupe der Sprachwissenschaft. In: Albert-Zerlik, Annette/Fuhrmann, Siri [Hrsg.] (2006): Auf der Suche nach dem neuen geistlichen Lied. Sichtung - Würdigungen - Kritik Tübingen: A. Francke Verlag, 63-77 (Mainzer Hymnologische Studien, 19) (Mitautorin: Martina Meyer).